Ernst Federn
Versuche zur Psychologie
des nationalsozialistischen Terro

edition psychosozial

Ernst Federn

Versuche zur Psychologie des nationalsozialistischen Terrors

Herausgegeben von Roland Kaufhold

Mit Studien von Roland Kaufhold,
Bernhard Kuschey, Maritha Barthel-Rösing
und Wilhelm Rösing

Psychosozial-Verlag

Bibliografische Information der Deutschen Nationalbibliothek
Die Deutsche Nationalbibliothek verzeichnet diese Publikation in der Deutschen
Nationalbibliografie; detaillierte bibliografische Daten sind im Internet über
<http://dnb.d-nb.de> abrufbar.

3. Auflage 2014
© 1998 Psychosozial-Verlag
E-Mail: info@psychosozial-verlag.de
www.psychosozial-verlag.de
Alle Rechte vorbehalten. Kein Teil des Werkes darf in irgendeiner Form (durch
Fotografie, Mikrofilm oder andere Verfahren) ohne schriftliche Genehmigung des
Verlages reproduziert oder unter Verwendung elektronischer Systeme verarbeitet,
vervielfältigt oder verbreitet werden.
Umschlagabbildung: Auschwitz Concentration Camp Barbed Wire
Fence. Thinkstock © iStockphoto/Thinkstock
Umschlaggestaltung: Hanspeter Ludwig, Wetzlar
www.imaginary-world.de
Printed in Germany
ISBN 978-3-8379-2346-9

Inhalt

Vorwort zur Neuauflage 7
Roland Kaufhold

Vorwort 23
Ernst Federn

Einleitung 25
Roland Kaufhold

Teil 1
Versuche zur Psychologie des Terrors

Versuch einer Psychologie des Terrors (1946/1989) 51
Ernst Federn

Einige klinische Bemerkungen zur Psychopathologie
des Völkermords (1960/1969) 92
Ernst Federn

Mechanismen des Terrors (1996) 105
Ernst Federn

Teil 2
Ernst Federns Erinnerungen an Mithäftlinge

Fritz Grünbaums 60. Geburtstag im Konzentrationslager (1945) 111
Ernst Federn

Gemeinsam mit Robert Danneberg im KZ (1973) 114
Ernst Federn

Bruno Bettelheim und das Überleben
im Konzentrationslager (1994) 121
Ernst Federn

Teil 3

**Studien über Ernst Federns Versuche
zur Psychologie des Terrors**

Das Leben Ernst Federns im absoluten Terror
des nationalsozialistischen Lagersystems 127
Bernhard Kuschey

Überleben im Terror – Ernst Federns Geschichte.
Zur Entstehung des Filmes mit Ernst Federn und Hilde Federn 144
Wilhelm Rösing & Maritha Barthel-Rösing

Material zur Geschichte der Psychoanalyse
und der Psychoanalytischen Pädagogik:
Zum Briefwechsel zwischen Bruno Bettelheim und Ernst Federn 161
Roland Kaufhold

Anhang

Der Terror als System: Das Konzentrationslager (1945)
(Mit einer Einführung von W. Rösing) 191
Ernst Federn

Dokumentation des Briefwechsels
Bruno Bettelheim – Ernst Federn 235

Literatur 254

Die Autorinnen und Autoren 261

Vorwort zur Neuauflage[1]

„Für mich war mein Optimismus ganz entscheidend für mein Überleben. Ich war völlig überzeugt, daß mir [im Konzentrationslager] nichts passiert."
Ernst Federn (1999)

„Das entscheidende Ereignis meines Lebens war – wie könnte es auch anders sein – meine Erfahrung in den Konzentrationslagern." Ernst Federn war 85 Jahre alt, als er dies schrieb. Er war ein Überlebender der Schoah, was weitgehend unbekannt war, selbst unter Berufskollegen. Ernst Federn wusste um dieses Nicht-Wissen. Er akzeptierte es als unabänderliche Tatsache.

Seit 1973 lebte er nach einer 24-jährigen Berufstätigkeit als psychoanalytischer Sozialarbeiter in den USA wieder in Wien. Er liebte diesen Beruf, griff bereits in den USA theoretisch und biografisch auf das Wirken seiner beiden großen Wiener Vorbilder – die Psychoanalytischen Pädagogen August Aichhorn und Siegfried Bernfeld – zurück. „Ich verstand auch sehr früh, dass ein Freund meines Vaters, August Aichhorn, jungen Menschen half, die in Not waren; das hat mich so tief beeindruckt, dass ich den Wunsch hatte, auch einen solchen Beruf zu ergreifen", bemerkt er in einem autobiografischen Essay (Federn, 1999a, S. 326f.). Diese Berufstätigkeit als Psychoanalytischer Sozialarbeiter entsprang aus seiner Fähigkeit, stets das Beste aus einer schwierigen Situation zu machen: „Ich hatte mich 1948" – der KZ-Überlebende Ernst Federn war seinerzeit bereits 34 Jahre alt – „einige Monate nach meiner Ankunft in den Vereinigten Staaten, für den Beruf des Sozialarbeiters entschieden. Dies geschah mehr aus Not denn überlegter Planung; für einen an sozialen Problemen interessierten europäischen Einwanderer war das zu jener Zeit der geeignete Beruf", hebt Federn im autobiografischen Rückblick hervor (Federn, 1999, S. 18).

Dass Ernst Federn bereits 50 Jahre zuvor mehrere grundlegende Studien zur Psychologie des Terrors verfasst hatte, erscheint als

---
[1] In Erinnerung an meinen lieben Freund Alexander Pauli (1954–2013).

unwirklich. Anlass und Motiv seiner eigentlich offenkundigen Feststellung über den lebenslang prägenden Charakter seiner eigenen Konzentrationslagerhaft war das erstmalige Erscheinen einer größeren Sammlung seiner thematisch breitgefächerten sozialpsychologischen, therapeutischen und historisierenden Essays auf deutsch (Federn, 1999).

Hilde und Ernst Federn
© Archiv der Theodor Kramer Gesellschaft

Ernst Federn musste 85 Jahre alt werden, um innerhalb der deutschsprachigen psychoanalytischen Gemeinschaft als Fachautor wahrgenommen zu werden. Innerhalb der englischsprachigen psychoanalytischen Community war sein Außenseiterstatus noch ausgeprägter: „Keine einzige amerikanische Zeitschrift für Sozialarbeit hat je irgendeine meiner Schriften zur Veröffentlichung akzeptiert", bemerkte er im Vorwort seiner Aufsatzsammlung *Ein Leben mit der Psychoanalyse* (Federn, 1999, S. 18f.). Diese war neun Jahre zuvor auf Englisch unter dem Titel *Witnessing Psychoanalysis. From Vienna back to Vienna via Buchenwald* and the USA bei Karnac Books (London) erschienen (vgl. Kaufhold, 1993c). Der sozialistisch orientierte Emigrant Ernst Federn fühlte sich auch nach seiner Übersiedlung zu seinen Eltern in die USA – sie sollten ein bzw. zwei Jahre nach seiner Ankunft in den USA sterben – weiterhin seinen Wiener Wurzeln, dem Erbe Sigmund Freuds und Paul Federns, verbunden. Hierin unterschied er sich von vielen, insbesondere jüdischen Emigranten und Überlebenden. Er hatte für sich und seine Ehefrau Hilde immer eine Rückkehr nach Wien als Lebensperspektive gesehen. Erst die österreichische sozialistische Regierung unter Bruno Kreisky und dem Justizminister Christian Broda, mit denen er gemeinsam während seiner Untergrundtätigkeit in den 30er Jahren inhaftiert war, ermöglichte ihm 1973 eine Rückkehr nach Wien, eine Fortsetzung seines psychoanalytisch-sozialarbeiterischen Engagements in seiner früheren Heimatstadt.

Ernst Federn hat nur selten und nicht gerne über seine traumatischen Terrorerfahrungen geschrieben und gesprochen. Bei den wenigen Gelegenheiten stellte er sie, in seelisch Abstand nehmender Weise, als eher nebensächliche, „läppische" Ereignisse dar. Er selbst, so betonte er immer wieder (wenn er denn überhaupt darüber sprach), sei seelisch durch die Konzentrationslagerhaft nicht beschädigt worden. Insofern, so fügte er bei gelegentlichen Vorträgen ab den 90er Jahren zur Verblüffung eines Großteils des Publikums hinzu, sei er auch kein Opfer des Nationalsozialismus. Den in seinen Augen herabsetzenden Begriff des „Opfers" lehnte Ernst Federn für seine eigene Biografie grundsätzlich ab. Bereits als junger Mann während seines Wiener Engagements im „illegalen" Untergrund wusste er um seine eigene existenzielle Gefährdung. Sein eigener Tod war der Preis, den er für seinen Kampf gegen den Nationalsozialismus zu zahlen bereit war. In privaten Gesprächen erwähnte er verschiedentlich auch die ihm zugetragene oder direkt erlebte, schon beinahe triumphale Reaktion von Kollegen und Gesprächspartnern auf sein Insistieren über sein eigenes Nicht-beschädigt-Sein durch die KZ-Haft: Wann er denn unter der Last seiner Erfahrungen zusammenbrechen werde, so spekulierten diese immer wieder, privat und sogar halb-öffentlich. Solche Reaktionen verwunderten ihn eher, als dass sie ihn kränkten. Er betrachtete sie als seelische Unfähigkeit, die Realität als solche anzuerkennen – einschließlich ihrer Grausamkeiten und Ungerechtigkeiten.

Ernst Federn ließ sich, dies sei hinzugefügt, auch durch das vollständige Nicht-Wissen von zuständigen österreichischen Beamten über die eigene, österreichische NS-Geschichte nicht entmutigen. So fragte ihn ein junger Beamter, als es um die Berechnung der ihm zustehenden Rentenzahlung ging – unter Berücksichtigung seiner siebenjährigen KZ- und der insgesamt einjährigen Gefängnishaft Mitte der 30er Jahre bedingt durch seine politische Widerstandstätigkeit gegen den Austrofaschismus –, warum er denn in den Jahren von ca. 1935 bis 1945 keiner ordentlichen Berufstätigkeit nachgegangen sei. Auch solche Erfahrungen eklatanter Ignoranz zuständiger Beamter scheinen ihn innerlich nicht verunsichert zu haben. Seine Ehefrau Hilde empörte sich hierüber auch noch viele Jahre später; Ernst Federn hingegen verwies achselzuckend auf das junge Alter des für Versorgungsansprüche zuständigen Beamten: Der habe halt keinerlei Ahnung gehabt ...

Wien blieb seine Heimat, daran zweifelte er nie. Dort wollte er psychoanalytisch-sozialtherapeutisch wirken. Eine Gefahr für die österreichische Demokratie, etwa durch den Rechtsradikalismus á la Haider, sah er nicht. Er betrachtete Haider als einen pubertär-törichten Angeber, ein Muttersöhnchen, aber nicht als eine ernstzunehmende politische Persönlichkeit, eine Gefahr für die Demokratie.

Seinen 15 Jahre jüngeren befreundeten Kollegen Josef Shaked hingegen, dies sei in diesem Kontext erwähnt, der als jüdisches Kind über Israel und die USA geflohen und bereits in den frühen 50ern wieder nach Wien zurückgekehrt ist, beschlichen immer wieder Zweifel wegen seiner Rückkehr nach Wien: „Gegen Mitte der 50er Jahre schützte mich wohl ein gewisses jugendliches Selbstbewusstsein vor allzu quälenden Zweifeln. Aber hin und wieder kamen mir doch Bedenken, ob ich am richtigen Ort gelandet war", bemerkte er in seinem autobiografisch getönten späten Werk (Kaufhold, 2011).

Seine Identität als politischer Widerstandskämpfer sowie die seelische Kraft, die ihm sein beschützendes psychoanalytisches Elternhaus[2] – Paul und Wilma Federn – geschenkt haben, verliehen Ernst Federn die Kraft zum Überleben (vgl. Plänkers/Federn, 1994; Federn, 1999a; Kaufhold, 2001, 2005a; Kuschey, 2003). Hinzu kam, dass er im Konzentrationslager eine Gruppe von politischen Freunden um sich versammelt hatte, denen er von der Psychoanalyse erzählte und denen er – er vermochte in Buchenwald u.a. deutsch- und englischsprachige Tageszeitungen zu lesen – bei sonntäglichen Vorträgen die politische Weltsituation erklärte. Er verwies auch auf die „Privilegien" (ein in diesem Kontext problematischer, aber dennoch hilfreicher Begriff), die ihm in Buchenwald als politischer Widerständler und Funktionshäftling zugekommen waren: „Nun war der Haftzustand für Juden im Lager deshalb so schlimm, weil sie immer am Leben bedroht waren. Ein toter Jude war immer mehr wert als ein lebendiger. Selbst privilegierte Gefangene wie ich, der ich als Nachtwächter und Maurer gearbeitet habe, waren immer bedroht, ihre Privilegien zu verlieren und umgebracht zu werden", betont er in seinem in diesem Buch wiedergegebenen Erinnerungsaufsatz an seinen Freund Bruno Bettelheim.

---

[2] Sein väterlicher Freund und Förderer Istvan Hollós bezeichnete Paul und Wilma Federns Haus wegen dessen Liberalität und gesellschaftlicher Offenheit als „Pension zur aufgelassenen Ich-Grenze" (Plänkers/Federn, 1994, S. 85).

Hilde und Ernst Federn
© Archiv der Theodor Kramer Gesellschaft

Sein auch Mithäftlinge ermutigender, unerschütterlicher Optimismus war legendär. Jahre nach seiner Befreiung bestätigten ihm mehrere Mithäftlinge, wie wertvoll sein Vorbild für ihren eigenen Überlebenswillen gewesen sei. Ansonsten, so fügte Ernst Federn hinzu, habe er im Konzentrationslager immer und immer wieder schlicht nur unermessliches Glück gehabt, was ihn mehrfach vor der Vernichtung bewahrt habe.

Mein Eindruck in zahlreichen persönlichen Gesprächen und Begegnungen war, dass Ernst Federn es zeitlebens für grundsätzlich ausgeschlossen gehalten hat, diese Konzentrationslager-Erfahrungen zu vermitteln, sie nachzuvollziehen. „Allein der Geruch in Buchenwald" – er bezog sich auf den Geruch der verbrannten Menschen – „den vermögen Sie sich nicht vorzustellen", entgegnete er 1992 bei einem privaten Gespräch einem Hochschullehrer, der im Begriff war, über Federns und Bettelheims Terror-Studien Texte zu verfassen.

In dem Kapitel „Zur Psychologie des Leidens" seiner in diesem Buch dokumentierten großen Studie *Versuche zur Psychologie des Terrors* vom Juni 1946 führt Ernst Federn dementsprechend aus: „Man kann sich die Situation eines einem Terror unterworfenen Individuums weder theoretisch zurechtlegen, noch aber vorstellen. Selbst derjenige, der wiederholt die Situation schwerer Schmerzen und Leiden durchgemacht hat, legt sich selten über seine psychische Lage dabei Rechenschaft ab und überlegt auch nachher kaum, wie es sich eigentlich zugetragen hat. [...] Es ist sicher übertrieben zu behaupten, ein Mensch halte alles aus, wenn er nur will; aber richtig ist, daß die Widerstandsfähigkeit bei ihm eine außerordentliche ist."

Federn stellt in seiner Studie nachfolgend mögliche seelische Abwehrmechanismen gegen das bewusst zugefügte Leiden dar (Regression in die frühe Kindheit, Anpassung, Heldentum, Identifikation mit dem Aggressor), so wie er diese im Konzentrationslager an sich selbst und an seinen Mithäftlingen beobachtet hatte. Es sei darauf verwiesen, dass Ernst Federn im Konzentrationslager den Ruf des Psychoanalytikers im Lager hatte, weshalb ihm viele Mithäftlinge von ihren Leidenserfahrungen, ihren Ängsten berichteten (Plänkers/Federn, 1994). Ernst Federn hatte mit politischen Freunden und Genossen, die um ihre bevorstehende Ermordung im Konzentrationslager wussten, unmittelbar vor ihrem Tod Aussprachen.

Ernst Federn führte in Buchenwald gemeinsam mit dem von Wilhelm Reich ausgebildeten Psychoanalytiker Otto Brief (der später in Auschwitz verstarb) und Bruno Bettelheim psychoanalytisch geprägte Gespräche, in denen sie ihre terroristische Lebenssituation und die bei sich selbst und bei Mithäftlingen beobachteten Anpassungsmechanismen an diese Terrorerfahrungen zu verstehen versuchten. „Die Psychoanalyse hat mir im Konzentrationslager das Leben gerettet", betonte Ernst Federn mehrfach. Seine trotz – oder gerade wegen – ihrer Nüchternheit bewegende wissenschaftliche Studie *Versuch einer Psychologie des Terrors* ist auch aus diesen gemeinsamen Gesprächen mit Brief und Bettelheim erwachsen. Verfasst hatte er sie geistig schon im Konzentrationslager. Er benötigte 15 Monate der seelischen Erholung, um sie schriftlich niederzulegen. Anlass bildete eine grausame Szene aus dem Jahr 1940 – so bemerkt er in seinem in Brüssel verfassten Vorwort vom Juni 1946 –, „als, wieder einmal, eine Kompanie jüdischer Häftlinge im Lager Buchenwald, ein sogenannter ›Judenblock‹, zur Strafe exerzieren mußte", was „eine unvorstellbare Tortur bedeutete, an der viele zugrunde gingen. Ein solches Strafexerzieren also brachte mich, während ich lief, hüpfte und andere Übungen ausführte, auf die Idee, eine ›Psychologie des Terrors‹ zu schreiben." Ernst Federn erlebte, wie dieser Befehlskommandant, „ein vielleicht 18jähriger SS-Mann mit einem sympathischen Jungengesicht", binnen weniger Minuten zu einem Verbrecher, einem Menschenquäler wurde: „Anfangs gab er seine Befehle auch nur zögernd, offenbar zum ersten Mal, und man sah ihm an, wie unsicher er sich fühlte. [...] Die Befehle wurden immer schneller und freier gegeben, und jedesmal gefiel es ihm besser." Ernst Federn fügt hinzu: „Diese Beobachtung" – im Jahr 1940, im Konzentrationslager – „erweckte in mir den Gedanken, auch Bestialität und Terror unabhängig von ihrer moralischen Verurteilung sachlich zu betrachten, und ich konzipierte im Kopf während der noch folgenden fünf Lagerjahre die wesentlichen Punkte der vorliegenden Schrift."

„Wer der Folter unterlag, kann nicht mehr heimisch werden in der Welt", hat der Schoah-Überlebende Jean Amery einmal geschrieben. Im Alter sollte sich Amery das Leben nehmen – wie schrecklich viele andere Überlebende, auch Bruno Bettelheim (vgl. Kaufhold, 2001, S. 229–252; Ignatieff, 1994; Fisher, 1993, 1994a, 1994b). Zurückweisung seiner Erinnerung war eine Erfahrung, die Ernst Federn immer wieder machte. Auch hierüber sprach er nur höchst selten und nur privat.

Seine Terrorerfahrungen scheinen unser Vorstellungsvermögen zu übersteigen: Intensives Engagement im Untergrundkampf als gut 20-Jähriger, sieben Jahre Haft in den Konzentrationslagern Buchenwald und Dachau als politischer Widerstandskämpfer mit jüdischer Herkunft, Verfolgung auch durch kommunistische Mithäftlinge, Erleiden schwerster Misshandlungen, Miterleben der Ermordung zahlreicher Freunde. Wer sollte dies ertragen – und „danach" dennoch ein „gutes Leben" führen können? Ernst Federn ist dies gelungen, dessen bin ich mir gewiss.

In seinem in diesem Band veröffentlichten Beitrag über seinen ehemaligen Mithäftling und lebenslangen Freund Bruno Bettelheim, betitelt *Bruno Bettelheim und das Überleben im Konzentrationslager*, liefert Federn eine Erklärung für die Fähigkeit des erwachsenen Menschen, selbst schwerste Traumatisierungen ohne lebenslang fortwirkende seelische Schäden zu überleben: „Meiner Meinung nach, die auch von anderen Autoren geteilt werden, die gar nicht im Lager waren [...], besitzt der Mensch einen Überlebenstrieb, der sich einschaltet, wenn das Leben selbst bedroht wird. Der Körper allein entwickelt Abwehrkräfte, alles Seelische verschwindet. Psychoanalytisch gesprochen regrediert das Ich zu einem Zustand des Säuglings, der mit Hilfe des Körpers eines Erwachsenen ums Überleben kämpft und manchmal auch diesen Kampf gewinnt. Ob das Ich diese Traumatisierung durchhält, ist sicherlich individuell sehr verschieden."

Ernst Federns Terrorerfahrungen störten den seelischen Frieden der gesellschaftlichen Majorität, den Wunsch, endlich vergessen zu dürfen, endlich die Vergangenheit ruhen zu lassen; auch in Wien, bei seinen Freunden und Berufskollegen. Endlich die mörderische Vergangenheit Vergangenheit sein zu lassen. Es erscheint als eine Form der Einfühlungsverweigerung, über die sein ebenfalls ins amerikanische Exil geflohener Wiener Kollege Kurt R. Eissler bereits 1963 einen erschütternden Beitrag verfasst hat: „Die Ermordung von wievielen seiner Kinder muß ein Mensch symptomfrei ertragen können, um eine normale Konstitution zu heben?" ist dieser betitelt.

Auch die letztlich äußerst zögerliche Rezeption von Federns in diesem Buch versammelten Studien zu einer Psychologie des Terrors dürfte von diesen Umständen geprägt sein.

In den ersten 15 Jahren seit seiner Remigration nach Wien sprach Ernst Federn nur selten über seine Konzentrationslagerhaft. Dennoch dürfte sie kein Geheimnis gewesen sein. Er war ein Rückkehrer, stammte aus einer jüdischen Familie. Freiwillig hatte er Wien nicht verlassen. Doch auch Freunde und Kollegen, Wiener Nachbarn, die davon wussten, sprachen ihn darauf lieber nicht an.

Ernst Federn hat sich nur einmal direkt über das Nicht-Sprechen über seine eigenen traumatischen Lagererfahrungen geäußert. Anlass war die kontroverse, fachinterne Diskussion über das Thema „Psychoanalyse und Nationalsozialismus", die Helmut Dahmer seinerzeit als Redakteur des Fachmagazins *Psyche* in den 80er Jahren ausgelöst hatte (vgl. Lohmann, 1984). Ernst Federn beteiligte sich hieran mit mehreren Beiträgen (Federn, 1969, 1985a, 1986, 1988, 1992; Kaufhold, 1993a, 2001). Auch diese waren, wie viele seiner Beiträge, „konträrer Art", standen im Widerspruch zu den sonstigen diesbezüglichen Darstellungen und Einordnungen. Federn führte in einer Buchrezension zum Thema „Psychoanalyse und Nationalsozialismus" aus:

„Was mich angeht, so hätte ich sehr gern von meinen [Konzentrationslager-, R.K.]Erlebnissen erzählen wollen, aber es waren die Analytiker, die ausnahmslos einem Gespräch über meine Lagererlebnisse aus dem Wege gegangen sind. Es scheint, dass die Opfer zwar das Gespräch vermeiden, nicht aber das Schreiben. [...] Warum konnte man darüber schreiben und so schwer darüber reden? Ich glaube, dass die Welt des Konzentrationslagers [...] in Gesprächen Menschen, die das nicht selbst erlebt haben, kaum vermittelt werden kann. Wer davon erzählt, muss fürchten, dass die Zuhörer ihm nicht glauben, oder dass ihnen das Gehörte so peinlich ist, dass man mit dem Erzählen lieber aufhört. Auch Psychoanalytiker bilden da keine Ausnahme. [...] Unter dem Vorwand, meine Gefühle schonen zu wollen, verbarg sich die Angst vor eigenen Konflikten, die durch die Berichte über die Schrecken des Lagerlebens ausgelöst werden konnten" (Federn, 1986, S. 465f.).

Ernst Federns höchst außergewöhnlicher Lebensweg von Wien über Buchenwald und die USA wieder zurück nach Wien, stets als treuer Schüler Sigmund Freuds, aber auch als Schüler August Aichhorns und Siegfried Bernfelds, war für viele nicht nachvollziehbar. Er blieb ein Außenstehender, ein Nicht-Zugehöriger – trotz aller beruflichen und persönlichen Ehrungen und Wertschätzungen, die ihn im hohen Alter ereilten. Er, der für sich selbst eine Zugehörigkeit zum jüdischen Volk nie gelten lassen wollte, teilte diese Erfahrung wohl mit dem Grundgefühl der meisten überlebenden Juden, die das Schicksal – auf jeweils höchst individuelle Weise – wieder zurück nach Österreich oder nach Deutschland geführt hat (vgl. Kaufhold, 2012). Sie blieben Fremde, Außenstehende, Einsame: seelisch, biografisch, existenziell. Der Bruch blieb (vgl. Kaufhold, 2012).

Ernst Federn wurde zur Projektionsfläche, zum Phantasma innerhalb unterschiedlichster Berufsgruppen und politischer Kreise. Er, der im Konzentrationslager Buchenwald sieben Jahre lang nicht nur von den Nationalsozialisten, sondern als Trotzkist auch von der „stalinistischen" Häftlingsselbstverwaltung existenziell bedroht wurde, war der einzige deutschsprechende Trotzkist Buchenwalds, der die zweifache Bedrohung mit äußerstem Glück überlebt hat (vgl. Kaufhold, 2001, S. 67–75, 253–262, 271). Nach seiner Befreiung führte er als Zeitzeuge einen lebenslangen Kampf gegen den verlogenen Mythos der stalinistischen „Selbstbefreiung" des KZs Buchenwald: „Die Debatte über die Befreiung Buchenwalds mag manchem Leser unwichtig erscheinen; die Wahrheit ist jedoch nicht teilbar, und die Legende über eine Revolte in Buchenwald hat eine Bedeutung, die über dieses Buch hinausgeht", hebt er in seiner Einführung zu *Ein Leben mit der Psychoanalyse* (Federn, 1999, S. 20) hervor.

Er legte in über 50 Jahren immer wieder Zeugnis hierüber ab, in Form von Leserbriefen, kurzen wissenschaftlichen Beiträgen, in einem Kinofilm, in Fernsehinterviews, 1994 als Zeitzeuge vor einem Frankfurter Gericht (vgl. Kaufhold, 2001, S. 271) sowie in erinnernden Beiträgen an ehemalige Mitgefangene: Die persönlich gehaltenen Erinnerungen an Fritz Grünbaum, Robert Danneberg – die beide Opfer der Schoah sind – und Bruno Bettelheim sind in diesem Buch wiedergegeben. Seinen erinnernden Beitrag über Bettelheim und das Überleben im Konzentrationslager beendet er in einer seine eigene Person einschließenden Weise:

> „Ich glaube, dass die breite Öffentlichkeit niemals die seelischen Zustände der Opfer des Nationalsozialismus nachvollziehen kann und sie daher auch niemals wirklich verstehen wird. Der Holocaust war ein Ereignis von historischer Außergewöhnlichkeit, weil er in einem hochzivilisierten Land geschah. Der Rückfall einer Gesellschaft wie der deutschen auf die Einstellung des Altertums, in dem Völker ohne Bedenken ausgerottet wurden, ist einfach unmöglich. Bettelheim versuchte es noch in einer Weise zu erklären, die verständlich war, daher sein großer Erfolg."

Ernst Federn hatte bei seiner Rückkehr nach Wien politisch einflussreiche Freunde. Er kannte sie noch aus ihrem gemeinsamen Kampf im Untergrund gegen die Nazis. Nun hatten sie als SPÖ-Mitglieder teils höchste staatliche Ämter inne – und luden die Federns zur Rückkehr ein, um an der Reform des österreichischen Strafvollzugs teilzunehmen und ihr psychoanalytisches Erbe einzubringen. Bei seiner Arbeit im amerikanischen und vor allem im österreichischen Strafvollzug arbeitete er stets in enger Kooperation mit der Gefängnisbürokratie; dabei orientierte er sich, seine jugendlichen Erfahrungen aufgreifend, an

Ernst Federn
© Rottenburger Verein
für psychoanalytische Sozialarbeit

den „Prinzipien der Methode Aichhorns" (Plänkers/Federn, 1994, S. 211). Hierbei sollte er immer wieder auf seine eigenen Terrorerfahrungen Bezug nehmen. „Meine Erfahrungen in einer Welt des gewaltsamen Todes, von Tortur und Terror lösten in mir den Wunsch aus, diese Phänomene aus psychoanalytischer Sicht zu verstehen" (Federn, 1999, S. 20). Ernst Federn übernachtete häufig im Gefängnis. Hierbei zeigte er den Gefangenen in unmittelbarer Weise, dass er sich ihnen ähnlich fühlte, ihre bedrückende Lebenssituation verstand. Gefangene haben ihm immer wieder versichert, dass für sie eine Stunde Therapie wie eine Stunde der Freiheit sei.

In der Justizanstalt arbeitete Ernst Federn u.a. mit dem Österreicher Thomas Gratt, der wegen seiner Beteiligung an der „Palmers Entführung" sowie seiner Mitgliedschaft in der terroristischen Gruppe „Bewegung 2. Juni" inhaftiert war. In der Anfangszeit seiner Behandlung politisierte Federn – im Sinne einer Beziehungsanbahnung – zuerst mit diesem jungen Mann, führte ihn in die komplizierte Geschichte des Trotzkismus und des Marxismus ein. Während seiner Haftzeit in Stein war es im Österreich der 80er Jahre kein Problem, als verurteilter Terrorist Theaterstücke wie *Don Juan* und *König Ubu* aufzuführen.

Und doch gehörte Ernst Federn nie ganz „dazu": Den Psychoanalytikern galt er als (eher belächelter) Sozialarbeiter, den Sozialarbeitern war seine psychoanalytische Perspektive fremd. Unter Historikern der Psychoanalyse fand er mit seinen tiefgründigen Erinnerungen an seine Jugend im Wien Sigmund Freuds einen gewissen Anklang: Sie sind in seinem Essayband *Ein Leben mit der Psychoanalyse*, in dem autobiografischen Interviewband von Plänkers/Federn (1994) und in einigen Studien (Kaufhold, 1993, 2001; Kuschey, 2003, 2006; Reich, 1993, 1994; Tömmel, 2006) versammelt. Dennoch, so mein Eindruck als (nicht in Wien lebender) Außenstehender, ist er mit seinen höchst außergewöhnlichen Erinnerungen als Sohn Paul Federns letztlich auch unter Psychoanalytikern und Historikern der Psychoanalyse vielfach eher belächelt worden. Hierbei mag auch Neid auf seine frühen biografischen Prägungen – er kannte bereits als Kind und Jugendlicher in den 20er Jahren einen Großteil der bedeutenden Wiener Psychoanalytiker und August Aichhorn verstand sich als sein intellektueller, psychoanalytisch-pädagogischer Mentor – eine Rolle gespielt haben.

Ernst Federn scheint sich der Problematik der innerfamiliären

Weitergabe von Traumata bereits früh bewusst gewesen zu sein. Das aus der KZ-Haft, der Verfolgung erwachsene Leiden, die Symptomatik, ist in vielen Fällen auch in der dritten Generation auffindbar. Das unerträgliche Leid wird „unverdaut" an die nächste und übernächste Generation weitergegeben. Nach seiner Emigration nach New York wirkte Ernst Federn aktiv für viele Jahre in der New Yorker „KZ Association of Former Inmates of Concentration Camps". Seinen 1951 in New York geborenen Sohn versuchte er vor den eigenen Verfolgungserfahrungen zu schützen. Er erzählte ihm nur – auf Nachfrage –, dass er während der Nazizeit in einem Camp, einem Lager gewesen sei. Dieser verstand dies als Jugendlicher so, dass sein Vater während des Krieges nicht als Soldat gegen die Deutschen gekämpft, sondern in einem Freizeitlager gewesen sei.

Ernst Federns Entschluss, 1973 als ehemals Vertriebener ausgerechnet wieder nach Wien zurückzukehren, war von einer unerschütterlichen Treue zu seinem familiären Erbe geprägt. Am 24. Juli 1945, drei Monate nach seiner Befreiung, schrieb er in einem Brief an Anna Freud, die er noch aus seiner Wiener Jugend gut kannte: „Ich fühle mich ganz als Fortsetzer meines Vaters und betrachte es als meine Lebensaufgabe das Werk des Professors (Sigmund Freud) in den Dienst einer besseren Weltordnung zu stellen" (in Kuschey, 2004, Bd II, S. 938). Dieser Grundhaltung blieb der Sohn des Freud-Stellvertreters Paul Federn zeitlebens treu.

1973 kehrte der nun 59-jährige Ernst Federn gemeinsam mit seiner ebenfalls in Wien gebürtigen, vier Jahre älteren Ehefrau Hilde (Kaufhold, 2005b) an den sozialen Ort zurück, der ihn ausgestoßen hatte – nach Wien. Geplant hatte er dies schon gut 20 Jahre zuvor.

Zu seinen in diesem Buch wiedergegebenen Terror-Studien: Ernst Federn gehört zu den ganz wenigen, die bereits unmittelbar nach ihrer Befreiung aus der Konzentrationslagerhaft wissenschaftlich und zugleich autobiografisch über ihr Leiden Zeugnis geschrieben haben. Der Wunsch, Zeugnis von den nationalsozialistischen Verbrechen abzulegen, wie auch seine Freundschaften in Buchenwald hielten ihn am Leben. Und doch blieben diese Studien weitestgehend unveröffentlicht, unbekannt, blieb sein Name in der wissenschaftlichen Schoah-Literatur unerwähnt.

Seinen ersten, noch stark von den verstörenden emotionalen Erlebnissen geprägten Beitrag verfasste Ernst Federn im Juli 1945 in Brüssel, drei Monate nach seiner Befreiung (!). Fünfzig mit der Schreibmaschine getippte Seiten, betitelt mit *Der Terror als System: Das Konzentrationslager*. Er übergab sie mir im April 1997 bei einem Besuch in Wien, als ich an der Herausgabe seiner Terrorstudien als Buch arbeitete. Er zögerte ein wenig bei der Übergabe, meinte, ich könne seinen frühen Beitrag als zeitgeschichtliches Dokument ins Buch aufnehmen, könne ihn aber auch weglassen. Der Text war mir vollständig neu. Der ehemalige Heilpädagogik-Hochschullehrer Aloys Leber, der mit den Federns befreundet war, zeigte sich beeindruckt von der Erzählkraft dieses verstörenden Textes.

Im Juni 1946 folgte seine große psychoanalytische Studie *Versuch einer Psychologie des Terrors* – vielleicht sein zeitgeschichtlich und fachlich bedeutsamstes Werk. Auch diese grundlegende psychoanalytische Studie über den Terror blieb weitestgehend unbekannt. Einzig Hannah Arendt hatte gerüchteweise von ihr gehört, erwähnte sie kurz in einer Fußnote; als Autor benannte sie einen Ernst Feder[3]. Der bewusst sehr nüchtern formulierte, von eigenen Emotionen freie Text gehört heute zu den Klassikern einer Psychologie des Terrors. Er ermöglicht eine nüchterne Sicht auf die Rollen der Täter und Opfer, auf ihr komplexes Wechselspiel. Über ihn wurden einige wissenschaftliche Studien verfasst (Kaufhold, 2001; Kuschey, 2003, 2006; Reich, 1993, 1994; Tömmel, 2006). Der Text erschien 1946 in Brüssel auf französisch unter dem Titel *Essay sur la psychologie de la terreur* in einer winzigen, linken Zeitschrift, blieb aber ohne jegliche Rezeption. Auf deutsch erschien er erstmals 1989 in der Zeitschrift *psychosozial* (Nr. 37). Ernst Federns klinische Studie über den Auschwitz-Kommandanten Rudolf Höß – betitelt *Einige klinische Bemerkungen zur Psychopathologie des Völkermords* – erschien 1960 auf englisch in der Fachzeitschrift *The Psychiatric Quarterly* und 1969 auf deutsch in der *Psyche*. Auch sie blieb ohne jegliche Rezeption.

Ernst Federns nun in der 3. Auflage vorliegendes Buch *Versuche zur Psychologie des (nationalsozialistischen) Terrors* ist zuerst 1998 erschienen. 2000 folgte die Zweitauflage, die seit Ende 2010 vergriffen war. Das

---
[3] Hannah Arendt verwechselte Ernst Federn offenkundig mit dem deutschen Journalisten und Schriftsteller Ernst Feder (1881–1964).

Buch ist zögerlich, aber auch teils enthusiastisch rezensiert worden. Anlässlich Ernst Federns 100. Geburtstags wird die wegweisende Terrorstudie nun wieder neu aufgelegt, wofür ich – gewiss auch im Namen Ernst Federns –, dem Verleger Hans-Jürgen Wirth danken möchte.

Ernst Federn erlebt die Neuauflage nicht mehr: Er verstarb am 24. Juni 2007 in Wien im Alter von 92 Jahren. 2004 erlebte er anlässlich seines 90. Geburtstags gemeinsam mit Hilde Federn mehrere wissenschaftliche Feiern (vgl. Kaufhold, 2005a; Kuschey, 2006; Tömmel 2006). Sein Wirken wurde mehrfach ausgezeichnet: 2001 wurde ihm von der Gesamthochschule Kassel eine Ehrenpromotion verliehen, die SPÖ zeichnete ihn mit ihrer höchsten Auszeichnung, der Victor-Adler-Medaille, aus. 2005 wurde ihm in Würdigung seiner besonderen Leistungen die Silberne Ehrenmedaille der Bundeshauptstadt Wien verliehen.

Im Januar 2005 verstarb seine lebenslange Wegbegleiterin Hilde (Kaufhold, 2005b). Hildes siebenjährige Unterstützung von Wien aus, trotz ihrer hierdurch bedingten eigenen existenziellen Gefährdung, verdankte Ernst Federn sein Überleben in Buchenwald.

Im Herbst 2014 erscheint ebenfalls anlässlich Federns 100. Geburtstags ein Themenschwerpunktheft der Zeitschrift *Psychoanalyse. Texte zur Sozialforschung*, betitelt: „›Gewalttätigkeit verstehen‹. Zum 100. Geburtstag des Psychoanalytikers und psychoanalytischen Sozialarbeiters Ernst Federn" (Kaufhold/Hristeva, 2014).

Die 2009 in New York verstorbene Psychoanalytikerin Else Pappenheim (1911–2009) (Kaufhold, 2009), die mit Ernst Federn bereits seit Ende der 20er Jahre befreundet war, hat ihre Hochachtung vor Ernst Federns gleichermaßen außergewöhnlichem wie konsequentem Lebensweg so formuliert:

Bernd Nitzschke,
Roland Kaufhold,
Hilde und Ernst Federn
1995 in Düsseldorf
© Maria Nitzschke

„Was mir an ihm wirklich imponiert: der Mann war sieben Jahre im Konzentrationslager und ist trotzdem anständig geblieben. [...] Er hat eine besonders liebe Frau und hat trotz allem zustande gebracht, nicht nur ein normales Leben zu führen, sondern sogar sehr engagiert mit Gefangenen in Stein zu arbeiten. Das imponiert mir. Er ist wirklich ein hochanständiger Mensch. [...] Er ist von Kreisky eingeladen worden zurückzukommen, ist wirklich ein Idealist in vieler Beziehung und ein Optimist. Ich habe ihn gefragt, ob es in Österreich wirklich so schlimm ist und er hat gesagt, ›aber nein, es ist ja alles nicht so arg‹ – die Gemeinde und die Regierung täten sehr viel gegen den Antisemitismus. Er, der ein wirkliches Opfer war, sagt das. Ich muss sagen, es imponiert mir, dass jemand so – nicht nur anständig, sondern – gut bleiben kann und nicht bösartig geworden ist. Das ist schon allerhand, dass einer das überlebt und trotzdem noch an die Menschheit glaubt. Das bewundere ich" (in Kaufhold, 2005, S. 81).

Ernst Federn hätte sich über die Neuauflage seiner Studien zur Psychologie des Terrors sehr gefreut. Es ist vermutlich sein wichtigstes Werk.

Köln, im Oktober 2013 *Roland Kaufhold*

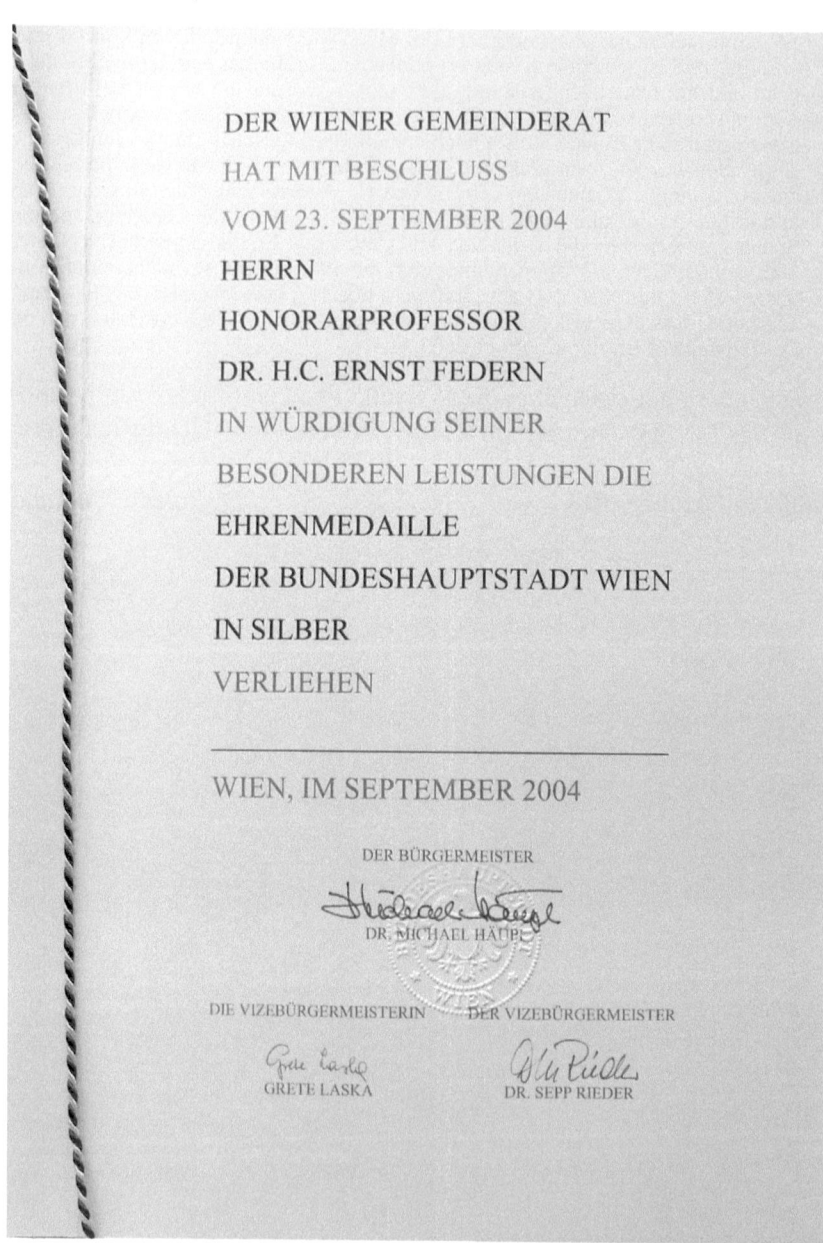

Urkunde zur Verleihung der Ehrenmedaille in Silber für Ernst Federn

Vorwort

Die Veröffentlichung meiner Schriften über die Mechanismen des Terrors, von denen manche vor 50 Jahren geschrieben wurden, in der Form eines Buches ist ein erfreuliches Ereignis. Obwohl in Europa selbst die Schreckenstaten von Dikaturen verschwunden sind, mit Ausnahme des Balkans, ist die Welt nach wie vor dauernd bedroht von Massakern und Verletzungen der Menschenrechte. Der Unterschied zu früheren Zeiten liegt nur darin, daß eine immer größer werdende Zahl von Staaten und Bevölkerungsgruppen dagegen protestiert und sogar versucht, gegen sie einzuschreiten. Das gab es bis zum Ende des Zweiten Weltkrieges nicht. Die Verkündigung der Menschenrechte durch die Vereinten Nationen muß als eine der wichtigsten Fortschritte in der Entwicklung der Menschheit angesehen werden, trotz aller Rückschläge und Mangelerscheinungen in ihrer Durchsetzung.

Vom Anbeginn meiner Haft im Konzentrationslager hatte ich die Idee, das aufzuschreiben, was ich beobachten und studieren konnte. Diese Einstellung war für mich sichtlich eine große Hilfe, um zu überleben. Ich war von der Freudschen Erkenntnis überzeugt, daß der Mensch beide Qualitäten, die des bösartigen Verhaltens und die der höchsten geistigen Leistungen, in sich trägt, es daher die Aufgabe sein muß, daß immer die zweite die Oberhand behält. Das ist auch der Grund für die Wahl meines Mottos für meine Arbeit über die Psychologie des Terrors vom Juni 1946.

In jüngster Zeit wurde die Frage aufgeworfen, ob denn ein Unterschied zwischen dem Terrorregime der Nationalsozialisten und dem der Bolschewisten bestehe. Diese Frage zu verneinen ist nur möglich, wenn man nichts von der Geschichte beider Gewaltregime weiß. Wenn die bolschewistische Macht viel mehr Millionen Opfer gefordert hat als der Nationalsozialismus, so ist das selbstverständlich, denn der Bolschewismus regierte beinahe siebzig Jahre, während Hitler zwölf Jahre an der Macht war. Aber die beiden Formen sind schon deshalb nicht zu vergleichen, weil Lenin einen Völkerkrieg in einen Bürgerkrieg umgewandelt hat, während Hitler, den Frieden versprechend, auf einen Weltkrieg und eine Weltherrschaft hingearbeitet hat. Auch kam Lenin durch einen Aufstand an die Macht, während sie Hitler in die Hand gespielt wurde. Allerdings ist die Ausübung des Terrors immer gleich, ganz gleich wo oder von wem oder wofür er benutzt wird. Sein Ziel ist die Vernichtung und Ausrottung des Gegners. Mit Gewalt wurde immer regiert, und die Demokratie ist eine kurze Erscheinung in der Geschichte der Menschheit. In Europa war die Ausrottung des Gegners nicht der Brauch, von Zeiten der Bürgerkriege abgesehen. Der Gegner wurde unterdrückt, verbannt und eingesperrt, aber nicht vernichtet. In religiösen Fragen war das anders, die Vernichtung eines Angehörigen einer anderen Religion können wir in der Geschichte immer wieder beobachten.

Ich habe in einer Reihe von Arbeiten versucht zu erklären und zu beschreiben, wie diese Vernichtung organisiert und durchgeführt wurde, vom Standpunkt sowohl der Täter wie der Opfer. Ich meine, daß es wichtig ist, sich darüber klar zu werden, daß die Fähigkeit, ein terroristisches Regime aufzurichten, immer besteht. Nur kann verhindert werden, daß diese Fähigkeit zur Wirklichkeit wird. Das bedeutet eine schwere Aufgabe für den modernen Menschen, der er sich aber nicht entziehen kann, denn die Mittel der Vernichtung sind heute so groß, daß sie den Bestand unserer ganzen Zivilisation gefährden.

Es ist für mich eine große Genugtuung, dieses Buch publiziert zu sehen, und ich möchte dem Herausgeber, seinen Mitarbeitern und seinem Verleger meinen großen Dank aussprechen.

Wien, im Januar 1998 *Ernst Federn*

Einleitung

„Man will von der Vergangenheit loskommen: mit Recht, weil unter ihrem Schatten gar nicht sich leben läßt, und weil des Schreckens kein Ende ist, wenn immer nur wieder Schuld und Gewalt mit Schuld und Gewalt bezahlt werden soll; mit Unrecht, weil die Vergangenheit, der man entrinnen möchte, noch höchst lebendig ist. Der Nationalsozialismus lebt nach, und bis heute wissen wir nicht, ob bloß als Gespenst dessen, was so monströs war, daß es am eigenen Tode noch nicht starb, oder ob es gar nicht erst zum Tode kam; ob die Bereitschaft zum Unsäglichen fortwest in den Menschen wie in den Verhältnissen, die sie umklammern.
Ich möchte nicht auf die Frage neonazistischer Organisationen eingehen. Ich betrachte das Nachleben des Nationalsozialismus *in* der Demokratie als potentiell bedrohlicher denn das Nachleben faschistischer Tendenzen *gegen* die Demokratie."

Theodor W. Adorno (1971, S. 10)

„Dies Erziehungsbild der Härte, an das viele glauben mögen, ohne darüber nachzudenken, ist durch und durch verkehrt. (...) Wer hart ist gegen sich, der erkauft sich das Recht, hart auch gegen andere zu sein, und rächt sich für den Schmerz, dessen Regungen er nicht zeigen durfte, die er verdrängen mußte. Dieser Mechanismus ist ebenso bewußt zu machen wie eine Erziehung zu fördern, die nicht, wie früher, auch noch Prämien auf den Schmerz setzt und auf die Fähigkeit, Schmerzen auszuhalten. Mit anderen Worten: Erziehung müßte Ernst machen mit einem Gedanken, der der Philosophie keineswegs fremd ist: *daß man die Angst nicht verdrängen soll*. Wenn Angst nicht verdrängt wird, *wenn man sich gestattet, real so viel Angst zu haben, wie diese Realität Angst verdient,* dann wird gerade dadurch wahrscheinlich doch manches von dem zerstörerischen Effekt der unbewußten und verschobenen Angst verschwinden."

Theodor W. Adorno (1971, S. 96f.)

Der Autor der in diesem Buch vorgestellten Studien zur Psychologie des Terrors, Ernst Federn, stammt aus einer assimilierten jüdischen, bürgerlichen Familie. Er wurde am 26. August 1914 in Wien geboren. Sein Vater, Paul Federn, war ein in Wien bekannter Arzt und als Psychoanalytiker ein enger Weggefährte von Sigmund Freud. Die Geschwister des Vaters lebten in Wien und Berlin, darunter ein Journalist, ein Buchhändler, ein Schriftsteller und die Leiterin eines Wohlfahrtsvereins. Zugleich war es eine politisch engagierte Familie: Paul

Federn war Mitglied der Sozialistischen Ärzte-Organisation und Mitherausgeber des „Psychoanalytischen Volksbuches", seine Schwester Etta verkehrte als Schriftstellerin im libertär-anarchistischen Milieu Berlins, bevor sie 1932 vor der antisemitischen Bedrohung nach Spanien floh und sich dort in der anarchosyndikalistischen Frauenbewegung engagierte.[1] Dieses aufgeklärte, progressive Milieu prägte Ernst Federns Werdegang sowie sein antifaschistisches, anfangs revolutionäres Engagement, das zu seiner insgesamt einjährigen Inhaftierung durch die politische Polizei Österreichs und zur Inhaftierung vom Mai 1938 bis zum April 1945 in den Konzentrationslagern Dachau und Buchenwald führte.

Da in den letzten Jahren mehrere biographisch-werktheoretische Studien zu Ernst Federn publiziert wurden,[2] sei an dieser Stelle die weitere Biographie soweit skizziert, wie es zum Verständnis der in diesem Buch wiedergegebenen Texte notwendig ist. Federn studierte in Wien Sozialwissenschaften und Jura. Nach seiner ersten Verhaftung am 14.3.1936 wegen des Verdachts der illegalen Betätigung für die revolutionären Sozialisten Österreichs, die bis zum Juli 1936 andauerte, wurde er aus der Universität ausgeschlossen. Nach einer neuerlichen Haft vom November 1936 bis Juni 1937 wandte sich der 23jährige im Herbst 1937 an den bedeutenden Psychoanalytischen Pädagogen August Aichhorn, einen engen Freund der Familie Federn, der sich durch seine Arbeit mit verhaltensgestörten Jugendlichen einen Namen gemacht hatte. Dieser riet ihm zum Studium der Heilpädagogik. In dieser Zeit arbeitete er als Sekretär seines Vaters.

Am 14.3.1938 wurde Federn von der Gestapo inhaftiert. Von Mai 1938 bis September 1938 wurde Federn im KZ Dachau, danach bis zum 11.4.1945 im KZ Buchenwald gefangengehalten. Von November 1939 bis Oktober 1942 arbeitete er dort als Nachtwächter, von August 1942 bis April 1945 als Maurer. In Buchenwald freundete sich Federn mit Bruno Bettelheim sowie mit dem Psychoanalytiker Otto Brief[3] an; mit

---

[1] Siehe die 1997 erschienene biographisch-werktheoretische Studie von Marianne Kröger (Hg.): Etta Federn. Revolutionär auf Ihre Art. Von Angelica Balabanoff bis Madame Roland – 12 Skizzen unkonventioneller Frauen –, Gießen (Psychosozial-Verlag) sowie deren Rezension in „Erziehung und Wissenschaft" 6/98, S. 39.

[2] Siehe das Themenschwerpunktheft Nr. 53 (1/93) von *psychosozial*: Pioniere der Psychoanalytischen Pädagogik: Bruno Bettelheim, Rudolf Ekstein, Ernst Federn und Siegfried Bernfeld, Gießen 1993; sowie Kaufhold, 1994b, 1995, Kaufhold/Kuschey, 1995, Plänkers/Federn, 1994.

ihnen entwickelte er vor dem Hintergrund ihrer psychoanalytisch geschulten Beobachtungsgabe die Grundlagen einer Psychologie des Terrors. Diese Grundlagen wurden also nicht theoretisch konstruiert, sondern entstanden unter der unmittelbar erlebten siebenjährigen tödlichen Bedrohung.

Nach der Befreiung Buchenwalds am 11.4.1945 ging der inzwischen 31jährige Federn nach Brüssel, arbeitete dort politisch mit dem Trotzkisten Ernest Mandel und schrieb die Studien „Versuch zur Psychologie des Terrors"[4] sowie „Der Terror als System: Das Konzentrationslager",[5] in denen er seine Lagerhaft verarbeitete. Nach ihrer Heirat siedelten Ernst Federn und Hilde Paar am 8.1.1948 gemeinsam nach New York über, wohin Ernst Federns Eltern bereits 1938 emigriert waren. An der Columbia University New York erwarb er den Magister der Sozialarbeit und machte 1950 bis 1953 eine Lehranalyse bei Herman Nunberg. 1953 erhielt er die amerikanische Staatsbürgerschaft und arbeitete als Familienberater und Psychotherapeut in New York sowie von 1961 bis 1972 in Cleveland. In diesen Jahren veröffentlichte er mit Hermann Nunberg die von seinem Vater „geerbten" *Protokolle der Wiener Psychoanalytischen Vereinigung*; die vierbändige Gesamtausgabe gilt als ein bedeutendes Quellenwerk zur Erforschung der Geschichte der Psychoanalyse. Desweiteren publizierte er die Werke seines Vaters zur Ichpsychologie und Psychosentherapie und setzte mit der Studie über den Lagerleiter Rudolf Höß[6] seine Forschungen zur Psychologie des Terrors fort.

1972 kehrten die Federns auf Einladung der österreichischen Regierung nach Wien zurück; Ernst Federn arbeitete als sozialpsychologischer Berater in den Strafvollzugsanstalten Stein und Wien-Fovoriten. Zugleich intensivierte er seine Publikationstätigkeit und unterstützte insbesondere Modellprojekte mileutherapeutischer Arbeit mit autistisch-psychotischen Kindern sowie den Wiederaufbau der Tradition

---

[3] „Otto Brief (praktischer Arzt in Olomouc/Olmütz), gehörte zur Prager psychoanalytischen Gruppe und versuchte nach der Besetzung des Landes durch die Deutschen nach Holland zu flüchten, wurde aber an der Grenze festgenommen, inhaftiert und kam später in das KZ Buchenwald." (Plänkers/Federn, 1994, S. 152). Dr. Brief war ein aus der (ehem.) Tschechoslowakei stammender, von Wilhelm Reich ausgebildeter Psychoanalytiker, der einige Jahre später nach Auschwitz deportiert und dort ermordet wurde.
[4] Siehe Teil 1.
[5] Siehe Anhang
[6] Einige klinische Bemerkungen zur Psychopathologie des Völkermords, s. Teil 1

der Psychoanalytischen Pädagogik[7] und Psychoanalytischen Sozialarbeit. 1988 wurde er Ehrenmitglied der Wiener Psychoanalytischen Vereinigung.

Im folgenden möchte ich einige wesentliche Elemente aus Ernst und Hilde Federns[8] Leben skizzieren, soweit sie unmittelbar für ein Verständnis von Federns Studien zur Psychologie des Terrors und ihren Entstehungsbedingungen hilfreich sind.

In einem weiteren Schritt werde ich Federns biographisch motivierte Studien mit vergleichbaren literarischen Texten verknüpfen, die ein vertiefendes Verständnis seines Lebenswerkes erleichtern mögen. In einem dritten Abschnitt stelle ich chronologisch die einzelnen Studien dieses Buches vor und arbeite ihren verbindenden Erkenntnishorizont heraus.

Ich möchte eine Erinnerung von Simon Wiesenthal an den Anfang meiner Reflexionen stellen, um die Besonderheit von Ernst Federns nun vorliegenden Studien zu verdeutlichen. Diese Erinnerung wurde von Primo Levi (1990), dem ehemaligen Auschwitz-Häftling und unvergleichlichen Chronisten des Holocaust wiedergegeben. Levi schreibt:

„Viele Überlebende erinnern sich daran (...), was für ein Vergnügen es den SS-Leuten bereitete, den Häftlingen zynisch vor Augen zu halten: ‚Stellen Sie sich nur vor, Sie kommen in New York an, und die Leute fragen Sie: ‚Wie war es in diesen deutschen Konzentrationslagern?' (...) Sie würden den Leuten in Amerika die Wahrheit erzählen (...) Und wissen Sie, was dann geschehen würde? (...) Sie würden

---

[7] Siehe Leber/Gerspach (1996).
[8] Hilde Federn, geborene Paar, 1910 geboren, wuchs in Wien auf und lernte Ernst Federn in der Phase der Illegalisierung des politischen Widerstandes gegen den Austrofaschismus kennen. Als ausgebildete Kindergärtnerin wurde sie von Anton Tesarek und Alois Jalkotzky, den Gründern der „Roten Falken", geprägt. Sie hatte Kontakt zu Anna Freud und interessierte sich für die Psychoanalytische Pädagogik. Sie unterstützte die Widerstandstätigkeit ihres Verlobten Ernst Federn, was im März und April 1936 zu einer sechswöchigen Untersuchungshaft führte und ohne Schuldspruch endete. Nach seiner Inhaftierung am 14. März 1938 unternahm sie verzweifelte Versuche der Intervention bei der Gestapo. Während der gesamten Periode der nazistischen Fremdherrschaft gelang es ihr, Ernst Federn von Wien aus mit Paket- und Geldsendungen zu unterstützen. Außerdem stand sie in Briefkontakt mit ihm; Ernst Federns Briefe wurden zensiert, sie verwendeten jedoch Geheimkürzel, um Genaueres voneinander zu erfahren. Ihre außergewöhnlich mutige Hilfe dürfte entscheidenden Anteil am Wunder des Überlebens Ernst Federns haben. Nach dessen Befreiung durch die Amerikaner trafen sie sich im November 1946 in Brüssel wieder und heirateten dort am 2.2.1947.
Primo Levi (1990, S. 104f.) hat eindrücklich die existenzerhaltende Bedeutung von Briefen durch Verwandte und Freunde verdeutlicht: „Mir ist das unglaublich seltene Glück widerfahren, (...) ein paar Briefe mit meiner Familie wechseln zu können. (...) Ich weiß, daß dies einer der Faktoren gewesen ist, die es mir ermöglicht haben zu überleben. Aber wie ich bereits sagte, jeder von uns Überlebenden ist aus vielerlei Gründen eine Ausnahme, was wir selber zu vergessen bereit sind, um die Vergangenheit aus uns auszutreiben."

Ihnen nicht glauben, würden Sie für wahnsinnig halten, vielleicht sogar in eine Irrenanstalt stecken. Wie kann auch nur ein einziger Mensch diese unwahrscheinlich schrecklichen Dinge glauben – wenn er sie nicht selbst erlebt hat?'" (1990, S. 7)

Diese Erinnerung verdeutlicht die grundsätzliche Schwierigkeit sowohl einer Psychologie der Extremsituation als auch des Versuches, die historische Wirklichkeit in den deutschen Konzentrationslagern auch nur annäherungsweise zu erfassen. Federns wissenschaftliche Studien handeln von verbrecherischen Ereignissen, existentiellen Tragödien, die unser menschliches Vorstellungsvermögen übersteigen – und doch von Menschen gezielt geplant und zynisch durchgeführt wurden. Allein der Versuch, eine Sprache für das uns Unbegreifliche zu finden, ist problematisch, stellt doch die Sprache eine erste Form der Distanzierung dar (s. Reich, 1994, S. 135f.). Bruno Bettelheim (1990) hat aufgezeigt, daß nicht einmal der Begriff Holocaust für die Schrecken der Naziherrschaft stimmig ist. Ursprünglich bedeutete er Brandopfer, was in der Sprache der Psalmisten alte Rituale von tief religiöser Natur bezeichnete. Insofern erscheint ihm die Übertragung dieses Begriffes auf die Opfer des Holocaust als äußerst problematisch. Indem wir vom „Holocaust" sprechen, „nehmen wir das Ereignis intellektuell, denn die ungeschminkte Wirklichkeit würde uns emotional überrollen" (Bettelheim, 1990, S. 103):

> „Millionen von Männern, Frauen und Kindern wurde der Prozeß gemacht, nachdem man sie brutalst behandelt und ihre Menschlichkeit zerstört hatte und nachdem man ihnen die Kleider vom Körper gerissen hatte. (...) Diese elenden Opfer einer mörderischen Wahnidee, einer amoklaufenden Zerstörungswut als Märtyrer oder Brandopfer zu bezeichnen, ist nichts anderes als eine Verzerrung der Realität, mit dem Ziel, sich einen – wenn auch kläglichen – Trost zu verschaffen. Der zugrunde liegende Gedanke ist doch der, daß dieser Massenmord, der nicht bösartiger hätte sein können, eine tiefe Bedeutung gehabt haben müsse und daß sich die Opfer irgendwie wohl auch selbst geopfert haben müssen oder aber Opfer im Namen einer höheren Sache gewesen sind. Das aber beraupt sie der letzten Würde, die ihnen zusteht, der letzten Würdigung, die wir ihnen zuteil werden lassen können – ich meine, ihrem Tod, so wie er tatsächlich war, ins Auge zu sehen und diesen Tod zu akzeptieren, anstatt ihn zu verschönen, nur weil uns das ein wenig erleichtert." (Bettelheim, 1990, S. 105f.)

Ich möchte diese Problematik an einer persönlichen Begegnung mit Ernst Federn illustrieren. Ich hatte mich, von meinen biographisch-werktheoretischen Studien über Bruno Bettelheim ausgehend,[9] mit

---
[9] Siehe Kaufhold, 1993, 1994, Federn, 1994.

Ernst und Hilde Federn angefreundet und stand in einem kontinuierlichen Austausch mit ihnen. Das Thema des Holocaust war häufig mittelbar – unmittelbar Gegenstand unserer Gespräche. Einmal organisierten wir ein privates Treffen bei einem Kollegen, der zwei bedeutende Studien über Federns und Bettelheims Forschungen zu einer Psychologie der Extremsituation verfaßt hatte. Dieser Kollege fragte Ernst Federn irgendwann, ob er glaube, daß es überhaupt möglich sei, den Terror, dem er im Lager ausgesetzt gewesen war, auch nur annäherungsweise nachzuempfinden. Federn zögerte kurz und sagte dann, dies sei vermutlich schwierig: „Allein der *Geruch von Buchenwald* war einzigartig."

Mit dieser grundsätzlichen Schwierigkeit korrespondiert die Tragik, die bei der Beschäftigung mit der Publikations- und Rezeptionsgeschichte von Zeitzeugenberichten über die deutschen Konzentrationslager erkennbar wird. Diese Studien wurden – darauf hat u.a. Bruno Bettelheim aufmerksam gemacht[10] – mehrheitlich entweder nicht gedruckt bzw. kaum rezipiert, oder aber ihr Erscheinen verzögerte sich um Jahre, z. T. Jahrzehnte.[11] Dementsprechend mußten über 50 Jahre vergehen, bis nun im Jahre 1999 Ernst Federns Studien zur Psychologie des Terrors erstmals zusammenhängend in Buchform zugänglich sind.

Wir sprechen über fachliche Beiträge zur Psychologie der Extremsituation, über historische Ereignisse, über ein halbes Jahrhundert währende Rezeptionsprozesse. Scheinbar sind uns die Dinge sehr fern. Man möchte die Diskussion Historikern, Psychologen und Soziologen überlassen. Was hat die heutige Jugend noch damit zu tun? Bei Primo Levi habe ich im Nachwort zu „Die Untergegangenen und die Geretteten" eine Antwort gefunden, der ich mich nicht zu entziehen vermag. Levi stellt fest:

> „Für uns wird das Gespräch mit den Jungen immer schwieriger. Wir fassen es als eine Pflicht auf, aber gleichzeitig auch als ein Risiko: das Risiko nämlich, anachronistisch zu erscheinen und nicht mehr angehört zu werden. Wir müssen aber angehört werden, denn jenseits unserer individuellen Erfahrungen sind wir alle miteinander Zeuge eines grundlegenden und unerwarteten Geschehens gewesen,

---

[10] Erinnert sei an die Verzögerung der Publikation von Bettelheims erster großer Studie über Buchenwald, die erst ein gutes Jahr nach ihrer Abfassung in einer amerikanischen Fachzeitschrift publiziert wurde; s.u.
[11] Siehe etwa Raul Hilberg (1994) sowie Primo Levi (1993, S. 58f.)

das ebendarum grundlegend war, weil es unerwartet war, von niemandem vorausgesehen. Es hat sich gegen jede Vorhersage ereignet, es hat sich in Europa ereignet. Unfaßlicherweise hat es sich ereignet, daß ein ganzes zivilisiertes Volk, das die schöpferische kulturelle Blüte der Weimarer Zeit gerade hinter sich gelassen hatte, einem Hanswurst folgte, der einen heute nur noch zum Lachen bringt. Und dennoch gehorchte man Adolf Hitler und bejubelte ihn bis zur Katastrophe. *Es ist geschehen, und folglich kann es wieder geschehen: darin liegt der Kern dessen, was wir zu sagen haben.*
Es kann geschehen, überall. Weder kann ich noch will ich behaupten, daß es geschehen wird. (...) Zahlreiche neue Tyrannen haben in der Schublade Hitlers *Mein Kampf* liegen: mit einigen Verbesserungen oder ein paar ausgetauschten Namen kann es wieder Verwendung finden." (Hervorhebung d. Verf.) (Levi, 1990, S. 206–207).

Das Ungewöhnliche an Ernst Federns Studien zur Psychologie der Extremsituation ist das Fehlen jeglichen Hasses, jeglicher Anklage, jeglicher Verbitterung. An keiner Stelle beklagt Federn sein Schicksal, nirgends sucht er in vereinfachender Form „Schuldige". Deutlich kommt dies in seiner Einleitung zu „Versuch einer Psychologie des Terrors"[12] zum Ausdruck, in der er bereits 1946 den Begriff der „Kollektivschuld" bzw. „Gesamtschuld" als unhistorisch und antipsychologisch entschieden ablehnt.[13]

Er versteht die Kollektivschuld-These insofern als verkürzt, unhistorisch und unproduktiv, als sie einer Auseinandersetzung mit dem Destruktiven im Menschen wie mit der vollständigen Destruktivität eines totalitären Systems ausweicht. Federn leitet hieraus vielmehr eine pädagogische und psychologische Forderung ab: „Eben weil der Mensch eine besonders bösartige Spezies ist, ist es so wichtig zu erkennen, daß er aber auch die Fähigkeiten besitzt, seine ‚Bestialität' zu überwinden und die ursprünglichen Triebe zu kulturvollem Tun umzugestalten."

Mit dieser Erkenntnis korrespondiert eine weitere Besonderheit in der Persönlichkeit Ernst Federns als eines politisch bewußten, historisch denkenden Intellektuellen: Man würde Federn sehr unrecht tun, ja, ihm Gewalt antun, wenn man ihn als „Opfer" tragischer, verbrecherischer Gewalt bezeichnete. Nein, Ernst Federn fühlt sich nicht als Opfer, er hat die Folgen seines außergewöhnlich mutigen Engagements gegen die Nazis bereits als 20jähriger sehr präzise vorhergesehen.

---

[12] Siehe Teil 1
[13] Siehe auch meinen Beitrag zum Briefwechsel zwischen Bettelheim und Federn in Teil 3

Die Nazis inhaftierten ihn wegen seiner antifaschistischen Aktivitäten und wegen des ihm zugeschriebenen Judentums. Das Ausmaß der absoluten Gewalt im KZ, gegen die man sich nicht wehren konnte, überraschte ihn zwar, überwältigte ihn jedoch niemals vollständig.

Federn hat häufig sein familiär gewachsenes *Urvertrauen* betont, das es ihm ermöglicht habe, die schlimmsten Phasen in Dachau und Buchenwald durchzustehen.[14] In einem Interview verdeutlicht er, daß dieses familiäre Urvertrauen ihm bis heute ermögliche, „Positives zu erinnern und Negatives zu vergessen":

> „Erst in Dachau erfuhr diese Zuversicht einen großen Schlag. Bis Dachau habe ich jeden Menschen, mit dem ich zu tun gehabt habe, auf meine Seite bekommen. Auch die Wiener Polizei, auch die Aufseher. Ich habe sie immer in kürzester Zeit gekriegt. Aber bei der SS war das aus! Eher konnte man mit einem Tiger reden als mit diesen Menschen. Das war der Schock meines Lebens. Da habe ich gewußt: Damit komme ich nicht durch, mit Schmäh kommst du nicht durch. Ähnlich war es auch bei den Stalinisten." (Plänkers/Federn, 1994, S. 156)

Und in Rösings Kinofilm „Überleben im Terror – Ernst Federns Geschichte"[15] betont Federn:

> „Es gab keinen Widerstand, es gab nur Anpassung. Es gab gegen das Konzentrationslager keinen Widerstand. Ich meine, es kommt darauf an, was man unter Widerstand versteht. Innerlich mußte man derselbe bleiben, der man war. Aber es gab nur Anpassung. Das Problem war anzupassen, was immer gekommen ist. Also mir war sehr bald klar, hier bin ich ein Sklave und kann nur überleben, wenn ich als Sklave nützlich bin. Erst einmal habe ich alles gemacht, was man so machen muß, schwere Schachtarbeiten. Dann war ich in einem sogenannten Moorexpress ..." (Rösing, 1992, S. 2)

Wenn Ernst Federn in Rösings Film von der Gewalt, der allgegenwärtigen Todesbedrohung spricht, der er und seine Freunde ausgesetzt waren, so erinnert er sich zugleich an die *Solidarität der Gefangenen*:

> „Man war ja eigentlich immer in Gefahr. Jeden Moment, ich meine, wenn einer einen hat umbringen wollen, dann hat er einen erschlagen (...) Es hat nur Terror gegeben. Es hat Terror gegeben und Freundschaft und diese Solidarität gegen die SS. Die wurde eigentlich total gehalten." (Rösing, 1992, S. 6)

Federn war eben kein „Opfer", weil er eine *politische Identität als Widerstandskämpfer* entwickelt hatte.[16] Das Bewußtsein, wegen seines

---

[14] Siehe hierzu die Beschreibungen in Kaufhold, 1993b, Kaufhold/Kuschey, 1995 und Plänkers/Federn, 1994.
[15] Siehe Teil 3
[16] Siehe Kaufhold (1994a, 1994b, 1995, 1996b, 1997a.)

sozialistischen, antifaschistischen Engagements für die Demokratie verfolgt zu werden, erleichterte es ihm später, seine siebenjährige Mißhandlung frei von Ressentiments wissenschaftlich aufzuarbeiten. Auf Rösings direkte Frage, ob Federn sich als Opfer fühle, entgegnet dieser:

> „Nein, das ist der große Unterschied. Die aus politischen Gründen eingesperrt worden sind, haben das mehr oder weniger erwartet. Und *es ist Teil dessen, was man als Kämpfer gegen den Faschismus in Kauf nehmen mußte. Man war also kein Opfer insofern.* Das war der Gegner. Und das ist psychologisch ein ganz großer Unterschied zu denen, die völlig ahnungslos, bloß weil sie Juden waren, verhaftet worden sind. Ich habe mich auch nie als jüdischer Gefangener gefühlt. Ich habe es auch abgelehnt, mich von der jüdischen Organisation unterstützen zu lassen. Ich habe keine jüdische Identität gehabt und habe sie auch heute nicht. Sondern für mich war das eine klare Folge meiner revolutionär-sozialistischen Einstellung." (Rösing, 1992, S. 16)[17]

Ernst Federns konstruktive und kreative Grundhaltung sowie seine psychoanalytisch und politisch geschulte Beobachtungsgabe ermöglichten es ihm, noch unter den Bedingungen des organisierten Terrors im Konzentrationslager menschliche Beziehungen zu seinen Mitgefangenen herzustellen, sie mittels seiner sonntäglichen Vorträge politisch zu informieren und psychoanalytisch aufzuklären, aber auch die erlittene Gewalt zu analysieren und so besser zu ertragen. Außergewöhnlich erscheint mir seine Fähigkeit, die Verbrechen in den natio-

---

[17] Ich habe verschiedentlich (Kaufhold, 1993, S. 58–60, S. 79f., 1994b, S. 114–120, 1997a, Kaufhold/Kuschey, 1995, S. 200–205) Federns Schilderungen über sein Leben und Überleben im Konzentrationslager dokumentiert. Ernst Federn hat immer sehr offen seine „Privilegien" beschrieben und analysiert, die er in seinen Tätigkeiten als Nachtwächter und Maurer sah. So wie sein Überleben ein großer Zufall und ein unglaubliches Glück war, so war es doch diesen „privilegierten" Positionen geschuldet, die es ihm erst ermöglichten, wissenschaftliches Zeugnis von der erlebten Barbarei abzulegen.
Primo Levi (1990, S. 12–14) hat diesen tragischen Zusammenhang präzise beschrieben: „Es ist natürlich und selbstverständlich, daß das reichhaltigste Material für eine Rekonstruktion der Wahrheit über die Konzentrationslager die Erinnerungen der Überlebenden sind. Jenseits allen Mitleids und aller Empörung, die sie hervorrufen, müssen sie kritisch gelesen werden. (...) Aus dem Abstand von Jahren läßt sich heute durchaus sagen, daß die Geschichte der Konzentrationslager fast ausschließlich von denen geschrieben wurde, die, wie ich, nicht den tiefsten Punkt des Abgrunds berührt haben. Wer ihn berührt hat, ist nicht mehr wiedergekommen, oder seine Beobachtungsgabe war durch das Leid und das Nichtbegreifen gelähmt. (...) Die besten Historiker des Lagers kommen also aus den Reihen jener ganz wenigen, die das Geschick und das Glück hatten, einen privilegierten Beobachtungsstand zu beziehen, ohne sich Kompromissen beugen zu müssen, und die Fähigkeit besaßen, das, was sie gesehen, durchlitten und getan hatten, mit der Demut des guten Berichterstatters zu erzählen, nämlich indem sie die Komplexität des Phänomens Lager und die Vielgestaltigkeit der Menschenschicksale berücksichtigten, die sich dort vollzogen.

nalsozialistischen Konzentrationslagern frei von Haßgefühlen zu analysieren. In Rösings Film bemerkt er hierzu:

> *„Rösing:* Nachdem das KZ aufgehört hat, hat dann auch der Haß geendet?
> *Federn:* Der Haß? Na ja, gegen die Deutschen nicht. Der hat schon eine Zeit lang gedauert.
> *Rösing:* Ich meine jetzt: Ihr Haß.
> *Federn:* Ich habe nie einen Haß gehabt.
> *Rösing:* Gegenüber Ihren Bewachern haben Sie nie Haß verspürt?
> *Federn:* Haß? Nein. Nein. Nein. Nun, wahrscheinlich in Buchenwald haben wir uns schon gesagt, wenn wir den erwischen, machen wir was mit ihm. Aber ich habe ja eigentlich im Jahre 38 den Wunsch gehabt, über den Terror zu schreiben. Und das war also einer meiner Pläne: Sobald ich herauskomme, schreibe ich. Sie müssen sich denken, daß ich im Grunde genommen – und ich glaube, das gilt für viele, die herausgekommen sind, – sehr euphorisch war und große Pläne gehabt habe, also was man alles machen wird. Die Welt verändern und so weiter. Und das war eines der Dinge, die ich absolut vorgehabt habe. Ich habe es dann auch nicht so schnell können, wie ich dachte..." (Rösing, 1992, S. 15).

Und in einem Interview mit dem Berliner Psychologen Andreas Peglau bemerkt Federn:

> *„Sehen Sie, der Haß ist immer das Umgekehrte von der Liebe. Da dreht sich die Liebe in ihr Gegenteil um.* Und für mich waren die Nazis und die Stalinisten politische Gegner, die ich bekämpft habe und mit denen man keinen Kompromiß machen kann. *Aber hassen kann ich den Gegner nicht. Er ist kein Gegenstand des Hasses, weil er kein Gegenstand der Liebe ist."* (Peglau, 1995, S. 5)[18]

In diesem Kontext verdeutlicht Federn – dies ist das Thema aller vier Federn-Studien zur Psychologie des Terrors in diesem Buch – präzise und überzeugend das Wesen des nationalsozialistischen Terrors, der die menschliche Destruktivität gezielt und zynisch ausnutzte und kultivierte:

> *„M. Barthel-Rösing:* Herr Federn, Sie haben uns einmal gesagt, daß das Teuflische des SS-Terrors darin bestand, das Destruktive, das in jedem Menschen angelegt ist, zu wecken.
> *Federn:* Nun ja, indem das Destruktive nicht verboten war, sondern mehr oder weniger eigentlich belohnt wurde. Das ganze System war ein System der Zerstörung. Und die SS, das hat ja der Himmler von ihr auch gesagt, (war) ein

---

[18] Diese Überlegung zur Wechselwirkung zwischen Liebe und Haß, zwischen dem ewigen Eros und Thanatos, diesen beiden „himmlischen Mächten" (Freud) (s. Kaufhold, 1997b), veranlaßte Federn, Istvan Hollos' Ausführungen zur Liebe und zum Haß aus dessen Psychose-Buch „Hinter der Gelben Mauer. Von der Befreiung der Irren" (Stuttgart 1928, Hippokrates) – welches Federn sehr schätzt – als Motto über seinen „Versuch einer Psychologie des Terrors" zu stellen.

Orden der Zerstörung. Und haben bewußt diesen Sadismus, diese Zerstörungswut, die im Menschen offenbar drinnen ist, bewußt eingesetzt. In jedem Menschen schlummert das Potential der Aggression und des Sadismus. Es kann unter Umständen geweckt werden, aber es kann auch zielbewußt eingesetzt werden." (Rösing, 1992, S. 15)

Ich möchte hierzu an dieser Stelle einige persönliche Episoden wiedergeben: Ich sprach mit Ernst und Hilde Federn häufig über die Konzentrationslager und über die Konsequenzen, die diese Erfahrung für sie (sowie auch für Bruno Bettelheim)[19] hatte. Einmal machte Ernst Federn inmitten eines Gedankenganges eine Pause und fragte dann nachdenklich, wen er denn heute noch hassen solle? Die Nazis hätten keine Macht mehr und seien zum Teil schon tot. Wem also könne sein Haß noch gelten?

Auch seine Begeisterung über das Erscheinen von David Beckers Buch zur Psychologie der Folter[20] ist mir in lebendiger Erinnerung; diese Studie David Beckers über seine Arbeit mit Opfern der chilenischen Diktatur sei so großartig, daß er selbst keine Studien über die Konzentrationslager mehr zu schreiben brauche.

Gegenwärtig ist mir auch noch sein und Hilde Federns Entsetzen über die vor allem von Serben begangenen Verbrechen an wehrlosen bosnischen Zivilisten, die wir abends regelmäßig im österreichischen Fernsehen verfolgten. Die jahrelangen ergebnislosen diplomatischen Zusammenkünfte der westlichen Staaten, die Gleichgültigkeit der demokratischen Öffentlichkeit, die Teilnahmslosigkeit der westlichen Staatsmänner gegenüber dem nahezu öffentlich zelebrierten Völkermord an bosnischen Zivilisten erschütterten sie zutiefst. In diesen Augenblicken wurde in mir die Erinnerung an Federns gelegentlich resignativen Bemerkungen über die Unterstützung Hitlers beispielsweise durch die britischen Konservativen bewußt; die historische Tatsache, daß Hitlers Macht von den Westmächten und schließlich von der Sowjetunion jahrelang unterstützt wurde. Auch war mir das Leiden unter dem zynischen Terror, der Angst vor den Gerüchten sehr nah, denen Hilde Federn während des siebenjährigen Wartens und Bangens um Ernst Federn ausgesetzt war.

---

[19] Siehe Teil 2 dieses Buches sowie Kaufhold, 1994.
[20] Becker (1992); s. auch Kaufhold (1994d).

In den Zeitzeugenberichten und Analysen der KZ-Überlebenden, wird die nur schwer nachzuempfindende Last und die Qual der Überlebenden beschrieben, ein traumatischer Schmerz, dessen Wunden die Zeit nicht zu heilen vermochte – im Gegenteil. Diejenigen, die schon in den deutschen Lagern die größten Leiden ertragen mußten, waren auch nach dem Lager nicht frei davon. Die „Reintegration ihrer Persönlichkeit" (Bettelheim) wurde zur Lebensaufgabe.

Während den Opfern die Verdrängung ihrer traumatischen Erfahrungen nicht gelang, bereitete den Tätern die Verdrängung des ausgeübten Terrors meist sehr viel geringere Mühe.[21] Und gerade viele derjenigen, die mit außerordentlichem Mut und innerer Stärke Zeugnis von den Verbrechen abgelegt haben, haben sich am Ende, da sie scheinbar schon „gesiegt" hatten, das Leben genommen. Die Freitode von Jean Améry, Primo Levi, Paul Celan, Bruno Bettelheim und anderen erinnern uns daran.

Ich erinnere mich in diesem Zusammenhang an einen Fachkongreß zur Behandlung psychotischer Kinder vom Juni 1988, an dem Ernst Federn als Referent teilgenommen hatte.[22] Federn kam auf die Verfolgung während der NS-Zeit zu sprechen und erwähnte hierbei, er höre gelegentlich die Frage, wann denn dieser Federn an der Last seiner Erinnerungen zusammenbrechen werde, um daraufhin mit großer Energie und Überzeugungskraft den narzißtischen Ge-

---

[21] Diese Erkenntnis veranlaßte Primo Levi (1990, S. 20f.) zu der Feststellung: „Wer tief verletzt worden ist, neigt dazu, die Erinnerung daran zu verdrängen, um den Schmerz nicht zu erneuern; und derjenige, der diese Verletzung zugefügt hat, drängt seine Erinnerung in die Tiefe ab, um sich von ihr zu befreien, um sein Schuldgefühl zu beschwichtigen.

Hier befinden wir uns, wie auch bei anderen Phänomenen, vor einer paradoxen Analogie von Opfer und Unterdrücker, und es ist äußerst wichtig, daß wir das klar sehen: beide sitzen in derselben Falle, aber es ist der Unterdrücker und nur er, der sie aufgestellt hat und zuschnappen läßt: wenn er daran leidet, ist es nur gerecht, daß er daran leidet, aber es ist ungerecht, daß auch das Opfer daran leiden muß, wie es gezwungenermaßen daran leidet, auch nach Jahrzehnten noch. Wieder müssen wir, trauernd, feststellen, daß die Verletzung unheilbar ist: sie überdauert die Zeiten, und die Erinnerungen, an die man schließlich doch glauben muß, quälen nicht nur den Peiniger (wenn sie ihn überhaupt peinigen, von der Strafe der Menschen unterstützt oder auch nicht), sondern führen sein Werk noch fort, indem sie dem Gepeinigten den Frieden versagen. Nicht ohne Entsetzen liest man die Worte, die der österreichische Philosoph Jean Améry hinterlassen hat, der von der Gestapo gefoltert wurde ..."

Die Gewalt ist in den Verhältnissen eingeschlossen, und je mehr wir über sie sprechen, desto stärker distanzieren wir uns von ihr, da die Bewußtwerdung des Terrors uns überwältigen und sprachlos machen würde. Sie würde uns zerstören und darum möchten wir nicht erkennen.

[22] Dokumentiert in: Becker, H./Leber, A. (Hg., 1989): Psychose und Extremtraumatisierung, Teil I und II, *psychosozial* Nr. 37 und 39.

winn[23] zu betonen, daß es den Nazis nicht gelungen sei, ihn zum „Untermenschen" zu machen.

Zu den einzelnen Beiträgen dieses Buches: Im Juni 1946 schloß Ernst Federn seine große Studie „Versuch einer Psychologie des Terrors" ab. Ihr war das Schicksal beschieden, das vielen dieser Erinnerungs- und Aufarbeitungstexte gemein ist. Sie erschien nur in einer kleinen französischsprachigen Zeitschrift in Belgien und blieb ohne jede Rezeption und Wirkung. Ihr immenser theoretischer Erklärungsgehalt ging nicht in die Fachliteratur ein. Sie wurde im buchstäblichen Sinne von einigen wenigen Autoren nur in Fußnoten erwähnt,[24] niemals jedoch diskutiert. Erst 1989(!) wurde sie in *psychosozial* (Nr. 37) erstmals auf deutsch publiziert.

Federn behandelt in systematisierender Form die Grundmerkmale und Methoden einer Psychologie der Extremsituation, die er mit dem Begriff des Terrors zu fassen versucht. Er unterscheidet zwischen *physischer Folter* (Hunger, Durst, Überarbeitung, Schlafentzug, körperliche Mißhandlungen usw.) und *psychischer Folter* (Scheinhinrichtungen, Ermordung von Verwandten und Freunden, ständige Demütigungen, das Gezwungensein, selbst Gewalt gegen Mithäftlinge auszuüben sowie gegen eigene moralische Grundsätze zu handeln.) Die Verknüpfung von physischem und psychischem Terror ist kennzeich-

---

[23] Federn hat gelegentlich sehr offen über seinen „an das Psychotische reichende(n) Narzißmus" (Plänkers/Federn, 1994, S. 155) gesprochen, aber auch über „die Erfahrungen des unglaublichen Glücks" (ebda.), die es ihm im Lager ermöglicht haben, selbst die schlimmsten Situationen durchzustehen, ohne innerlich zu zerbrechen: „Für mich war mein Optimismus ganz entscheidend für mein Überleben. Ich war völlig überzeugt, daß mir nichts passiert. Und ich habe – das ist natürlich irrational, weil die Wahrscheinlichkeit unerhört gering war – den Leuten gesagt, mir kann nichts passieren, und da du mein Freund bist, kann dir auch nichts passieren! Und viele meiner Freunde sind auch durchgekommen, natürlich nicht alle. Hier wirkt die Macht der Suggestion, und sie hat den Leuten geholfen." (Plänkers/Federn, 1994, S. 154f.).

[24] Siehe H. Arendt (1951/1986), S. 696, S. 735; B. Bettelheim (1960/1989), S. 326f.; B. Bettelheim (1980), S. 26, S. 94: 1960/1989, S. 326; I. Grubrich-Simitris (1979/1984), S. 211, S. 269; Lohmann/Rosenkötter (1983) in Lohmann (1984), S. 82f, S. 269. Ernst Federns Freund und Mithäftling, der französische Trotzkist Marcel Beaufrère, war von Federns Wirken in Buchenwald, insbesondere von dessen psychoanalytischen und politischen Vorträgen, so beeindruckt, daß er davon David Rousset, dem berühmten französischen Schriftsteller, erzählte. Dieser veröffentlichte mit „L'univers de concentrationnaire" (dt.: „Für die Wahrheit über die Konzentrationslager", 1951) eines der bekanntesten Bücher über Buchenwald. 1946 publizierte Rousset in Sartres „Les Temps Modernes Mondes" einen Aufsatz, in dem er beschrieb, wie in Buchenwald der Psychoanalytiker Ernst Feder(n) Vorträge über Psychoanalyse hielt (s. Plänkers/Federn, 1994, S. 160f.). David Rousset wiederum war der Ehemann von Marguerite Duras, über den sie in „Der Schmerz" (1986) so eindrücklich, so erschütternd erzählt hat.

nend für das System Konzentrationslager als „höchstentwickelte" Form der zynischen Barbarei. Eine Barbarei, die auch nicht davor zurückschreckte, die Tendenz zur Anpassung an den Terror dazu einzusetzen, Gefangene „durch das infame Band der aufgezwungenen Mittäterschaft" (Levi, 1990, S. 53) als Unteraufseher zu mißbrauchen und zynisch auszunutzen.[25]

Federns Studie erregte auch deshalb Widerstand, weil er die These von der „Kollektivschuld" (s. o.), eines schlichten Gegenüber von „Guten" und „Bösen", „Tätern" und „Opfern", ablehnt. Er ist sich hierin u. a. mit Primo Levi einig:

> „Die Vermutung, ein abgefeimtes System, wie es der Nationalsozialismus war, spreche seine Opfer heilig, ist naiv, absurd und historisch falsch; im Gegenteil: es degradiert sie und verleibt sie sich ein, und zwar um so mehr, je disponibler die Opfer sind, je ahnungsloser, je weniger politisches und moralisches Rüstzeug sie besitzen." (Levi, 1990, S. 37)

Stattdessen liefert Federn eine sehr differenzierte Sicht auf das Innenleben des Lagers, das in gewisser Weise als gespenstischer, psychotischer Mikrokosmos das Abbild des totalitären „Großen Reiches" war.[26]

Federns Studie, im Juni 1946 abgeschlossen, gehört nach Reich (1993, S. 83) „zu den Standards psychoanalytischer Betrachtung über das Thema einer Psychologie extremer Situationen" und ermöglicht eine nüchterne Sicht der Rollen von Opfern und Tätern sowie der Psychologie der Leidenden. Federn verdeutlicht, daß insbesondere die Allgegenwärtigkeit der Todesbedrohung, das völlige Ausgeliefertsein sowie die Zerstörung des eigenen Über-Ichs unheilbare Schädigungen auslösen: „Unser Über-Ich ist für unsere Seele wie ein Rückgrat; einmal gebrochen, ist ewiges Siechtum oder Tod die Folge." Gegen Ende seiner Studie arbeitet Federn heraus, welche Faktoren das Ertragen dieser unser Vorstellungsvermögen übersteigenden Leiden ermöglichen. An anderer Stelle hat Federn seine Erkenntnisse folgendermaßen beschrieben:

---

[25] Siehe Federns „Versuch einer Psychologie des Terrors" in diesem Buch sowie Reich, 1993, S. 88, Wirth, 1997b, S. 9, Wollenberg, 1997.

[26] Primo Levi (1990, S. 34) bemerkt: „Dieser Wunsch nach Vereinfachung ist berechtigt, dagegen ist es die Vereinfachung selber nicht immer. (...) Nun war das Netz menschlicher Beziehungen innerhalb der Lager nicht einfach: es war nicht auf zwei Blöcke reduzierbar, auf Opfer und Verfolger. Bei denen, die heute über die Geschichte der Konzentrationslager lesen (oder darüber schreiben), wird die Neigung, ja geradezu das Bedürfnis offenkundig, das Böse vom Guten zu trennen, Partei zu ergreifen, die Geste Christi beim Jüngsten Gericht zu wiederholen: hier die Gerechten und dort die Verdammten."

„Die Traumatisierung kommt meiner Meinung nach durch die Verletzung des Selbstgefühls oder des Narzißmus. Ich meine, daß in der traumatischen Neurose das Ich überwältigt und verletzt wird. Was viele im Lager nicht ausgehalten haben, war die Zerstörung des Über-Ichs. (...) Und hier war es einfacher für diejenigen, die für eine Sache kämpften und deswegen im Lager waren. So wie eine höhere Sache einem erlaubt, Morde zu begehen und Kriege zu führen ohne irgendwelche Gewissensbisse, so erlaubt sie natürlich auch, Dinge zu erdulden, die ein anderer nicht ertragen kann. *Leute wie ich haben durchgehalten. Was immer geschehen ist, wir wußten: Es ist Krieg.*" (Plänkers/Federn 1994, S. 169f., Hervorhebung d. Verf.)

1958 erschien Rudolf Höß' Autobiographie „Kommandant in Auschwitz". Ernst Federn hatte den Kommandanten des Vernichtungslagers Auschwitz schon während dessen Zeit als Scharführer der Kantine des Konzentrationslagers Dachau kennengelernt. In seiner Funktion als Leiter der New Yorker „KZ Association of Former Inmates of Concentration Camps" war Federn um eine Stellungnahme zu Höß' Autobiographie gebeten worden. Seine Studie „Einige klinische Bemerkungen zur Psychopathologie des Völkermords" erschien im Juli 1960 in den USA und 1969 auch in der „Psyche". Seine psychologischen Interpretationen erregten international Aufsehen und trugen dazu bei, den Nationalsozialismus zu entdämonisieren. Höß war eine freundliche Privatperson und ein Massenmörder in einem. Ernst Federn arbeitet, ganz im Sinne von Adornos Forschungen zum autoritären Charakter (s.o.), die Bedeutung des Autoritarismus heraus, der das pflichtbewußte, gewissenlose Morden begünstigte – welches durch ein terroristisches Regime gefördert und gezielt instrumentalisiert wurde: „Im Falle von Höß war Gehorsam das Rückrat seiner Existenz. Dem Vater den Gehorsam verweigern bedeutete Kastration und Vernichtung", bemerkt Federn, und ergänzt dies durch die pädagogische und psychologische Forderung:

> „Warum Deutschland zuerst die wissenschaftliche Erkenntnisse in den Dienst des Völkermordes gestellt hat, ist ein Problem für den Historiker. Wie man aber Kinder so erzieht, daß sie nicht zu potentiellen Massenmördern werden, ist ein Problem, das die ,seelische Hygiene' angeht. Es könnte entscheidend sein für unser aller Überleben, daß wir diese beiden Probleme nicht verwechseln."

Seit etwa Mitte der 80er Jahre begannen verschiedene Berufsgruppen, die Geschichte ihres Berufsstandes während des „Dritten Reichs" zu erforschen und zu diskutieren (s. Wirth, 1997b, S. 19f.) In Erinnerung an den 50. Jahrestag des Nürnberger Ärzteprozesses veranstalteten die mit dem Friedensnobelpreis ausgezeichneten „Internationalen Ärzte gegen den Atomkrieg" (IPPNW) vom 25. bis 27.10.1996 den Kongreß „Medizin und Gewissen".[27] Sie luden den Zeitzeugen Ernst Federn ein, von seinen tragischen Erfahrungen als Zeitzeuge zu berichten sowie die abschließende „Nürnberger Erklärung" gemeinsam mit der Medizinstudentin Kerstin Langhans zu verlesen. Sein Vortrag „Mechanismen des Terrors", fünfzig Jahre nach dem Abschluß seiner Studien zur Psychologie des Terrors verfaßt, verdeutlicht noch einmal die Aktualität, die Zeitlosigkeit, die Bedrohlichkeit dieses Themas. Kersten Reich hat in seinen Studien über Federns und Bettelheims Beiträge zur Psychologie der Extremsituation an Theodor W. Adornos Einsicht[28] erinnert, daß es oberstes Erziehungsziel einer „Erziehung zur Mündigkeit" sein müsse, daß nie wieder Auschwitz sei, und abschließend hinzugefügt:

> „Die Geschichte nach 1945 zeigt sehr schnell, daß die sogenannte Zivilisation des 20. Jahrhunderts diesem Ziel nicht standhalten kann. (...) Die Psychologie der Extremsituationen bedarf weiterer Differenzierung, bedarf auch eines viel größeren Forschungsinteresses als bisher, um auf der Basis ihrer Klassiker (...) uns nicht blind in der Abwehr gegen das zu belassen, was Menschen täglich bedroht und auch uns eines Tages wieder direkt bedrohen könnte." (Reich, 1994, S. 155)

Das zweite Kapitel dieses Buches gibt drei Texte, in denen sich Ernst Federn an Mithäftlinge erinnert, wieder: an den bekannten österreichischen Kabarettisten Fritz Grünbaum und den österreichischen sozialistischen Politiker Robert Danneberg, die beide in den Lagern ermordet wurden, sowie an Bruno Bettelheim. Bei der Lektüre dieser Texte ist man gerührt und erschüttert ob der menschlichen Fähigkeit, inmitten des absoluten nationalsozialistischen Terrors zwischen den wehrlosen, am Rande des Abgrundes stehenden Gefangenen dennoch kleine Inseln der unverstellten Anteilnahme, Freundschaft und Solidarität zu sehen. Fritz Grünbaum und Robert Danneberg konnten nicht

---

[27] Siehe den Redebeitrag von Horst-Eberhard Richter: Der ureigene Platz des Arztes ist stets an der Seite der Hilfsbedürftigen, Frankfurter Rundschau, 26.10.1996, S. 14 (s. auch Psyche 4/1997), sowie weitere Berichte über den Kongreß „Medizin und Gewissen" in der Frankfurter Rundschau vom 28.10.1996, S. 1 und 3.

[28] Die Aktualität dieser Einsichten Adornos zur Erziehung nach Auschwitz – die, wie Reich (1993, 1994) zutreffend aufgezeigt hat, mit Bettelheims und Federns Erkenntnissen weitgehend korrespondieren – mag sich darin widerspiegeln, daß die Bundeszeitung der GEW, „Erziehung und Wissenschaft", 1995 ihrem Themenschwerpunktheft zu „Erziehung nach Auschwitz: Im Gedenken unterweisen" (Heft 4/95) Adornos diesbezügliche Ausführungen statt eines einführenden Kommentars vorangestellt hat.

am Glück teilhaben, das Ernst Federn beschieden war. Federns Erinnerungen sind ihrem Gedenken gewidmet.

Das dritte Kapitel umfaßt drei vertiefende Studien zu Federns Entwürfen einer Psychologie der Extremsituation. Der Wiener Lehrer und Federn-Biograph Bernhard Kuschey skizziert in „Das Leben Ernst Federns im absoluten Terror des nationalsozialistischen Lagersystems"[29] wesentliche Stationen der Verfolgungs- und Überlebensgeschichte und verknüpft diese in Anlehnung an die Studien etwa von Baumann, Kogon, Sofsky und Stein mit historisch-soziologischen Analysen des Systems Konzentrationslager. Kuschey verdeutlicht, daß der Terror im totalitären System Konzentrationslager zwar absolut war und die Häftlinge genötigt wurden, sich anzupassen um zu überleben, daß dieser organisierte destruktive Terror aber dennoch in gewisser Weise Gegenkräfte freisetzte. Diese annäherungsweise zu verstehen, ermöglicht uns die Lebensgeschichte und das wissenschaftliche Werk Ernst Federns. „Nur im Bericht der überlebenden Opfer kann das gefährdete Menschsein wiedergefunden werden," bemerkt Kuschey.

Ganz in diesem Sinne habe ich die Bereitschaft von Ernst und Hilde Federn gelesen, sich an den Dreharbeiten des Dokumentarfilmes „Überleben im Terror. Ernst Federns Geschichte" aktiv zu beteiligen. Die Dreharbeiten dauerten von 1987 bis 1992 und konfrontierten Ernst und Hilde Federn immer wieder mit ihren zutiefst traumatisierenden Erinnerungen. Wilhelm Rösing und Marita Barthel-Rösing zeichnen in ihrem Beitrag die schwierigen Dreharbeiten nach, die durch den Zusammenbruch der DDR eine nicht vorhersehbare Veränderung erfuhren: Es wurde möglich, in Buchenwald selbst zu drehen, was bis 1989 unvorstellbar war. Der Stalin-Gegner Ernst Federn, der bereits während seiner Gefangenschaft in Buchenwald durch das sektiererische Verhalten eines Teils der stalinistischen „Häftlingsselbstverwaltung" unmittelbar existentiell bedroht wurde,[30] galt in der DDR als

---
[29] Siehe hierzu auch Kaufhold/Kuschey (1995).
[30] Siehe Kaufhold (1994b), S. 115, 1995, S. 160, S. 164f., Kaufhold/Kuschey (1995), S. 202–205; „Frankfurter Rundschau", 6.7.94, S. 1, „die tageszeitung", 22.7.94. Siehe auch die Studie von Wollenberg (1997) über die umstrittene Rolle der Funktionshäftlinge im KZ, die Opfer waren, aber auch zynisch zur Mittäterschaft gezwungen wurden. In Plänkers/Federn (1994) sagt Federn hierzu: „Als Begründer der österreichischen Sektion der 4. Internationale war ich im Lager von den Stalinisten her isoliert: Mit einem Trotzkisten war es verboten zu reden." (S. 158). Und: „Die Autonome Verwaltung des Lagers lag in den Händen der Kommunisten (...) Dabei haben sie natürlich mit der SS zusammengearbeitet. In den letzten Kriegsmonaten ist

„unerwünschte Person". Während dieser Dreharbeiten wurde im Dokumentationsarchiv Buchenwald ein barbarisches Dokument entdeckt: Ernst Federns Name fand sich auf einer Transportliste ins Vernichtungslager Majdanek. Der Hintergrund und die Motive hierfür sind noch unbekannt. Da Ernst Federn jedoch durch eine Anordnung von Rüstungsminister Speer zur „kriegswichtigen Arbeitskraft" erklärt worden war, entging er der Deportation.[31]

Roland Kaufhold stellt in „Material zur Geschichte der Psychoanalyse und der Psychoanalytischen Pädagogik: Zum Briefwechsel zwischen Bruno Bettelheim und Ernst Federn" den bisher weitgehend unveröffentlichten Briefwechsel dieser beiden Pioniere einer Psychologie der Extremsituation vor, der unmittelbar nach Federns Befreiung im April 1945 begann und bis zu Bettelheims Freitod im März 1990 andauerte (s. Kaufhold, 1994c, 1997). Der Text stellt eine Fortschreibung des bereits vor vier Jahren publizierten *Briefwechsels zwischen Bettelheim und Rudolf Ekstein* dar (s. Kaufhold, 1994a). Die Briefe, die Mehrzahl aus den Jahren von 1945–1948, also aus Federns „Brüsseler Periode", in denen die gesellschaftlichen Rahmenbedingungen es Federn noch ermöglichten, sein politisches Engagement der Vorkriegszeit fortzuführen,[32] ermöglichen einen beeindruckenden, zeitgeschichtlich äußerst instruktiven Einblick in die Entstehungsgeschichte von Bettelheims und Federns Forschungen. Bettelheims legendäre Formulierung „Im Anfang wohnt das Ende and the

---

die SS dann ins Lager gekommen, auch in die Baracken, in denen der Sender der Kommunisten stand, und hat sich alles angehört. Im Unterschied zur Legende haben sie sich mit den Kommunisten wirklich verbrüdert, haben ihnen eine Art Frieden angeboten, bei dem es darum ging, daß man sich gegenseitig nichts tut. Auf diese Weise haben eine ganze Reihe führender Kommunisten, die nach der Ermordung von Ernst Thälmann verhaftet wurden, überlebt. Später sind einige von ihnen dann in der DDR umgebracht worden, aber nicht von den Nazis. (...) Die politischen Auseinandersetzungen im Lager waren sehr heftig. (...) Sehen Sie, für die Nazis war ich als Jude sozusagen zum Tode verurteilt, denn für die war klar: kein Jude überlebt den Krieg. Aber die direkte, persönliche Feindschaft kam von den Stalinisten im Lager. Von denen waren die österreichischen Stalinisten am ärgsten. Dabei haben die alten Kommunisten, die noch aus der Zeit von Rosa Luxemburg kamen, nicht mitgemacht." (S. 166f.)

[31] Siehe hierzu Plänkers/Federn (1994): In Dachau und Buchenwald (1938–1945) in: Plänkers/Federn (1994), S. 149–178.

[32] Im antikommunistischen Amerika der Nachkriegszeit war es Federn nicht möglich, sein politisches Engagement fortzusetzen. Seine Lebensenergie wurde in den ersten Jahren in den USA ganz vom persönlichen und beruflichen Neuanfang in einer fremden Kultur in Anspruch genommen. Eine öffentliche Diskussion beispielsweise des Verhältnisses von Freud zu Marx wäre für den Emigranten und Nicht-Mediziner Federn ein beruflicher Selbstmord gewesen (s. Kaufhold, 1993, 1994a, 1994b, 1995, S. 120f., Kaufhold/Kuschey, 1995, sowie Federns Brief vom 21.8.1945 und Bettelheims Antwort vom 9.9.1945 in diesem Buch).

end is the beginning" (s. Kaufhold, 1997, S. 96) paraphrasierend, hätte dieser Briefwechsel auch am Anfang dieses Buches stehen können. Im Detail vermag man nun nachzuvollziehen, mit welcher Energie, welcher Entschlossenheit sich diese beiden Überlebenden eines Konzentrationslager bemühten, ihre traumatischen Erfahrungen individuell und gesellschaftlich „aufzuarbeiten", indem sie Zeugnis ablegen. Wie sehr sie sich für eine gemeinsame wissenschaftliche Durchdringung ihrer Erfahrungen engagierten, ihre Erfahrungen als höchst individuelle und zugleich gesellschaftliche Verpflichtung empfanden – in Zeiten, in denen sich die „kompakte Majorität" (Freud), diejenigen, die in ihrer Mehrheit die Nazis entweder unterstützt oder ihnen zumindest keinen nennenswerten Widerstand entgegengesetzt hatten, entschlossen von den nationalsozialistischen Verbrechen, ihrem Erbe, abzuwenden bemühten. Was vor kurzem noch gemeinsame Realität gewesen war, wurde in einem Prozeß der „De-Realisierung" (Dahmer)[33] zur unwirklichen, fernen Vergangenheit.

Man mache sich bei der Lektüre dieses bemerkenswerten Briefwechsels bewußt, daß Bettelheims und Federns wissenschaftliche Studien, um die sie so sehr gerungen hatten, entweder zu spät[34] oder gar nicht publiziert wurden – und nun 1998, mehr als ein halbes Jahrhundert nach dem Ende der nationalsozialistischen Barbarei, der Öffentlichkeit erstmals zur Verfügung stehen.

---

[33] Dahmer, H. (1989, S. 256)
[34] Bettelheims legendäre, bewußt distanziert formulierte Studie „Individual and Massbehavior in Extreme Situations" in seiner neuen amerikanischen Heimat wurde anfangs nicht mit sonderlichem Interesse aufgenommen (Bettelheim, 1980, S. 22f., Kaufhold 1997b, S. 96f.) Es verging ein gutes Jahr, bis eine amerikanische Fachzeitschrift bereit war, sie überhaupt zu drucken. In einer Fußnote fügt Bettelheim (1980, S. 27) hinzu: „Wie wenig über die wahre Natur der Konzentrationslager sogar noch am Ende des Krieges bekannt war, ersieht man aus der Tatsache, daß damals General Eisenhower diesen Essay für alle Offiziere der US-Militärregierung in Deutschland zur Pflichtlektüre machte. Nur daß eben diese Erkenntnis den Millionen, die in den Lagern ermordet worden waren, auch nichts mehr half."
[34] Es sei daran erinnert, daß Bettelheims legendäre, bewußt distanziert formulierte Studie „Individual and Massbehavior in Extreme Situations" in seiner neuen amerikanischen Heimat anfangs nicht mit sonderlichem Interesse aufgenommen wurde (Bettelheim, 1980, S. 22f., Kaufhold 1997b, S. 96f.) Es verging ein gutes Jahr, bis eine amerikanische Fachzeitschrift bereit war, sie überhaupt zu drucken. In einer Fußnote fügt Bettelheim (1980, S. 27) hinzu: „Wie wenig über die wahre Natur der Konzentrationslager sogar noch am Ende des Krieges bekannt war, ersieht man aus der Tatsache, daß damals General Eisenhower diesen Essay für alle Offiziere der US-Militärregierung in Deutschland zur Pflichtlektüre machte. Nur daß eben diese Erkenntnis den Millionen, die in den Lagern ermordet worden waren, auch nichts mehr half."

Zum Anhang in diesem Buch: In seiner Einleitung zu „Versuch einer Psychologie des Terrors" vom *Juni 1946* hat Ernst Federn die sowohl persönlichen als auch wissenschaftlichen Hintergründe für das Abfassen seiner ersten Studie über den Terror ausgearbeitet, der ihn sieben Jahre lang bedroht hatte. Hierbei wird deutlich, daß Federns Studie, die er 1940 nach der Konfrontation mit einem 18jährigen SS-Mann, der binnen kürzester Zeit von einem unerfahrenen jungen Burschen zum Terroristen wurde, begonnen hatte, ein Mittel der Existenzbewältigung, des *Überlebens* darstellte.[35] Hierin war er sich mit Bruno Bettelheim einig. Federn bemerkte 1946:

> „Als ich endlich nach siebenjähriger Haft das Lager verließ (...) wollte ich sogleich meine Arbeit niederschreiben. *Aber meine seelische Widerstandskraft war doch zu sehr verbraucht als daß ich über all die Schrecken hätte sachlich schreiben können, die ich erlebt hatte. Es bedurfte eines Jahres in der Freiheit, um die Arbeit zu Ende zu führen.*"

Als ich im April 1997 mit den Vorarbeiten zu diesem Buch beschäftigt war, überreichte mir Ernst Federn bei einem Besuch in seiner Wiener Wohnung zu meiner großen Überraschung ein 50seitiges, unbetiteltes Manuskript vom Juli 1945. Dieses Manuskript, das er also gerade drei Monate nach seiner Befreiung (!) – und elf Monate vor seinem „Versuch einer Psychologie des Terrors" – verfaßt hatte, stellte einen ersten Versuch der Vergegenwärtigung der grausamen Verbrechen in Dachau und Buchenwald dar. In Anlehnung an seine erste englischsprachige Publikation zu diesem Thema hat Ernst Federn seine Studie mit „Der Terror als ein System: Das Konzentrationslager" betitelt. Da das Erscheinen der von Bernhard Kuschey intensiv betriebenen biographisch-werktheoretischen Studien zu Ernst Federn in diesem Jahr nicht zu erwarten ist, haben wir dieses zeitgeschichtliche Dokument trotz seiner erkennbaren Schwächen in dem nun vorliegenden thematischen Kontext publiziert. Als Zwischenschritt zu Federns im 1. Kapitel wiedergegebenen Studien zur Psychologie des Terrors enthält es vielfältige Anregungen zur Rezeptionsgeschichte von Federns wissenschaftlichem Gesamtwerk sowie zu seiner politischen Biographieforschung.

---

[35] Siehe auch Federns Vorwort in diesem Buch.

Der Umstand, daß über 50 Jahre vergehen mußten, bis diese Studien erstmals in zusammenhängender Form zugänglich sind, ist dem Thema dieses Buches inhärent. Wie Hans-Jürgen Wirth (1997) herausgearbeitet hat, sind die erregten öffentlichen Diskussionen über den Film „Schindlers Liste" (Kinostart: 1994), die Tagebücher von Victor Klemperer (1995), Daniel Goldhagens „Hitlers willige Vollstrecker. Ganz normale Deutsche und der Holocaust" (1996), die Ausstellung „Vernichtungskrieg. Verbrechen der Wehrmacht: 1941–1944" (Ausstellungsbeginn ab 1995) sowie die „Walser-Bubis-Kontroverse" (1998) ein Beleg dafür, daß der Nationalsozialismus weiterhin beherrschendes Thema der Zeitgeschichte ist. Die nationalsozialistische Vergangenheit wurde nicht „bewältigt", sie ist keine „Vergangenheit" im Sinne einer „abgeschlossenen", fernliegenden historischen Periode. „Geschichte ist ein Teil von uns" betitelt Wirth dementsprechend das von ihm herausgegebene Themenschwerpunktheft von *psychosozial*,[36] „ein Teil, der zwar zeitweise verleugnet und verdrängt werden kann, der jedoch unbewußt virulent bleibt und sich früher oder später wieder Zugang zum Bewußtsein und zur Öffentlichkeit verschafft." (Wirth, 1997b, S. 5) Die Stärke des Widerstandes, der erregten Empörung über die Wehrmachtsausstellung oder über Goldhagens Untersuchungen, aber auch das Desinteresse an Zeitzeugenberichten von Überlebenden der deutschen Konzentrationslager sind deutliche Indizien für die Destruktivität, die Langlebigkeit unseres nationalsozialistischen Erbes.

Ernst Federns Forschungen aus den letzten 50 Jahren, seit seiner Befreiung aus Buchenwald durch die Amerikaner, stehen in der Tradition der großen Studien von Jean Améry (1996), Bruno Bettelheim (1960/1989, 1980, 1990), Primo Levi (1986) und Eugen Kogon (1946), um nur die bekanntesten zu nennen. Sie erinnern uns an unsere verbrecherische nationalsozialistische Geschichte, aber auch an das Widerstands- und Überlebenspotential im Menschen.

Kersten Reich hat zwei Beiträge (1993, 1994) vorgelegt, in denen Ernst Federns und Bruno Bettelheims Studien zur Psychologie der Extremsituation vergleichend analysiert werden. Ihre psychoanalytischen Studien haben den gleichen „sozialen Ort" (Bernfeld), ihre Grundlagen wurden während ihrer gemeinsamen siebenmonatigen

---

[36] *psychosozial* Heft 67 (1/97).

Inhaftierung in Buchenwald gelegt und in ihren intensiven gemeinsamen Gesprächen, die einen Überlebensversuch darstellten.[37] Reichs Resümee verdeutlicht die zeitliche Ungebundenheit, die beunruhigende Aktualität der in diesem Buch vorgelegten Studien:

> „Weder für Bettelheim noch für Federn sind Extremsituationen oder Orte des Terrors Vergangenheit oder auf die Nazizeit beschränkt. Eine Psychologie des Extremen oder des Terrors (...) gibt gerade hier schon genügend Erklärungsmaterial her, um besser zu verstehen, warum und wie mit welchen psychischen Folgen solche Geschehnisse sich auf der individuellen Ebene ereignen. (...) Es wird die Aufgabe der ihnen nachfolgenden Generation sein müssen, solche Ereignisse weltweit auf der Basis ihrer Erkenntnisse, ihrer Blickwinkel und Beschreibungen, nachzuvollziehen, zu ergänzen und fortzuführen. Es ist eines der großen Versäumnisse in der Psychologie und angrenzender Nachbardisziplinen, daß dies bisher zu wenig geleistet wurde, *daß immer noch von den Pionieren das erwartet wird, was jetzt die Aufgabe ihrer Schüler sein müßte.* Darin markiert sich wohl bei dem heiklen Thema *unsere Abwehr vor dem Schrecken der Extremsituationen und des Terrors, die wir mittels Nachrichten als in der Ferne diagnostizieren, obwohl gegenwärtig Menschen betroffen sind und wir schneller betroffen sein könnten, als wir eben noch in der Abwehr dachten.*" (Reich, 1993, S. 92f., Hervorhebung d. Verf.)

Ohne das Mitwirken der AutorInnen sowie des Psychosozial-Verlages hätten diese „Versuche zur Psychologie des Terrors" von Ernst Federn nicht erscheinen können. Ihnen allen möchte ich herzlich danken. Besonders danken möchte ich Hans-Jürgen Wirth, der die Idee zur Erstellung dieses Buches hatte, für seinen kontinuierlichen Zuspruch. Ihm sind auch die früheren, vom Psychosozial-Verlag herausgegebenen Publikationen von und über Ernst und Hilde Federn (Federn, 1993a, 1993b, 1994, 1998, Kaufhold, 1993, Kaufhold/Kuschey, 1995) zu verdanken.

Weiterhin möchte ich Ernst und Hilde Federn von ganzem Herzen danken. Sie haben sich mir in den letzten Jahren in außergewöhnlich großzügiger, geduldiger und liebenswerter Weise als Gesprächspartner zur Verfügung gestellt und mich an ihren historischen Erfahrungen teilnehmen lassen. Auch haben sie mir immer wieder privates Material sowie Photos anvertraut, die in dieses Buch eingearbeitet wurden.

---

[37] Siehe hierzu Federn (1994), Kaufhold (1994), S. 276–298, Kaufhold (1994a), S. 114–120, Kaufhold (1994b, 1997a, 1997b), Kaufhold/Kuschey (1995), S. 200–205, sowie meinen Beitrag über den Briefwechsel zwischen Bettelheim und Federn in diesem Buch.

Bernhard Kuschey (Wien) hat im Rahmen seines vom österreichischen Fonds zur Förderung der wissenschaftlichen Forschung (FWF) geförderten Forschungsprojektes umfangreiche Studien zur Lebensgeschichte und zum Werk von Ernst und Hilde Federn erarbeitet, die in einer lebensgeschichtlich-werktheoretischen Studie münden werden. Er hat wertvolles wissenschaftliches Material, Photos sowie die beiden Erinnerungsaufsätze von Ernst Federn über Fritz Grünbaum sowie Robert Danneberg für dieses Werk zur Verfügung gestellt, wofür ich ihm zu besonderem Dank verpflichtet bin.

Wilhelm Rösing und Maritha Barthel-Rösing haben ebenfalls zahlreiche Photos beigesteuert und Federns erste Studie (1945)[38] bearbeitet und eingeleitet. Schließlich möchte ich noch Frau Sabine Stein und Herrn Dr. Harry Stein von der „Gedenkstätte Buchenwald" danken, die sich freundlicherweise bereiterklärt haben, ihr historisches Wissen[39] bei der Bearbeitung von Ernst Federns erster großer Studie „Der Terror als System: Das Konzentrationslager" (1945) zur Verfügung zu stellen.

Es bleibt noch nachzutragen, daß Ernst Federns grundlegendes englischsprachiges Werk „Witnessing Psychoanalysis. From Vienna back to Vienna via Buchenwald and the USA",[40] London 1990, zur Zeit übersetzt und demnächst beim Psychosozial-Verlag erscheinen wird.

Köln, im Februar 1998 *Roland Kaufhold*

---

[38] Siehe den Anhang dieses Buches.
[39] Siehe H. Stein (1994): Juden im Konzentrationslager Buchenwald 1938–1942. In: Hoffmann, T./Loewy, H./Stein, H. (Hg., 1994): Progromnacht und Holocaust, Weimar-Köln-Wien, S. 97ff.
[40] Siehe Kaufhold, 1993, S. 79–81.

Teil 1

Versuche zur Psychologie des Terrors

Versuch einer Psychologie des Terrors*

Ernst Federn

Die den Frieden erzielen wollen, sollen nicht von der Liebe sprechen, bevor sie den Haß nicht erkannt haben. Mit den Haßregungen wie mit allen unverwüstlichen und notwendigen Kraftquellen muß kühl gerechnet werden.

Dr. Istvan Hollos (1928)[1]

Vorwort

Die Idee zur vorliegenden Arbeit entstand anläßlich einer Begebenheit, die sicherlich nicht besonders geeignet ist, wissenschaftliche Gedanken zu konzipieren. Es war im Jahre 1940 als, wieder einmal, eine Kompanie jüdischer Häftlinge im Lager Buchenwald, ein sogenannter „Judenblock", zur Strafe exerzieren mußte. Diese Übungen bestanden aus allerlei „Sportarten, wie Laufen, Hüpfen, Kriechen, Rollen, etc., die für junge Rekruten auf einem Sportplatz geeignet sein mögen, aber für unterernährte übermüdete Menschen und ältere Jahrgänge – nach einem schweren Arbeitstag, meistens mit schlechtem Schuhwerk versehen und von Schlägen ständig bedroht – eine unvorstellbare Tortur bedeuten, an der viele zugrunde gingen.

Ein solches Strafexerzieren also brachte mich, während ich lief, hüpfte und andere Übungen ausführte, auf die Idee, eine „Psychologie des Terrors" zu schreiben; und das kam so: Die Befehlsgewalt hatte an diesem Tag ein vielleicht 18jähriger SS-Mann mit einem sympathischen Jungengesicht. Anfangs gab er seine Befehle auch nur zögernd, offenbar zum ersten Mal, und man sah ihm an, wie unsicher er sich fühlte. In der ersten Viertelstunde wunderte er sich anscheinend selbst darüber, daß er, ein so junger Bursche, durch ein einziges Wort zweihundert erwachsene Menschen zum Laufen oder Springen antreiben konnte. Ich beobachtete den jungen Peiniger und bemerkte, wie sehr

---

* Erstmals publiziert unter dem Titel „Essai sur la psychologie de la terreur" in Synthéses 7 & 8, Brüssel 1946, sowie in *psychosozial* 37, 1989, S. 53–73.
[1] Hollos, I. (1928): Hinter der gelben Mauer. Von der Befreiung der Irren. Stuttgart [Hippokrates]

seine Züge denen eines kleinen Jungen ähnlich wurden, der, voller Erstaunen, zum ersten Mal mit Lebendigem spielt. Wie ein kleiner Junge bekam auch unser Peiniger bald mehr Mut. Die Befehle wurden immer schneller und freier gegeben, und jedesmal gefiel es ihm besser, die Gefangenen auf seine Befehle hin vor sich „herumtanzen" zu sehen. Jeder Soldat weiß, wie unangenehm ein solches Exerzieren ist, denn auch für Rekruten ist es eine der unangenehmsten Strafarten. Unser SS-Mann wußte also sehr gut, was er uns antat, und man konnte geradezu von einem Moment zum anderen beobachten, wie er in den Sadismus hineinglitt, in dem er sich allerdings sehr wohl zu fühlen schien.

Diese Beobachtung erweckte in mir den Gedanken, auch Bestialität und Terror unabhängig von ihrer moralischen Verurteilung sachlich zu betrachten, und ich konzipierte im Kopf während der noch folgenden fünf Lagerjahre die wesentlichen Punkte der vorliegenden Schrift.

Als ich endlich nach siebenjähriger Haft das Lager verließ, mit Erfahrungen einziger Art bereichert und bestärkt in der Überzeugung, daß erst die Psychoanalyse Freuds ein Verständnis für die Abgründe der menschlichen Seele möglich gemacht hat, wollte ich sogleich meine Arbeit niederschreiben. Aber meine seelische Widerstandskraft war doch zu sehr verbraucht, als daß ich über all die Schrecken hätte sachlich schreiben können, die ich erlebt hatte. Es bedurfte eines Jahres in der Freiheit, um die Arbeit zu Ende zu führen.

Doch in den Jahren, die auf den Sturz der Nazibarbarei folgten, hatte die politische Entwicklung neues Unheil in den Seelen der Menschen angerichtet, und meine Arbeit verlor das aktuelle Interesse, das vielleicht unmittelbar nach dem Sturz Hitlers dafür vorhanden gewesen wäre. Wenn ich diese unerfreuliche Lektüre der Öffentlichkeit trotzdem vorlege und so der zahlreichen Literatur über dieses Thema eine weitere Arbeit hinzufüge, habe ich dafür mehrere Gründe.

Statt dem deutschen Volk zu helfen, die schreckliche Geistesverwirrung zu überwinden, in die es die politische Entwicklung gestürzt hatte, begnügte sich die Mehrzahl der Journalisten und Politiker mit der bequemen Erklärung, an dem Hitlergreuel sei es allein schuld und nur die Deutschen wären einer solchen Entwicklung fähig gewesen. Autoren, die diese These von der Gesamtschuld des deutschen Volkes vertraten, wurden gedruckt und gerne gelesen, da einfache und billige Erklärungen leichter Erfolg finden als komplizierte.

Ernst Federn 1945 in Brüssel

Doch bin ich überzeugt, daß letzten Endes Verstand und wahrhaftige Gesinnung sich durchsetzen und meine Erfahrungen, die ich hier niedergeschrieben habe, von Nutzen sein können. Ist doch die menschliche Natur ein dauernder Kampf mit unseren ursprünglichen Trieben, und, wie Freud gezeigt hat, muß man ihn wissenschaftlich zu verstehen suchen. Er hatte damit nur von neuem bestätigt, was große Religionsstifter und Philosophen vor ihm schon gesagt haben. Eben weil der Mensch eine besonders bösartige Spezies ist, ist es so wichtig zu erkennen, daß er aber auch die Fähigkeiten besitzt, seine „Bestialität" zu überwinden und die usprünglichen Triebe zu kulturvollem Tun umzugestalten.

Diese Aufgabe wird dem Individuum wesentlich leichter, das von seinen atavistischen Trieben und ihrer Gewalt Kenntnis hat. Daher meine ich, daß es von großem Wert ist, in schrecklichen Geschehnissen nicht bloß blindes Wüten unbekannter Mächte zu sehen, sondern notwendige Folgen von psychischen und sozialen Bedingungen. Wenn das dieser vorliegenden Arbeit gelungen ist, dann hat sie an dem Werk mitgeholfen, das heute das vordringlichste ist: zu verhindern, daß unsere Kultur neuerlich in „Barbarei" versinkt.

Brüssel im Juni 1946 *Ernst Federn*

I. Die physische Tortur

Die physische Tortur taucht schon in der Kindererziehung auf, später in der Lenkung von Erwachsenen, individuell oder als Masse. Die große Frage ist, ob man durch Gewalt zwingen oder durch geeignete Maßnahmen und Überzeugung lenken soll. Das gewaltsame Erzwingen war bisher immer die beliebtere, weil leichtere Form, seinen Nebenmenschen dem eigenen Willen zu unterwerfen.

Die Gewaltanwendung ist nicht nur die bequemste Art, auf Menschen einzuwirken, sondern sie bringt auch dem an Kraft Überlegenen Lust verschiedener Art, wie etwa Befriedigung des Sadismus oder der Eigenliebe, letztere durch das Gefühl der körperlichen Überlegenheit: Auch erleichtert sie, die Angst vor dem Angriff gegen die eigene Person zu überwinden. Die Gewaltanwendung bringt andererseits bedeutende Nachteile mit sich. Der Einfältige erkennt diese erst zu spät, der Kluge versteht sehr schnell die Prinzipien der Vergeltung, das Aug' um Auge, Zahn um Zahn als unausbleibliche Folgen jedes Faustrechts. Das hat die Menschheit frühzeitig gelehrt, die Gewaltanwendung in Formen zu kleiden, durch die auch andere Prinzipien als die der physischen Überlegenheit zur Geltung kommen. Gesetze schützen die Gewalttäter und rechtfertigen jene Gewalt moralisch, die im Interesse der mit Macht ausgestatteten Gruppen innerhalb der Gesellschaft angewendet wird. Die in diesem Sinne wichtigste gesellschaftliche Gruppe ist jene, die die Staatsmacht kontrolliert, und ein großer Teil aller Gesetze nationalen und internationalen Rechtes haben die Sanktionierung von Gewaltmaßnahmen zum Inhalt.

Diese unter den Schutz des Gesetzes gestellten Gewalttaten bringen auch den Exekutoren bedeutend mehr Vorteile als das ursprünglich herrschende „Faustrecht". Die Befriedigung des Sadismus und des Selbstgefühles, das darin liegt, der Stärkere zu sein, wird noch erhöht durch die moralische Rechtfertigung, die das Abschieben der Verantwortung auf abstrakte Prinzipien wie Pflicht und Treue zu Gesetz und Vaterland oder Partei und Führer verleiht. Die nachteiligen Folgen der Gewalttat werden noch stark vermindert durch den Schutz vor Rache, die der moralisch und rechtlich gedeckte Gewalttäter genießt.

Vom psychologischen Standpunkt aus ist es zumindest für eine erste Untersuchung gleichgültig, aus welchen Motiven und unter welchen

Formen Gewalt angewendet wird. Erst wenn Klarheit darüber geschaffen ist, daß jede Gewalttat, ob nun gerechtfertigt oder nicht, ein Akt atavistischer Triebe ist, kann die Untersuchung weiter zu den verschiedenen moralisch und rechtlich begründeten Formen der Gewaltanwendung vordringen. Erst dann wird sich zeigen, daß es sehr wohl Unterschiede zwischen dem „Terror" des Faustrechtes und dem einer Rechtsinstitution gibt, diese aber nicht im Element der Gewaltanwendung bestehen, sondern in den sie überbauenden, seelischen Reaktionen der Subjekte wie der Objekte der Gewalttat. Diese selbst bleibt sich gleich, ob sie mit oder ohne moralische Rechtfertigung ausgeübt wird. Es gilt daher zuerst diese elementaren Gewaltmittel zu untersuchen. Sie bestehen im Auferlegen psychischer und physischer Leiden, die meistens kombiniert angewendet werden.

Wegen der leichteren Darstellung sollen erst die einen und dann die anderen untersucht werden.

Das einfachste Mittel der Gewaltanwendung ist das Zufügen von körperlichen Schmerzen. Erfahrungsgemäß sind Frauen diesen gegenüber widerstandsfähiger als Männer, doch reagiert jedes Individuum verschieden. Starker Schmerz scheint während der Einwirkung unerträglich, wird aber rasch vergessen, sobald er vergangen ist. Der technischen Durchführung von Foltern sind keine Grenzen gesetzt, aber die so oft raffiniert aussehenden Methoden müssen nicht schmerzhafter sein als solche, die durch einfache Mittel erreicht werden, und dienen mehr zur physischen Tortur. Diese erscheint, nach den in allen Folterkammern des Faschismus gemachten Erfahrungen, leichter erträglich als seelische Qualen. Gefangene, die durch Torturen wiederholt ohnmächtig wurden, oft aus unzähligen Wunden bluteten und vor Schmerz kaum mehr ihrer selbst mächtig waren, erwiesen sich trotzdem standhaft gegen die Zumutung, sich durch eine Aussage irgendeiner Art zu retten. Jedoch ist mir kein Fall bekannt, wo ein Vater bei Bedrohung seines Söhnchens mit Folter oder Tod standhaft geblieben wäre. Es mag vorgekommen sein, aber auf alle Fälle bedeutend seltener als in Folge der schlimmsten Schmerzen.

Fast jeder hat im Laufe seines Lebens mehr oder minder schmerzhafte Prozeduren durchzumachen und kennt die sie begleitenden Gefühle. Vom unangenehmen über das starke Wehtun steigert sich der Schmerz bis zu einem unerträglichen Gefühl, dem man durch Weinen oder Wimmern und durch Bewegung zu entfliehen sucht, wobei diese Bewegung noch oft den Schmerz erhöht. Auf alle Fälle werden Schmerzen stärker empfunden, wenn man gefesselt oder geknebelt ist. Nach einem gewissen Grad des Gefühles, man könne den Schmerz nicht mehr ertragen, folgt oft ein dem Wahnsinn ähnlicher Anfall mit vollkommenem Verlust der Selbstbeherrschung. (Kotlassen und Urinieren sind oft die Folgen.) Ich möchte das als eine Schmerzabwehr bezeichnen, die den ganzen Körper, das gesamte Ich, mit dem Ertragen und Entfliehen vor dem Schmerz beschäftigt. Das Ausmaß dieser „Schmerzabwehr" hängt sowohl von der körperlichen als auch von der seelischen Konstitution des Duldenden ab und diese wäre zuerst zu berücksichtigen, bevor man jemanden als wehleidig bezeichnet. Auf die „Schmerzabwehr" werden wir noch zurückkommen.

Es ist von großer Bedeutung, an welcher Stelle der Schmerz ansetzt, da verschiedene Körperteile unterschiedlich schmerzempfindlich sind. Auch kann man sich an Schmerzen gewöhnen, auch wenn sie das erste Mal unerträglich erscheinen. Hier möchte ich erwähnen, daß die Angst vor dem Schmerz beinahe so schrecklich empfunden wird wie der Schmerz selbst, und die Vorbereitung einer Tortur oder das bloße Auftreten einer Person, von der man befürchtet, Schmerzen zu erleiden, oft schwerer zu ertragen ist als die Schmerzen selbst. Ich führe das darauf zurück, daß die Schmerzabwehr Energien hervorbringt, die beim Anblick der drohenden Gewaltanwendung noch nicht vorhanden sind. Die Schmerzabwehr nimmt in einem gewissen Sinn das Individuum voll in Anspruch, wobei die Abwehrkräfte natürlich vom Ausmaß der Schmerzen und von der Gesamtsituation abhängen. Daß Foltermethoden, die sich mit bloßem Schmerzbereiten begnügen, oft versagen, mag darauf zurückzuführen sein.

Nach einer gewissen Dauer erlischt die Fähigkeit zur Schmerzabwehr, doch ist sie bedeutend größer gegen körperliche als gegen seelische oder gar gegen kombinierte Foltermethoden. Den letzteren können nur ganz wenige starke Naturen widerstehen. Aus diesem Grund wählten so viele und gerade edle und tapfere Menschen die Flucht in den Selbstmord.

Neben dem Zufügen von Schmerz ist ein sehr wirksames Mittel der Gewaltanwendung das Auferlegen von Durst und Hungerqualen. Über die ersten ist vom psychologischen Standpunkt nicht viel zu sagen, denn der Durst ist eine Qual, die am wenigsten von der seelischen Disposition abhängt. Er führt rasch zum körperlichen Zerfall und wird daher seltener als Foltermittel verwendet. Das mag daher kommen, daß das Auferlegen von Durst dem Folternden selbst wenig Lustbefriedigung gestattet und der Verdurstende bald auch die Energien zum Antworten verliert. Nichts als der Wunsch „Wasser" erfüllt die Seele, und die Schmerzabwehr wird ersetzt durch ein hohes Gefühl nach dem begehrten Naß. Nichtsdestoweniger spielt auch der Durst bei den modernen Foltermethoden eine Rolle.

Hingegen erzeugt der Hunger, ähnlich wie der Schmerz, eine Abwehrarbeit. Auch beim Hungern zeigen sich die Menschen sehr verschieden. Ich kannte Häftlinge, die buchstäblich verhungert sind, ohne auch nur ein Stückchen Brot einem anderen zu stehlen.

Der Grundsatz: „Erst kommt das Fressen, dann kommt die Moral" ist nur in einem bestimmten Ausmaß gültig: So fallen beim Hunger zwar alle Bedenken einer formellen oder konventionellen Moral, aber nicht alle sittlichen Ansprüche. Diese darf man einem Jungen z.B. nicht absprechen, der sich prostituiert, um auch für seinen Vater Essen herbeizuschaffen, im Vergleich zu anderen, die den Alten ruhig verhungern ließen, um den Liebeslohn für sich zu verwenden.

Es gab Häftlinge, die bei geringem Nahrungsmangel bereits jedes Interesse verloren und nur nach Lebensmitteln ausschauten, und solche, die selbst in den größten Hungerperioden ihren Trost in einem Buch fanden. Allerdings kann man jene charakteristischen gierigen Blicke auf alles Eßbare bei jedem Hungernden beobachten, nur daß der eine sie zu verbergen trachtet, während der andere sie offen zeigt. Ebenso ist eine allen Menschen gemeinsame Folge des Hungerns, daß dauernd vom Essen gesprochen und phantasiert wird. Aber auch hier gibt es Unterschiede zwischen den Charakteren. Während z.B. manche ständig vom Essen sprechen, davon, ob es dick oder dünn gekocht sein mag und ähnliches mehr, reagierten andere mit wissenschaftlich gehaltenen Diskussionen über die Kochkunst.

In diesem Zusammenhang erscheint mir erwähnenswert, daß die Reaktion auf die Sexualnot viel weniger differenziert ist als die auf den Hunger. Es ist ja auch die Sexualität in ihren Erscheinungen weniger unterschiedlich bei Individuen wie bei Völkern als die Art des Essens. Dem analog ist die Reaktion auf die Sexualnot viel einförmiger als auf den Hunger. Freilich kann der Sexualtrieb zum Verschwinden gebracht werden nicht nur durch den natürlichen Weg des Alterns, sondern auch durch starke Unterernährung oder überanstrengende körperliche Arbeit bei unzureichender Ernährung. Diese Bemerkungen mögen als ein bloßer Hinweis auf die Vielfalt der Reaktionen auf Leiden dienen, die näher zu untersuchen für die psychologisch-medizinischen Forschungen interessant wären.

Trotz des sichtbaren körperlichen und seelischen Verfalls sind langes Hungern und ständige Unterernährung leichter zu ertragen als Schmerzen. Natürlich gilt das nur bis zu gewissen Grenzen, aber hungern zu lassen, bis das Opfer gefügig wird, ist beim Einzelnen eine seltener zum Erfolg führende Methode als die Folter. Man muß hier natürlich unterscheiden, ob der Terror, in welcher Form auch immer angewendet, zu einem bestimmten Ziel führen soll wie etwa zur Erpressung eines Geständnisses oder einer Aussage, oder ob er allgemeinen Unterdrückungszwecken dient.

Hunger führt zweifellos zu einer Form der Demoralisierung, deren Ausmaß aber verschieden ist. Diese wird schon durch die körperliche Schwäche mit ihren seelischen Begleiterscheinungen herbeigeführt. Daß der Satte den Hungrigen nicht verstehen kann, ist nur allzu wahr. Auch Hamsun konnte den Hunger in seinem berühmten Roman noch lange nicht genug in seiner ganzen Entsetzlichkeit darstellen, denn sein Held, d.h. er selber, war immer noch irgendwie imstande, ein Stückchen Brot aufzutreiben. Nur dort, wo absoluter Nahrungsmangel herrscht oder Fasten erzwungen wird, kann man vom Hunger in seiner elementaren Form sprechen. Auch ihm gegenüber werden individuell verschiedene Abwehrmechanismen entwickelt.

Eine weitere Methode, physischen Zwang auszuüben, ist die gewaltsame Auferlegung ungewohnter Arbeit. Ihr erstes Ziel sind die dadurch hervorgerufenen Schmerzen, die manchmal als Strafe, manchmal als „Erziehungsmittel" dienen, aber auch als reine Quälerei verwendet werden. Körperliche Arbeit erzeugt bei dem, der sie nicht gewöhnt ist, Beschwerden, die so schmerzhaft werden können, daß sie einer Tortur gleichkommen. Sie unterscheidet sich von dieser aber dadurch, daß sich der Körper der Arbeit relativ schnell anpaßt, z.B. bereitet das Hantieren mit Schaufel und Picke einem Stubenarbeiter körperliche Schmerzen aller Art bis zu dem qualvollen Abspringen der

Haut, mit daraus entstehenden Vereiterungen. Aber all das heilt nach einiger Zeit. Es gibt noch verschiedene andere Leiden, die durch ungewohnte Arbeit entstehen, z.B. die sogenannte „Schaufelkrankheit", die in einer Zerrung eines Muskels am Rücken besteht und für den Augenblick bewegungsunfähig macht. Auch sie geht vorbei, und die Überwindung der Schmerzen und Strapazen sowie die erreichte Anpassung des Körpers an die neue Arbeit erzeugt beim Gesunden sogar eine gewisse Befriedigung, die der nach einer Sportleistung gefühlten vergleichbar ist.

Wird freilich die Arbeit bloß als Vorwand zum Quälen verwendet, haben wir es zwar mit einer raffinierten Foltermethode zu tun, aber dem Opfer stehen Abwehrmaßnahmen zur Verfügung, welche bei anderen Quälereien nicht möglich sind. Andererseits können die auferlegten Mühen den Körper des Opfers derartig schwächen, daß es zusammenbricht. Wann ein solcher Zusammenbruch eintritt, hängt von einer Reihe von Faktoren ab, unter denen eine gute Körperkonstitution, bei der gute Beine und ein guter Magen sich als viel wichtiger erwiesen hat, als etwa ein gutes Herz an erster Stelle genannt werden soll. Trotzdem erwies es sich immer wieder, daß eine moralische Widerstandskraft manchen Mangel an physischer Kraft ersetzen konnte, während, wo jene fehlte, selbst der stärkste Riese unterging. Den Kern für diese „Moral" fand ich in der Stärke des Ichs gegenüber allen Regressionstendenzen, über die ich weiter unten Näheres sagen werde. Psychisch labile, stark neurotische und geisteskranke Menschen fallen früher als andere schweren körperlichen Torturen zum Opfer.

Eine andere Form von Folter ist weniger bekannt, aber ihre Kenntnis ist nötig, wenn die Methoden des Terrors möglichst vollständig dargelegt werden sollen. Diese Tortur besteht darin, daß man einen Menschen daran hindert, seine Notdurft normal zu verrichten. Die Folgen sind allgemeine Nervosität, Angst- und Schwächezustände. Darüber hinaus wird die ohnehin übermäßig angespannte Widerstandskraft eines Häftlings noch dadurch belastet, daß er sich über das ungestörte Verrichten seiner Notdurft Gedanken machen muß. In den deutschen Lagern wurde z.B. das „Austreten" während der Arbeit verboten oder wurde in einer Weise überwacht, die es zur Qual machte.

Wir haben noch von einem Begriff zu sprechen, den ich erst im K.Z. gelernt habe: „einen Menschen fertig zu machen", d.h. ihn so lange zu quälen, bis er, obgleich noch lebend, absolut unfähig ist, über seinen Körper zu verfügen. Er ist nicht ohnmächtig, denn die Ohnmacht ist eine Flucht von Körper und Seele; der aus ihr Erwachte ist wieder beweglich und schmerzfähig. Der „Fertiggemachte" ist auf einem absoluten Grad der Erschöpfung angelangt. Bekanntlich verhindern auch die chinesischen Foltermethoden Ohnmacht und Schlaf der Opfer.

II. Die psychische Folter

Das allgemeine Mittel seelischen Terrors ist der Entzug der persönlichen Freiheit. Seine verschiedenen Formen hier aufzuzählen ist nicht nötig, da für unser Thema nur die psychischen Wirkungen des Freiheitsentzuges durch Inhaftierung interessant sind. (Es gibt ja noch eine Reihe von anderen Arten von Freiheitsberaubung, wie etwa Internierung in einem Haus oder die partiellen Freiheitsbeschränkungen durch den Militärdienst.)

Der Moment der Inhaftierung bedeutet zuerst einmal einen völligen Wechsel in der seelischen Einstellung des Betroffenen. Das eigene Handeln hört auf, die vordringlichste Bedeutung zu bekommen, da sich alle Sinne auf die Personen einstellen, von denen man bewacht wird. Erst im Laufe der Zeit bekommt der Häftling ein Gefühl der inneren Freiheit wieder. Er lernt, daß selbst in einer kleinen Kerkerzelle dem Ich Platz gelassen bleibt, sich zu betätigen. Besteht zum Beispiel auch keine Möglichkeit, die Tür selbst zu öffnen, so gibt es doch reichlich Gelegenheiten, ein solches Öffnen beim Aufseher zu erwirken. Scheint die Mauer zuerst jegliche Verbindung mit der Außenwelt unmöglich zu machen, so erlernt der Häftling nach einiger Zeit mit Hilfe des Klopfens, den Stein als Nachrichtenvermittler zu benützen.

Das zuerst einmal nötige Umstellen des ganzen Ich-Gefühls erzeugt ein peinliches Unbehagen, das zu Verzweiflungsausbrüchen führt. Allerdings reagieren manche Menschen mit einem Anfall von Fröhlichkeit auf ihr neues Zellendasein, die sie damit begründen, daß sie nun endlich aller Sorgen ledig seien. Die Reaktion ist typisch für Personen, die nach schweren Kämpfen und Gefahren plötzlich eingesperrt werden und es tatsächlich als Erleichterung empfinden, nun nichts mehr aus sich selbst heraus tun zu müssen. Dieses Gefühl wird aber bald von dem unstillbaren Drang nach Freiheit abgelöst. Ein Mensch, der diesen Drang nicht besitzt, hat bereits einen seelischen Schaden erlitten. Das Aufgeben, die Freiheit anzustreben, ist die Folge eines ununterbrochenen Kampfes gegen den Freiheitsentzug, der immer dann stattfindet, wenn es nicht möglich war, den Mangel an äußerer Freiheit durch ein inneres Freiheitsgefühl zu ersetzen. Ein Beispiel möge das erläutern: Manche Häftlinge behaupten, daß, einmal eingesperrt, ihnen alles gleichgültig sei. Bei ihnen zeigen sich bald Erscheinungen der sogenannten Haftpsychose, d.h. sie werden störrisch, depressiv und meistens nachlässig in ihrem Äußeren. Den Aufsehern erscheinen sie als unangenehme Häftlinge, die ihnen den Dienst erschweren. Diese Häftlinge befinden sich in einem ununterbrochenen Kampf gegen den Freiheitsentzug, auf den sie mit sinnlosem Trotz reagieren.

Andere Charaktere passen sich dem Freiheitsentzug als der gegebenen Lebensbedingung an und suchen sich innerhalb ihres Haftlebens eine eigene Freiheit aufzurichten. Solche Häftlinge teilen sich genau den Tag ein, selbst wenn offenbar nichts zum Einteilen da ist: So werden z.B. sowohl die Gedanken und Tagträume als auch das Säubern und die notwendigen Lebensverrichtungen einem gewissen Einteilungssystem unterworfen, das ein Stück persönlicher Freiheit bedeutet. Bald entdeckt dann jeder Häftling, der mit einer positiven Einstellung an die Haft herantritt, immer neue Möglichkeiten, seinen freien Willen zu betätigen. Er erlangt Kontakt mit anderen Häftlingen und dem Bewachungspersonal und baut sich auf diese Art ein eigenes Leben auf, in dem er einen Sektor persönlicher Freiheit besitzt. Freilich unterscheidet sich dieses Leben völlig von dem draußen. Der Häftling befindet sich in einer anderen Welt, mit anderen Gesetzen.

Seine Gehaben sind daher andere als in der Welt des Freien und werden auch noch einige Zeit nach der Entlassung beibehalten. Solche Gehaben sind z.B. langes Vorsichthinstarren, eine jedem Häftling in seiner Welt selbstverständlich gewordene Gewohnheit, wenn Stunden und Tage ohne Inhalt vergehen. Typisch für jeden Gefangenen ist auch das rastlose Bewegen der Augen, da ja jede Wahrnehmung für ihn viel mehr bedeutet als für den in Freiheit Lebenden. Folge der langen Haft ist auch das Zögern vor jeder selbständigen Handlung mit dem sich daraus ergebenden linkischen Gehaben, das besagt: „Darf ich oder ist das verboten?" Das eben beschriebene Benehmen, das dem freien Individuum als krankhaft erscheint, ist nichts anderes als das an die Tatsache der Freiheitsberaubung angepaßte Verhalten.

Der einfache Freiheitsentzug ist die mildeste Form des seelischen Terrors, der einerseits durch eine Reihe anderer Terrorisierungsmittel erschwert wird (vor allem durch die aufgezwungene Sexualabstinenz), andererseits aber auch Erleichterungen erfahren kann, wie Besuchsempfang und Korrespondenzerlaubnis und die Bewilligung von Sport, Spiel und sonstigen Beschäftigungen. Die durch jede Haft herbeigeführte Trennung von den Angehörigen gehört zwar zu den peinlichsten Begleiterscheinungen, ist aber nicht allein für den Freiheitsentzug charakteristisch und bedarf auch keiner weiteren Erklärung im Rahmen dieser Arbeit.

Eine zweite Methode des psychischen Terrors, die allein oder mit anderen Formen gemischt sehr oft und wirksam angewandt wird, ist die Demütigung. Wenn ein körperlich Wehrloser geschlagen wird, so wird er mit Wut und Rachegefühlen reagieren. Einen wehrfähigen Menschen zu zwingen, sich schlagen zu lassen, ohne sich wehren zu dürfen, erzeugt eine tiefe seelische Kränkung, die sich etwa so ausdrücken läßt: Ich, der ich so leicht mich wehren könnte, kann es nicht, weil ich zu feige bin, die Konsequenzen meiner Abwehr zu tragen. Wut und Rache müssen unterdrückt werden, arbeiten in der Seele weiter und bewirken Unbehagen und Depression. Dasselbe gilt, wenn ein Gruß oder irgendeine andere Handlung gegen besseres Wollen und Wissen aufgezwungen wird. Viele Menschen ertragen solche Demütigungen nicht und versuchen, ihnen dadurch aus dem Wege zu gehen, daß sie die Oberhoheit des Gewalthabers anerkennen, ihm sich unterordnen und ihrerseits andere demütigen. Sie verwandeln sich in Sklaventreiber, um den Qualen der eigenen Ohnmacht zu entfliehen. Manche reagieren auf die Demütigungen mit einer seelischen Abwehrarbeit, die etwa so ausgedrückt werden kann: „Wenn man dich auch zwingt, feige zu sein, so bedeutet diese Feigheit in Wirklichkeit nur Klugheit. Die Zeit der Vergeltung wird später kommen." Eine solche Haltung gibt Befriedigung und Stärke, doch verlangt sie auch große Fähigkeiten des Geistes und der Seele, wenn man sie ohne Hilfe von Außen auf lange Dauer durchhalten will. Das ist einer der

Gründe warum der Widerstand gegen fremde Unterdrückung leichter aufrechterhalten werden kann als derjenige gegen eine eigene Regierung. Es ist immer leichter, sich einer Macht gleicher Nationalität oder Parteirichtung unterzuordnen als nationalen oder politischen Feinden.

Das ständige Ankämpfen gegen die verschiedenen Formen der Demütigungen erzeugt ein eigenes psychisches Verhalten, das sich in Verschlagenheit und Falschheit äußert und das ganze Seelenleben vergiftet. Die aufgestauten Haßregungen, die sich beim zuerst erwähnten Abwehrmechanismus der Unterordnung und Identifizierung gegen ein unschuldiges Opfer richten, bleiben bei demjenigen, der Widerstand leistet, lange unsichtbar, um sich plötzlich bei einer sich bietenden Gelegenheit gegen das nächstbeste Objekt in sinnlosen Wutausbrüchen zu richten. Diese bedeuten zwar eine gewisse Erleichterung, können aber auch zu Depressionen führen als Folge der durch den Wutausbruch hervorgerufenen Schuldgefühle. Die dritte Form, in der der Gedemütigte reagiert, ist die des folgsamen Kindes, ohne freilich die Vorzugsstellung zu genießen, eben ein Kind zu sein, dessen wichtigste Aufgabe es ist, den Eltern zu folgen. Daher führt diese dritte Form der Reaktion beim Erwachsenen zu der hündischen Folgsamkeit des Geschlagenen, der den Stock noch für den trägt, der ihn eben gehandhabt hat. Einen ordentlichen Menschen allerdings so weit zu bringen, bedarf noch anderer Mittel als der bloßen und dauernden Demütigung.

Ein solches ist die ständig auferlegte Ungewißheit. Es ist ein richtiger Fluch, der lautet: „In Ungewißheit sollst Du leben". Diese ist an und für sich auch in der Freiheit oft vorhanden. Jeder Arbeitslose, ja jeder Arbeiter kennt sie in Krisenzeiten, und auch in anderen Lebenslagen muß der freie Mensch sie erdulden. Eine Ursache ihrer peinlichen Wirkung ist die, daß die Einstellung auf ein sicheres Morgen, das nur das Heute wiederholt, dem Ich genommen wird und dieses zwingt, sich ständig einer neuen Situation gegenüber zu sehen. Dieses widerspricht einem dem Menschen innewohnenden Hang nach Wiederholung des als gewohnt und angenehm Empfundenen, entspricht dem von der Psychoanalyse entdeckten sogenannten „Wiederholungszwang", einem aus der frühesten Kindheit herrührenden Verhalten. Eine zweite Ursache für das peinliche Gefühl der Unsicherheit ist die durch sie hervorgerufene ständige Bedrohung mit Tod, Schmerz und Unlust aller Art, welche unserer Sehnsucht nach Lustbefriedigung entgegensteht.

Nun gibt es aber Menschen, die das Gefühl ständig drohender Gefahr lieben, weil sie aus einer Reihe anderer seelischer Gründe das ständige Überwinden gefährlicher Situationen nötig haben. Solche „Abenteurernaturen" tragen aber, sofern sie sich in dieser ihrer Lebenseinstellung wirklich wohl fühlen, eine innere Sicherheit in sich, ein Gefühl, jede Gefahr leicht überwinden zu können. Eine solche innere Sicherheit kann ihre Quelle in einer starken Liebes- oder Freundesbindung haben oder aber auf eine Idee oder einen Glauben gestützt sein. Der Unterschied zwischen der Ungewißheit beim freien Menschen und beim Eingesperrten ist vor allem darin begründet, daß in der Freiheit das Individuum, dem die Lebenssicherheit genommen wurde, so lange daran arbeiten wird, bis eine genügende Sicherheit wiederhergestellt ist. Eine derartige Reaktion ist dem Unfreien verwehrt, er ist gleich einem Schwimmer, der keine Aussicht hat, Land unter die Füße zu bekommen. Der Leser darf auch nicht diese Unsicherheit mit der einer ständigen Änderung der Lebenslagen verwechseln, bei der trotz der Veränderungen jeder Tag die gewohnte seelische Situation zuläßt.

Nehmen wir als Beispiel einen auf legalem Weg Reisenden, so ist dieser zwar ständigem Wechsel ausgesetzt, aber er ist doch vollkommen sicher, überall, innerhalb der gesetzlichen Vorschriften, seinen Gewohnheiten entsprechend leben zu können und vor Bedrohungen geschützt zu sein. Zum weiteren Vergleich befindet sich der des Landes Flüchtige und von den Behörden Verfolgte überall in Unsicherheit.

Aber nicht die normale Ungewißheit des täglichen Lebens soll uns hier beschäftigen. Die Ungewißheit, die uns interessiert, ist die durch Terror auferlegte, die totale. In ihr ist nichts sicher als der Tod, wobei nicht einmal gewiß ist, ob auch nicht dieser in qualvoller Form droht. Diese Ungewißheit, die Folge jeder Gewaltherrschaft, ist ein Terrormittel, das alle Abwehrregungen auf das Höchste anspannt.

Eine dieser Abwehrregungen möchte ich die optimistische nennen. Der Optimist reagiert auf die ihn umgebende Gefahr etwa wie folgt: „Auch in der gefährlichsten Situation besteht eine gewisse Wahrscheinlichkeit, der Gefahr zu entrinnen. Ich bin gewiß, unter denen zu sein, die durchkommen werden." Auf diese Weise projiziert er seine innere Sicherheit nach außen und verwandelt die Möglichkeit des Durchkommens in eine psychologische Sicherheit. Auf diese basiert er nun seine Abwehrkräfte. Freilich erzeugt diese Art der Einstellung eine manchmal fremd anmutende Zuversichtlichkeit und Wirklichkeitsferne. Individuen mit diesem Gefühl: „Es kann mir nichts geschehen" sind angenehme Kameraden in gefährlichen Situationen, können aber leicht zusammenbrechen, wenn das als unwahrscheinlich angesehene Übel doch Wirklichkeit wird.

Die zweite, pessimistische Abwehr, läßt sich etwa folgendermaßen darstellen: Von vornherein nimmt der Pessimist die Entwicklung zum Schlechten als sicher an, versucht aber trotzdem alles zu vermeiden, was ihn ins Unglück bringen könnte. Er verwandelt so die Unsicherheit in eine dauernde, sichere Gefahr und stellt sich auf das nun als gewiß angenommene Übel ein. Diese Menschen sind ständig übler Laune und für die Kameraden eine Qual. Pessimisten sind wirklichen Gefahren deswegen nicht gewachsen, weil sie zu schnell den Kampf aufgeben, dessen günstigen Ausgang sie von vornherein für unmöglich halten. Die einzige gesunde Abwehr gegen die ständige Ungewißheit ist, ihr jene innere Sicherheit entgegenzustellen, von der wir oben gesprochen haben. Wird freilich diese innere Sicherheit zerstört, so geht auch alle Abwehrkraft mit ihr verloren.

Eine der wichtigsten Abwehrregungen gegen die totale Unsicherheit ist die Hoffnung. Solange der Mensch hoffen kann, kann er auch kämpfen und Gefahren überwinden. Jedes Individuum braucht, um mit der Außenwelt in normale Beziehungen treten zu können, einen seelischen Kontakt zu einem Objekt, auf das er seine Triebwünsche zu richten vermag. Dort, wo ein solches in der Realität nicht besteht, ersetzen wir es durch unsere Phantasie: wir hoffen. Das Erwecken von Hoffnungen ist eines der beliebtesten Mittel, Menschen in Erregung zu versetzen. Ist die Hoffnung in Erfüllung gegangen, so erfolgt allgemeine Befriedigung, da das phantasierte Triebziel in Wirklichkeit erreicht wurde. Der „Terrorismus" aber läßt auf den höchsten Grad freudigen Erwartens die entsetzliche Enttäuschung folgen. Gerade diese Angst vor der Enttäuschung dient den Pessimisten zur Erklärung, warum sie nie auf einen guten Ausweg hoffen. Freilich ist das eine Unehrlichkeit, denn auch sie hoffen im Geheimen, genießen aber bei einer Enttäuschung die Befriedigung des Rechthabens.

In einer berühmten Novelle des amerikanischen Dichters Edgar Allan Poe wird beschrieben, wie ein Häftling der Inquisition, nachdem er alle Torturen standhaft durchgehalten hat, eines Tages eine Gelegenheit zur Flucht bemerkt. Zuerst kann er es gar nicht glauben, macht sich aber dann doch daran, aus dem Gefängnis zu entfliehen. Es gelingt ihm auch, die offene Tür ins Freie zu erreichen, ein strahlendes Glücksgefühl erfüllt seine Seele, als er sich frei wähnt. In diesem Augenblick vernimmt er die Stimme des Großinquisitors, der ihn milde fragt: „Nun, mein Sohn, willst Du uns nicht doch die Wahrheit gestehen?" Der so lange heldenhaft sich verteidigende Gefangene bricht nun endlich vollkommen zusammen. Das ist ein wunderbares Beispiel der willkürlich hervorgerufenen Enttäuschung als Mittel seelischer Tortur. Die Angst vor ihr vergiftet das Leben von Gefangenen mit unbegrenzter Haftdauer und nur eine solche kann als Terrormittel angewendet werden. (Ein Freiheitsentzug auf bestimmte Dauer – und sei er noch so lang – kann *nie als Terrormittel dienen*, sondern nur als Bestrafung.) Man kann wohl sagen, daß die Ungewißheit, Hoffnung und Enttäuschung in sich vereinigend, den wirksamsten Teil der Terrorisierung durch unbegrenzte Inhaftierung bedeutet.

In geringem Maße gilt das für jeden *Freiheitsentzug*, auch für denjenigen, dem jeder Bürger eines totalen Regimes unterliegt. Wenn man sagt, ganz Deutschland sei unter Hitler ein K.Z. gewesen, so gilt das auch mehr oder weniger für jeden Polizeistaat. Überall herrschen die von uns in diesem Kapitel bisher aufgezählten Momente des Terrors: Demütigung und Unsicherheit, Hoffnung und Enttäuschung. Auch außerhalb des K.Z.s trieb die ständige Demütigung viele, die mit dem Regime ursprünglich nicht einverstanden waren, zu den oben geschilderten Abwehrregungen. Ebenso ist in einem Polizeistaat, d.h. in jedem terroristischen Regime, nichts sicher, da weder Recht noch Gesetz gilt, sondern nur im Geheimen gegebene Anweisungen. Daß dieses System auf die Dauer unerträglich wird, hat die Geschichte genügend oft bewiesen. Wir können aber heute auch genau angeben, warum dieses Regime unerträglich ist und daher auf die Dauer zum Verfall der unter einem solchen System lebenden Gesellschaft führen muß.

Nicht nur verstandesmäßig, sondern auch bloß mit Gefühl und aufgrund unbewußter Seelenvorgänge nimmt das Individuum mit den gesellschaftlichen Institutionen Bindungen auf, über die es sich meistens erst Rechenschaft ablegt, wenn sie bedroht werden. Diese Bedrohung kann von einer Macht außerhalb des eigenen Staatsverbandes ausgehen oder auch von einer revolutionären Bewegung im

Innern. Die Bindungen eines Volkes zu seinen staatlichen Einrichtungen werden ebenfalls schwer erschüttert, wenn der Staat selbst durch seine Repräsentanten die ihm entgegengebrachten Gefühle vernichtet und ein allgemeines Gewaltregime der Unsicherheit und Gesetzlosigkeit bildet. In diesem Fall treten schwere Störungen in der seelischen Einstellung des ganzen Volkes ein, das neue Sicherheiten und Gefühlsbindungen suchen muß und diese auch im „Führerprinzip" findet. Die sich daraus ergebenden politischen und moralischen Folgen sind bekannt. Die Massen sind gefühlsmäßig auf Seiten der Gewaltausübenden, die Begeisterung für die „Führer" ist eine ganz natürliche Folge des ausgeübten psychischen Terrors. Wenn der oberste Wille eines Diktators als sicher erscheint, werden sämtliche Untertanen eines solchen Systems bald ein durchaus anderes Verhalten an den Tag legen als etwa Angehörige eines Rechtsstaates, die über eine bestimmte Bürgersicherheit verfügen und ihre politischen Bindungen so einrichten können, wie sie es wollen und nicht, wie es der jeweilige Führer vorschreibt. Die in einer terroristischen Gesellschaft herrschenden Lebensbedingungen unterscheiden sich nur graduell, nicht wesentlich von den Verhältnissen in einem Konzentrationslager. Nur sehr hochstehende Individuen, immer nur eine kleine Minderheit des Volkes, haben so viel Mut, seelische Widerstandskraft und schließlich genügend Intelligenz, um an Ideen festzuhalten, die im Widerspruch zu den staatlichen Verordnungen stehen. Freilich geschieht dies auch mit viel mehr Dogmatismus als in einem freien Volk. Daher die ungeheure Hilfe, die jede Religion dem Gläubigen in Zeiten der Unsicherheit gewährt. Wie überhaupt die ganze Kraft der Religionen erst verstanden werden kann, wenn man die Psychologie der Unsicherheit genauer untersucht hat.

Bei nationaler Unterdrückung sind aus leicht verständlichen Gründen die Abwehrregungen ganz andere, da eine Nation sich geschlossen gegen eine andere Nation wehrt und von vornherein alles vom Unterdrücker Ausgehende aus gemeinschaftlich empfundenem Nationalgefühl heraus abgelehnt wird. Eine Unsicherheit über die einzuschlagenden ideologischen Bindungen besteht nicht, da man sich vor allem als Angehöriger einer unterdrückten Nation fühlt.

Wir wollen uns nun einigen Methoden zuwenden, die angewendet werden, um den Menschen auf psychische Art zu quälen.

Einen Menschen zu zwingen, untätig den Tag zu verbringen, ist noch schlimmer als ihn zu harter Arbeit anzuhalten. Die zwangsweise auferlegte Untätigkeit führt früher oder später zu einer Entartung des Seelenlebens. So wie der Hungrige vom Essen, der in Sexualnot Befindliche vom Geschlechtsverkehr phantasiert, so phantasiert der Untätige von Arbeit, die er einmal geleistet hat und die er leisten könnte. Sobald eine irgendwie sinnvolle Arbeit ausgeübt werden kann, verschwinden aber diese abnormen Erscheinungen wieder, und man spricht nicht mehr über die Arbeit als es sonst der Fall wäre.

Ein anderes bewährtes Mittel, Menschen zu terrorisieren, besteht darin, einen Intellektuellen zu grober Arbeit zu zwingen, oder umgekehrt, einen intellektuell Ungeschulten zu Büro- und Rechenarbeiten. Diese Fragen tauchen bei jeder Form von Umschulungen auf, nehmen aber eine andere Form und Bedeutung an, wenn es sich darum handelt, Schwierigkeiten und geistige Not willkürlich zu erzeugen. So wird es zur Methode der moralischen Vernichtung, wenn man jemanden eine Arbeit auferlegt, der er geistig nicht gewachsen ist, ihm aber gleichzeitig so große materielle Vorteile verschafft, daß er sie nicht aufgeben will. In kurzer Zeit kann dann aus einem harmlosen Menschen eine reißende Bestie werden. Dauernd in Angst, sich zu blamieren, sucht er sich auf andere Art geistige Genugtuung zu verschaffen, gerät bald in die verderbliche Gesellschaft von Schmeichlern und Leuten, die seine intellektuelle Unfähigkeit als Mittel der Erpressung verwenden. Allgemeiner Größenwahn, toller Haß gegen alle ihm wirklich Überlegenen, machen solche Menschen zu einer Gefahr für die Gemeinschaft und zu ausgezeichneten Werkzeugen einer terroristischen Organisation. Wird umgekehrt ein Mensch durch die auferlegte Arbeit erniedrigt und gelangweilt, so können bald ähnliche Erscheinungen auftreten wie bei einer gewaltsam auferlegten Untätigkeit. Freilich ist auch die geringste Arbeitsleistung mit einer gewissen Befriedigung verbunden, es sei denn, daß wertvolle Fähigkeiten durch die Arbeit verkümmern müssen, wie etwa, wenn die Fingerfertigkeit eines Violinisten durch schwere Erdarbeiten vernichtet wird. Der ständige Gedanke an den Verlust der Fertigkeit ist für einen solchen Menschen eine Qual, während bei schweren Erdarbeiten zumindest eine gewisse sportliche Befriedigung erzielt werden mag.

Das stärkste, gewaltigste Mittel des Terrors ist die Erzeugung der Angst. Darüber ist schon so viel geschrieben worden, daß es genügt, auf die ausgedehnte Literatur zu verweisen. Sehr wohl ist Angst von Furcht zu unterscheiden. Die Furcht ist ein bei drohender Gefahr entstehendes Gefühl, das viel leichter zu beherrschen und auch auszureden ist als Angst, die aus dem Triebleben heraus gespeist wird. Diese kann nur durch die Aufdeckung der inneren Ursachen bekämpft werden, was im konkreten Fall eines dem Terror ausgesetzten Menschen nicht möglich ist. Ängstliche Menschen, also Angstneurotiker etwa, sind gegen terroristische Aktionen viel weniger widerstandsfähig. Ein von Angst ergriffenes Individuum ist meistens nicht imstande, anders als durch Flucht auf eine Gefahr zu reagieren. Selbst das gelingt nicht immer. Ein lähmendes Gefühl zwingt oft das Opfer in den Bann des Gewalttäters. Sieht dieser die Angst in den Augen seines Opfers, die er gleichsam spürt, so erwacht der Quältrieb und wird stärker, als wenn er sich einem kaltblütigen Gegner gegenübersieht, der zwar wehrlos, aber auch angstlos ist. Die Angstabwehr ist daher eine der wichtigsten Aufgaben beim Kampf gegen jeglichen Terror.

Wenn nun alle diese Methoden: Freiheitsentzug, Demütigung, ständige Unsicherheit mit ihren Hoffnungen und Enttäuschungen, sexuelle Not, auferlegte Untätigkeit oder Quälerei durch ungewohnte Arbeit und das ständige Erleiden von Angstzuständen mit allen Finessen, ohne Unterbrechung an einem Menschen angewendet werden, so kann dieser sehr bald jegliche seelische Widerstandskraft verlieren. Er wird stumpfsinnig und teilnahmslos, nur mehr auf seine Lebensverrichtungen eingestellt. In diesem Fall kann man von einem „Fertigmachen" im seelischen Sinne sprechen.

Es gibt aber eine noch viel schlimmere Art des seelischen Terrors: *Einen Menschen moralisch zu zerbrechen.* Jemanden in Gewissenskonflikte zu bringen, aus denen er keinen Ausweg findet, ist ein solches Mittel. Denn schon der Verrat an einem Freund oder an der Gesinnung tötet die Moral. Wer einmal gegen sein eigenes Gewissen gehandelt hat, kann als anständiger Mensch verloren sein, sich selber moralisch für immer aufgeben. Diese Erkenntnis, in vielen Erfahrungen erprobt, bedarf einer näheren Erklärung.

Unser Gewissen ist im wesentlichen abhängig von jener Instanz in unserem Seelenleben, die die Psychoanalyse Über-Ich nennt und deren Vorhandensein lebensnotwendig ist, wenn das Individuum als ein normal anständiger Mensch leben soll. Dieses Über-Ich ist das notwendige Gegengewicht gegen unsere atavistischen Triebe und als solches jedem Menschen besonders wertvoll, ja geradezu „heilig". Es ist von verschiedener Gestalt und Stärke. Je schwächer es ist, desto moralisch haltloser ist das Individuum, das mehr die Furcht vor drohender Strafe als vor dem eigenen Gewissen an der üblichen Moral hält, während eine höhere ihm nicht bekannt ist. Solche Menschen sind leicht zu jeder Schandtat zu haben, wenn sie nur rechtlich gedeckt sind. Aber selbst bei ihnen ist irgendwo ein seelisches „Heiligtum" vorhanden, oft die Liebe zur Mutter oder zum Kind. Wird dieses angetastet, zerbricht auch ein solcher Mensch moralisch. Individuen aber mit starkem, oft übermächtigem Über-Ich, Pflichtmenschen bis zum Äußersten, ertragen einen Bruch mit dem, was sie ihre Pflicht nennen, nicht. Einmal zum Handeln gegen ihr Über-Ich Gezwungene können nie mehr eine gesunde Beziehung zu ihrem Gewissen ohne seelische Hilfe herstellen und werden moralisch völlig haltlos. Dies tritt auch dann ein, wenn eine Tat zuerst im guten Glauben verübt wurde, sozusagen in Übereinstimmung mit dem Gewissen, aber nachträglich als unvereinbar mit diesem erkannt wird. Der hervorgerufene Bruch ist dann nicht mehr ohne seelenärztliche Hilfe zu hellen. *Unser Über-Ich ist für unsere Seele wie ein Rückgrat; einmal gebrochen, ist ewiges Siechtum oder Tod die Folge.* Jemandem das „Rückgrat brechen" ist daher ein richtig gewählter Ausdruck und eines der vornehmlichsten Ziele eines terroristischen Regimes.

III. Die psychische und die physische Tortur vereinigt

Das „Konzentrationslager"

Wenn hier das deutsche Konzentrationslager, wie es unter dem Naziregime bestanden hat, als Musterbeispiel einer terroristischen Organisation angeführt und genauer behandelt wird, so soll das keineswegs bedeuten, daß diese Dinge nur in den deutschen K. Z. s vorgekommen sind. In all den Haftanstalten und Zwangslagern der modernen Diktaturen, wie auf den Galeeren früherer Zeitalter, in der russischen Katorga und in allen Sträflingskolonien, überall dort, wo einzelne Bewaffnete gegenüber Zivilisten eine unbeschränkte Macht auszuüben imstande sind, wie in den Kolonien oder in sehr entlegenen Militärgarnisonen, werden wir ähnliche Erscheinungen finden. Sie mögen mehr oder weniger modifiziert sein und nicht derart bestialisch wie die zur höchsten organisatorischen Vollendung entwickelte Schreckensherrschaft in Deutschland. Aber wenn man die Literatur über die Strafvollzugsanstalten vor dem Beginn der „humanitären" Ära oder die Berichte von der ersten australischen Sträflingskolonie und die in den Kolonien begangenen Greuel liest und wenn man den aus verläßlichen Quellen, gesammelten Nachrichten über die Schreckensherrschaften in gewissen Militärgarnisonen Glauben schenken will, dann wird man zugeben müssen, daß der große amerikanische Schriftsteller Sinclair Lewis in seinem Roman „Ann Vickers" mit recht behauptet: „Niemals gab es ein menschliches Wesen, genügend klug oder genügend weise, um auf die Dauer vieler Jahre die Macht zu ertragen, seinesgleichen quälen zu können, ohne zum Sadisten zu werden ..." (Vom Autor frei übersetzt).

Das hier im Detail über die K.Z.s Gesagte gilt also für alle ähnlichen Einrichtungen und hat daher allgemein gültigen Erkenntniswert. Auch in den Lagern war der Terror verschiedentlich abgestuft. Von der schrecklichsten Hölle angefangen, in denen der Sadismus perverser Individuen ungestört sich austoben konnte, bis zu Lagern, in denen höchstens eine etwa strengere Disziplin diese von anderen Arbeitslagern unterschied, gab es sämtliche Formen des Terrors, wie wir sie oben spezialisiert angeführt haben.

Neben einzelnen SS-Leuten waren die hauptsächlichen Gewalttäter Häftlinge, die, da sie Lagerfunktionäre waren, große Privilegien genossen. Von ihnen muß man diejenigen unterscheiden, die bloß Funktionen der Verwaltung ausübten, ohne Machtbefugnisse zu besitzen.

Die psychologische Situation dieser Menschen war eine außerordentlich schwierige. Selbst dem stärksten Druck ausgesetzt, waren auch die Anständigen unter ihnen oft gezwungen, diesen Druck an die ihnen untergebenen Häftlinge weiterzuleiten. Die Tatsache, daß sie in einem solchen Fall meistens genauer vorgingen und bösartiger waren als ihnen vorgeschrieben wurde, ist nicht weiter verwunderlich. Denn jeder vorgesetzte Häftling mußte für alles büßen, was seine Untergebenen schlecht gemacht hatten, und in diesem Fall ein gerechter Vorgesetzter zu sein verlangt schon ein großes Maß an moralischer Überlegenheit. Es ereignete sich auch immer wieder, daß vorzügliche Häftlingsfunktionäre lieber Gefahren auf sich nahmen als gegen die eigenen Kameraden vorzugehen. Selten waren unter ihnen auch solche mit einem so überlegenen Geist, daß sie auch an ihren Prinzipien festhielten, wenn sie merkten, daß ihre Anständigkeit als Dummheit ausgelegt und ausgenützt wurde. In solchen Fällen verwandelten sich auch durchaus anständige Häftlingsfunktionäre in wütende Schläger und Quälgeister. Nur ganz wenige waren sich bewußt, daß alle Häftlinge ohne Ausnahme an jenen Fäden hingen, die die Lagerbewachung in der Hand hielt. Da sich immer solche finden, die um den Preis von Privilegien welcher Art immer sich bereit erklären, die Rolle von Aufsehern zu spielen, und viele Menschen an und für sich eine solche gern übernehmen, hatte die SS immer genügend Gefangene zur Hand, die sie zynisch ausnützte. Auch sind sich solche menschlichen Werkzeuge gar nicht im Klaren darüber, wie sehr sie psychischen Einflüssen unterliegen, die sie nicht kennen oder deren Stärke sie unterschätzen.

Einer dieser wie unter einer unsichtbaren Macht wirkenden Einflüsse ist die unausbleibliche „Übertragung" des Untergebenen auf den Vorgesetzten.

Ich werde jetzt von an und für sich normal eingestellten Individuen sprechen. Das Wüten von perversen Menschen gehört ja nicht in eine Psychologie, sondern in ein psychiatrisches Lehrbuch.

Bei diesen wirkt sich die unvermeidliche Bindung an den Vorgesetzten aus, die die Psychoanalyse als „Übertragung" bezeichnet und der sich niemand entziehen kann. Eine solche Übertragung findet nur dann nicht statt, wenn der Vorgesetzte sie durch ein feindliches Verhalten den Untergebenen gegenüber unmöglich macht. Viel öfter sind Vorgesetzte in Haftanstalten bemüht, bei den ihnen direkt unterstellten Häftlingen durch wohlwollendes Verhalten eine gute Arbeit zu erreichen, und oft unbewußte Bindungen, manchmal aber auch bewußte gemeinsame Interessen, führen sehr schnell zu einer Identifizierung des Häftlings mit dem Vorgesetzten. Damit werden auch eine Reihe von Terrorwirkungen vermieden wie Demütigung, peinliche Arbeiten und viele andere Unannehmlichkeiten. Der Gefangene ahmt dann seinen Herrn bald nach, macht sich dessen Aufgaben zu den eigenen und wird so zu einem richtigen Werkzeug seines Chefs. Zwischen ihm und dem Untergebenen entsteht eine gegenseitige Beeinflussung, bei der ein moralisches Herabsinken des einen, wie eine Höherentwicklung des anderen, eintreten kann. Wiederholt konnten erfahrene ältere Häftlinge junge SS-Vorgesetzte aufs beste beeinflussen und aus ihnen ernste Männer machen. Freilich nahmen auch sehr oft Häftlinge die bösen Eigenschaften ihrer Vorgesetzten an.

Eine zweite, sehr häufig auftretende Erscheinung war, daß primitive, aber keineswegs bösartige Naturen unfähig waren, Macht über Leben und Tod von Mitgefangenen in Händen zu haben, ohne sie zu mißbrauchen. Hier konnte man gut beobachten, wie sehr es darauf ankommt, ob ein eigenes Über-Ich oder Furcht vor Strafe und Einfluß der Umwelt das Handeln beeinflußte. Sicherlich, ein Verständnis für das Prinzip Strafe und Einhalten von sozialen Regeln ist ohne eine gewisse moralische Entwicklung nicht möglich, bei vielen Kriminellen ist sie nicht vorhanden. Wenn aber Furcht vor Strafe und Einfluß der Umwelt wegfallen, wenn Mord nicht mehr als Verbrechen angesehen wird und straflos bleibt, können sehr viele Naturen ihren „bösen Trieben" nicht widerstehen. In solchen Situationen kann man am besten beobachten, wie nahe an der Grenze der „Bestialität" sich der Mensch noch befindet und wie leicht er in sie hinabstürzen kann. Dabei sind sich viele primitive Naturen gar nicht darüber im klaren, was sie anrichten, während sie einen Mord begehen; sie sind wie Kinder, die eine Puppe zerbrechen und nachher bitterlich weinen, weil sie sie nicht mehr zusammensetzen können. Dieselben Menschen, die sinnlos einen Mord verübten, konnten aus sentimentalen Gründen einen anderen mit Einsatz des eigenen Lebens vom Tode retten, ohne daß das eine noch das andere in ihrem besonderen Interesse gelegen gewesen wäre.

Ein Unterschied ist zu machen, wenn es sich um sadistisch veranlagte Menschen handelt, die jede Gelegenheit ausnützen, ihre Gelüste zu befriedigen; dies ist leicht einzusehen, wenn wir bedenken, wieviel Geld solche pervers veranlagte Personen unter normalen Bedingungen ausgeben müssen, um ihre Triebe zu befriedigen. Es gibt in jeder Großstadt Zirkel der Unterwelt, die die perversen Veranlagungen verschiedenster Art kommerziell und zu Erpressungen auswerten. Natürlich sind Terrororganisationen der Sammelpunkt aller Mordlüsternen und Pervertierten jeglicher Art. Vollkommene Straflosigkeit und Geheimhaltung aller Untaten bieten eine konkurrenzlose Anziehungskraft für diese abnormal veranlagten Menschen, die auf irgendeine Weise, freiwillig oder gewaltsam, in die Räder einer Terrororganisation hineingeraten. Ich machte einmal im Lager die Bemerkung, daß dieses von drei „Großmächten" beherrscht werde: Die mächtigste sei die Homosexualität, die zweitmächtigste das Geld und erst die dritte das politische Zusammengehörigkeitsgefühl.

Über die sexuelle Not im besonderen will ich, wie schon einmal gesagt, nicht Altbekanntes noch einmal erzählen. Aber über das homosexuelle Problem sei doch noch einiges gesagt, da es im Konzentrationslager besonders viel Gelegenheit gab, darüber Beobachtungen zu machen. Daß die sexuelle Abstinenz bei völliger Abwesenheit von Frauen nach einer gewissen Zeit zur Homosexualität führt, ist nichts Neues. Es ist in vielen Fällen leicht festzustellen, wer von vornherein homosexuell veranlagt und wer „Ersatz-Homosexueller" geworden war. Letztere suchten sich ausschließlich junge, mädchenhaft aussehende Burschen als Partner aus, mit denen sie zärtlich waren und sie verwöhnten, soweit die Lagermittel es zuließen. Das gemeinsame Essen, Balgen und Spielen diente wie bei Liebespaaren zum Ersatz oder zum Anreiz erotischer Handlungen. Es ging nicht anders zu als bei jungen Mädchen und Burschen, nur daß die Liebesbeziehungen mit schweren grausamen Strafen, manchmal auch mit dem Tod geahndet wurden, wodurch die ganze Atmosphäre mit einer schrecklichen Angst erfüllt war.

Man konnte halbwüchsige Burschen wie Kokotten auf der Straße des Lagers treffen, „Liebespaare" gaben sich Stelldicheins und begrüßten sich zärtlich beim Kommen und Gehen. Schwere Eifersuchtstragödien spielten sich selbst zwischen Brüdern ab und kosteten so manchem das Leben. Über die „Puppenjungens" konnte man bei mächtigen Funktionären ebenso viel erreichen wie in Freiheit durch die Fürsprache einer Geliebten oder Kurtisane. Manche Paare traten direkt wie Eheleute auf und folgten einander selbst in Todeskommandos. Wertvolle Menschen gingen an ihrer homosexuellen Bindung zugrunde, wertlose Kerle kamen durch sie zu ungeheurer Macht.

Die SS selbst war durch und durch homosexuell. Hübsche Jungen hatten immer leichtes Spiel bei den SS-Vorgesetzten. Meistens genügte ein schelmisches Lächeln, damit ein hübscher Junge seinen Willen erreichte. Manchmal freilich kam so einer auch an den Unrichtigen, der dann mit größtem Vergnügen seine sadistischen Gelüste an dem Jungen austoben ließ. Wie ja überhaupt der Sadismus die Homosexualität oft begleitet, wurde diese durch die Unbefriedigtheit auch des gleichgeschlechtlichen Sexuallebens auf das Höchste gefördert. Denn nur sehr wenige sexuelle Verhältnisse konnten regelmäßig und „normale" Befriedigung finden. Die meisten mußten sich mit Phantasien und einer Art „Flirt" begnügen, was zu ständiger Reizbarkeit und Bereitschaft zum Schlagen führte.

Viele Häftlinge, die eine homosexuelle Befriedigung aus moralischen oder aus unbewußten Hemmungen heraus ablehnten, hatten schwer mit der Onanie-Angst zu kämpfen. Es gab Gefangene, die ohne weiteres homosexuellen Verkehr übten, aber niemals ohne die schrecklichsten Schuldgefühle onanierten. Diese Beobachtung ist deswegen interessant, weil sie neuerdings beweist, wie tief verwurzelt die Onanie-Angst ist.

Die SS selbst war ständig in lüsterner Bereitschaft, Sexualattentate zu begehen. Aber diese kamen seltener vor, als die ständigen Drohungen damit hätten befürchten lassen. Auch die SS-Truppe litt stark unter ihrer Absperrung und unter dem Mangel an normalen Liebesbeziehungen.

Wie sehr die Sexualnot das ganze Leben eines Häftlings vergiftet, kann nicht genug betont werden, weil sexuelle Abstinenz in Freiheit nicht verglichen werden kann mit der des von jedem weiblichen Wesen und beinahe jeder anderen Triebbefriedigungsmöglichkeit abgeschlossenen Gefangenen. Ein Teil des ausgesprochen „hysterischen" Gehabens langjähriger Häftlinge ist darauf zurückzuführen.

Um der sexuellen Not entgegenzusteuern, werden in Garnisonen Bordelle errichtet. So hat auch Himmler im Jahre 1942 solche Bordelle errichten lassen, um die Arbeitslust der Gefangenen zu heben. Wohl auch, um Zersetzung und Spitzeltum an den politisch verdächtigen Lagerinsassen zu erleichtern. Psychologisch interessant ist daran, daß die Homosexualität nur wenig zurückging. Trotzdem entwickelten sich durch das Bordell wie selbstverständlich Liebesgeschichten und Eifersüchteleien um die Mädchen. Bereits das Eintreffen der Frauen, das erst von den Lagerinsassen nicht für möglich gehalten wurde, erzeugte unter den Häftlingen eine maßlose Aufregung. Die wildesten Gerüchte gingen um, oft genährt von den jugendlichen Phantasien über geschändete und mißbrauchte Mädchen. Die meisten Häftlinge erklärten, das Bordell zu sabotieren und die armen, geschändeten Frauen nicht mißbrauchen zu wollen. Die Gerüchte und die Romantik vergingen, als man erfuhr, daß es sich hauptsächlich um Berufsprostituierte handelte und daß auch die wenigen „anständigen Mädchen" unter ihnen diese Beschäftigung der schweren Arbeit im Frauenlager vorgezogen hatten. Eifersucht, Heuchelei und Angeberei waren die ersten unvermeidlichen Folgen davon, daß 26 Mädchen einigen 20-tausend Häftlingen ein normales Sexualleben ersetzen sollten.

Die zweite Großmacht im Lager war das Geld. Wie unter allen Gewaltherrschaften blühte und gedieh die Korruption auch hier, die nicht anders aussah als in Freiheit. Aber man konnte doch gewisse psychologisch nicht uninteressante Beobachtungen machen, die zumindest zeigten, wie auch Korruption vom Seelischen berührt und geformt wird. Es war z.B. im Lager nicht gleichgültig, in welcher Form die Korruption ausgeübt wurde. Das einfache Bestechen half wenig, sondern es mußte in der Form eines Freundschaftsdienstes gehalten sein, etwa als ein Geburtstagsgeschenk, wobei freilich manche Häftlingsfunktionäre ihren Geburtstag jeden Monat gefeiert haben. Das waren keine Tarnungen vor der SS, denn Geschenke nehmen war lebensgefährlich mit oder ohne Vorwand. Es scheint mir vielmehr, daß hier das primitive, kindliche Wesen im „Kriminellen" zum Vorschein kam, die Gefallen daran fanden, Geschenke zu bekommen. Sie erwiesen sich dann ihrerseits oft generös und gaben dann ebenfalls Geschenke.

Häftlinge, die über Geld verfügten, mußten den Häftlingsfunktionären – im allgemeinen mit Ausnahme der einwandfreien politischen Gefangenen – für geleistete Dienste eine Art Trinkgeld geben, während das von mittellosen Gefangenen nicht verlangt wurde. Im Unterschied zur Freiheit war ein gewisses soziales Gerechtigkeitsgefühl vorhanden. Die verschiedenen Häftlingsfunktionäre fanden es unmoralisch, wenn ein wohlhabender Kamerad ihnen gegenüber nicht freigiebig war, und hatten gar kein Empfinden dafür, korrumpiert zu sein, was sie aber natürlich in Wirklichkeit waren. Manche Kapos (Leiter einer Häftlingsbaracke) verkauften z.B. ihren Schutz, den sie den ihnen anvertrauten Häftlingen angedeihen ließen, gegen eine gewisse Summe, die sie manchmal auch ruhig stundeten. Sie benahmen sich durchaus wie „ehrenwerte" Geschäftsleute, die einen geschlossenen Vertrag einhalten. Auch die Verbrechermoral ist eine Moral, und die Psychologie der Kriminalität muß sie berücksichtigen.

Es liegt nahe, zwischen der psychischen Situation in einem Gefängnis und in einem Konzentrationslager einen Vergleich zu ziehen. Wer, wie erwähnt, Dostojewskijs „Die Memoiren aus einem Totenhaus" im

Konzentrationslager selbst gelesen hat, mußte verblüfft sein über die vielen ähnlichen Erscheinungen zwischen den sibirischen Gefängnissen, die damals zu den schlimmsten Haftanstalten ihrer Zeit gehörten, und den Terrorlagern des Faschismus. Aber bei der Lektüre dieses an und für sich ebenso grauenhaften wie bewundernswerten Buches konnte sich der Schutzhäftling eines deutschen K.Z.s nur des öfteren sagen: „Wie gerne wäre ich in einem sibirischen Gefängnis!"

Der wesentliche Vorzug eines Lagers vor jeder geschlossenen Anstalt ist die große Freizügigkeit, die der Gefangene besitzt. Unzweifelhaft ist ein gut geführtes Lager viel humaner und zweckentsprechender als Zellengebäude. Aber ein mit der Absicht zu terrorisieren geführtes K.Z. ist viel schlimmer als jedes Gefängnis, weil die Witterung und die Freizügigkeit viel größere Möglichkeiten zum Quälen bieten als die notwendigen Einschränkungen eines Gefängnisses zulassen, wo eigene Torturanstalten eingerichtet werden müssen, um Gefangene zu quälen, während z.B. der bloße Befehl, 16 Stunden bei eisigem Wetter, Regen oder Sturm in schlechten Kleidern Erdarbeiten zu verrichten, eine Tortur an und für sich darstellt, die viele nicht überstehen. Erst das Zusammenwirken der Natur, wie etwa Bodenbeschaffenheit und Klima, mit den organisatorischen Terrormaßnahmen unterscheiden ein Konzentrationslager von einem noch so schlimmen Gefängnis. Ein Häftling sprach die Wahrheit, wenn er fünf Jahre Gefängnis oder Zuchthaus nur einem Jahr Lager vorzog.

Beim Nürnberger Prozeß versteckten sich die meisten Angeklagten hinter der Entschuldigung, auf Befehl und nicht aus eigenem Antrieb gehandelt zu haben. Das typische Beispiel hierfür war der Kommandant von Auschwitz, Rudolf Höss, der auf die Frage des Richters, ob er nicht Mitleid mit den Opfern verspürt hätte, geantwortet hat: „Jawohl, aber der Befehl Himmlers unterdrückte jedes Bedenken".[2]

Können wir eine solche Haltung glauben, oder handelt es sich vielleicht um eine feige Ausrede eines Massenmörders? Stellen wir zuerst einmal fest, daß jeder SS-Führer wußte, zu welchen schändlichen Verbrechen er das Werkzeug abzugeben hatte, und daß nur sehr wenige hohe SS-Offiziere sich geweigert haben, solche verbrecherischen Befehle auszuführen. Es gab auch solche, die gingen an die Front, um

---

[2] Siehe die nachfolgende Studie „Einige klinische Bemerkungen zur Psychopathologie des Völkermordes" von Federn.

dem Dienst im Lager zu entgehen. Aber zweifellos war die überwiegende Mehrzahl der SS-Führer kriminell veranlagte Individuen, worauf wir weiter unten noch einmal zu sprechen kommen werden.

Aber wenn wir von diesen absehen, so ist die Ersetzung eines eigenen Verantwortungsgefühles durch den blinden Gehorsam nicht zum ersten Mal in der Geschichte zur Quelle entsetzlicher Greuel geworden. Trotzdem muß man sich darüber Rechenschaft ablegen, daß Töten und Morden zwar unsere atavistischen Triebe befriedigen, daß aber der normal erzogene Mensch bereits in sehr frühen Jahren vor diesen Trieben Angst und Furcht entwickelt und ihnen daher keineswegs unter normalen Bedingungen Folge leistet. Es war auch durchaus keine einfache Sache, Millionen Menschen auszurotten, und die SS-Organisationen haben jahrelangen Drill und Erfahrungen gebraucht, um diese beispiellosen Schandtaten durchführen zu können. Schon die Auslese sadistischer und krimineller Individuen wurde von der SS planmäßig gepflegt, die Leute wurden geradezu aus dem Lumpenproletariat herangezogen.

Eine ungeheure Propaganda und eine bis zuletzt künstlich aufrechterhaltene Siegesgewißheit, ebenso wie die unbedingte Geheimhaltung der begangenen Verbrechen, erleichterten die Schandtaten. Trotzdem dürfen wir nicht unterschätzen, daß ein von einer als sonst absolut unfehlbar angesehenen Instanz verlangtes Verbrechen nicht so vollkommen einfach als solches gewertet werden darf. Für diejenigen freilich, die bereits in Himmler und Hitler nur Verbrecher sehen, erscheinen die begangenen Gewalttaten in einer anderen Gestalt als für Menschen, die in den nationalsozialistischen Führern erhabene Vollzieher übernatürlicher und ewiger Gesetze zu sehen glaubten. Man mißverstehe mich nicht, es handelt sich hier um die rein psychologische Wertung eines Geschehens, nicht um irgendwelche politische Stellungnahme.

IV. Zur Psychologie des Terroristen

Nachdem wir in den drei vorhergehenden Kapiteln die wesentlichen Elemente des Terrors aufgezeigt haben, können wir uns der eigentlichen Psychologie zuwenden. Vor allem haben wir uns mit jenen

Gewalttätern zu befassen, die gegen ihr eigenes Gewissen handeln, teils durch Terror selber dazu gezwungen, teils von mächtigen tierischen Trieben dazu veranlaßt. Wir wollen also untersuchen, wie weit man von einem äußeren und von einem inneren Zwang gegen sein Gewissen sprechen kann. Für den ersten Teil wie für den zweiten möge uns je ein Beispiel zur Veranschaulichung dienen, die aus der Wirklichkeit geholt und typisch sind:

1. Beispiel – des äußeren Zwanges:

Ein an und für sich anständiger und gutmütiger Durchschnittsmensch war jahrelang arbeitslos. Der Mann sucht in seiner Verzweiflung jede Gelegenheit, Geld zu verdienen, und eine solche bot sich beim Eintritt in eine militärische Organisation, in unserem Falle die SS. Diese Organisation war zwar nicht nach dem Geschmack unseres Mannes, aber wer fragte schon viel bei einer Gelegenheit, die materiellen Sorgen loszuwerden. Dann war auch die SS in den Augen unseres Mannes weder schlechter noch besser als irgendeine andere öffentliche Militärorganisation. Und so übernimmt er einen Verwaltungsposten in einem Konzentrationslager und erweist sich hier als pflichtbewußter Beamter und durchaus gutmütiger Vorgesetzter, der keineswegs mit all dem einverstanden ist, was er um sich sieht. Er ist daher bei Vorgesetzten und Untergebenen beliebt und ist ein braver Spießer, bis eines Tages ein Befehl ihn zu einem neuen Dienst beordert. Dieser besteht darin, mit einem Genickschuß einige hundert russische Kriegsgefangene jeden Tag zu ermorden, wobei er allerdings nichts weiter zu tun hatte, als durch eine kleine Öffnung auf ein Zeichen hin zu schießen, ohne die unglücklichen Opfer selbst zu sehen.

Welch ein Weg von dem Tag, an dem der kleine Beamte glücklich seinen neuen Posten antreten konnte und Hausstand und Familie gründete, bis zu dem Tag, da er den Befehl zum Massenmord erhielt! Wenn er ihn verweigert, bedeutet das für ihn selbst den Tod und für die Familie das Elend. Ich weiß nicht, wie lange und ob überhaupt unser Mann gezögert hat, dem Befehl Folge zu leisten. Es ist auch das manchmal vorgekommen, und mancher SS-Unteroffizier oder -Offizier rettete sich vor einem solchen Gewissenskonflikt durch ein geschicktes Verhalten, aber auch ein solches hing von den Umständen ab und nicht nur von dem guten Willen. In unserem Fall konnte der betreffende SS-Mann seinem Schicksal nicht entgehen und war gezwungen, den Massenmörder zu machen.

2. Beispiel – des inneren Zwanges:

Als junger Raufbold, Trinker und vor allem als ein begeisterter Jäger schließt sich unser Mann bald einer Gruppe von verwegenen Gesellen an, die eines jener Rollkommandos bilden, die in wilden politischen Zeiten eine so wichtige Rolle spielen. Das ist so richtig sein Fach, hier kann er als Soldat und auf Befehl raufen und schießen und muß sich nicht mit seinem Gewissen plagen. Denn dieses setzt ihm sehr zu, da er streng katholisch erzogen und es auch nach wie vor geblieben war. Daß seine Taten nicht mit dem Gebot Gottes übereinstimmen, sieht er ein, doch fühlt er als Soldat, und Erschießen bereitet ihm ein herrliches Gefühl: Diese Macht über Leben und Tod, die ein kleiner Druck mit dem Finger verleiht. Aber das Gebot: „Du sollst nicht töten", das er in seiner Kindheit so oft gehört hatte, bereitet unserem Mann schwere Gewissensbisse. Aber er muß töten, es ist ein Zwang in ihm selbst, er muß schießen. Freilich, an die Front will er nicht gehen, denn er ist offenbar sehr feige, was ja nur zeigt, wie sehr das Schießen bei ihm nur Selbstzweck und nicht Begleiterscheinung eines wahren Jägers – oder Soldatentums – ist. Er zieht es daher vor, als Mordbube zu den Rollkommandos zu gehen, und von dort ist es nicht weit zum Posten eines Arrestaufsehers des Lagers Dachau, wo er alle Exekutionen zu befehlen hat. Aber die Religion macht ihm weitere innere Schwierigkeiten, und ihnen entflieht er mit Hilfe des Alkohols, bis der Rausch alle Gewissensskrupel vernichtet hat.

In einem privaten Gespräch sagte er einmal zu einem Häftling, sich gleichsam verantwortend: „Ich habe niemanden ohne Befehl ermordet oder geschlagen, ich bin Soldat." Er hatte auch tatsächlich nicht das Gehaben des Sadisten, selten hob er die Hand gegen einen Häftling, als Vorgesetzter war er ruhig. Aber der Revolver saß immer locker. Und als das Schießen auf Menschen verboten wurde, da man sie zu Millionen vergaste und vergiftete, schoß er nur mehr auf Tiere. Als auch das verboten wurde, handelte er das erste Mal gegen den Befehl, wurde bei verbotener Jagd ertappt und in Haft genommen. Im

Gefängnis erhängte er sich. War der Selbstmord wirklich die Angst vor einer Strafe, die für den „verdienten" SS-Unteroffizier nicht so hart ausgefallen wäre, die ihn zum Strick greifen ließ, oder waren es nicht eher die Gewissensängste, die Gesichter hunderter von gequälten und ermordeten Menschen, die einen der Henker des Lagers Dachau zum Selbstmord trieben? Wer ihn gekannt hat, wird ohne weiteres zugeben müssen, daß hier ein schwerer Psychopath als Werkzeug benutzt wurde, der unter anderen Umständen vielleicht ein gemeines Verbrechen begangen hätte.

Diese beiden Beispiele entsprechen vollkommen der Wirklichkeit. Zwischen diesen beiden Extremen gibt es natürlich viele Übergänge, aber überall ist es im Prinzip das Gleiche: Entweder wird das Verbrechen durch die staatliche Befehlsgewalt erzwungen, oder innere, zum Verbrechen führende Instinkte werden durch den Befehl von oben gebilligt und gedeckt. Dieser Befehl von oben – ist er wirklich nur eine Ausrede?

Das ist die erste Frage, auf die wir keine Antwort geben können, ohne Hilfe durch theoretische Erkenntnisse. Die zweite Frage, die sich uns stellt, ist die folgende: Ist wirklich jeder Mensch imstande, zum Gewalttäter zu werden, wenn die Umstände dazu günstig sind, oder sind es nur wenige verworfene Menschen? Mit dem Werturteil von gut und böse kommen wir nicht weiter, denn hier handelt es sich darum, festzustellen, ob die bösen Instinkte nur manchen Individuen eigen oder allen Menschen gleichermaßen zugehörig sind. Diese Frage neu zu untersuchen ist in dieser Arbeit nicht nötig, da der Autor in dieser wie in anderen Schriften glaubt, sich damit begnügen zu dürfen, auf die Literatur der Psychoanalyse zu verweisen. Deren Ansicht ist es, daß die atavistischen Triebe nicht nur der Spezies Mensch zugehörig, sondern für sein Leben notwendig sind. Der von Freud als primärer Trieb neben dem Liebestrieb erkannte Agressionstrieb speist die für das tätige Leben notwendigen Kampfaktionen. Wild und unmittelbar ausgeübt, muß er mit dem gesellschaftlichen Zusammensein der Menschen ebenso in Widerspruch geraten wie ein vollkommen ungezügelter Geschlechtstrieb. Die Triebbeherrschung ist eben eine der Voraussetzungen der menschlichen Kultur. Sie geschieht durch die Instanz des Über-Ichs, die im Laufe der ersten Kindheitsjahre bereits entwickelt wird und in der Pubertät ihre feste Form annimmt. Aber schon der kleine Schüler versteht sehr wohl, was Pflicht und Gehorsam bedeuten, und muß weiterhin lernen, sich alle Formen der persönlichen Unterordnung anzueignen. Keineswegs aber gelingt eine solche Entwicklung bei allen Individuen. Ursprüngliche aggressive Gelüste bleiben in ihrer Urform bestehen und treten unter bestimmten Bedingungen in verschiedenen Formen in Erscheinung. Ein Hauptteil der Forschungen Freuds und seiner Schüler ist bekanntlich diesem Gegenstand gewidmet. Darauf kann hier nicht näher eingegangen werden, sondern es muß genügen, darauf hinzuweisen, daß sehr viele sogenannte Verbrecher nur seelisch erkrankte Menschen sind, deren Delikte nichts anderes als Symptome oder Folgen ihrer Krankheit darstellen. Aber selbst der wirkliche Verbrecher muß wesentlich anders betrachtet werden als das bisher geschah, wenn wir von einem tiefenpsychologischen Standpunkt aus urteilen.

Von einem solchen ausgehend erkennen wir auch, daß die psychische Situation eines Menschen eine andere ist, wenn der oberste Richter über „Gut" und „Böse", der allmächtige von Gott oder Volk eingesetzte Staat die wilde Triebbefriedigung nicht nur erlaubt, sondern sogar billigt und fördert, als wenn er sie ablehnt und verbietet. Der Standpunkt des Psychologen ist hier natürlich ein anderer als der des Soziologen oder gar Politikers. Die praktische Erfahrung allerdings lehrt, daß die Mehrzahl der Exekutoren auch befohlener Verbrechen asozial und kriminell veranlagte Individuen sind, die eben die Gelegenheit ergreifen, straffrei ihren Gelüsten nachzugehen. Ein anständiger und gesunder Mensch wählt ja seinen Beruf auch nach anderen Richtlinien als ein kriminell veranlagter.

Halten wir aber zwei Grundansichten fest, die uns die Erscheinungen des Terrorismus besser verstehen lassen. Erstens, daß von Kindheit an jeder Mensch über starke, wilde Triebe verfügt, die der Anständige und Gesunde zu beherrschen lernt, während der Asoziale und Kranke ihnen in verschiedenen Formen nachgibt, die in Widerspruch zu den Formen des sozialen Lebens stehen. Zweitens, daß Erziehung und die Umwelt, die im größten Maße von der Beschaffenheit des Staates abhängen, jene Instanz heranbilden, die erst dem Individuum die Triebbeherrschung ermöglicht.

Bereits lange vor dem Auftreten Freuds haben große Denker erkannt, wie sehr in jedem Menschen das Kind bewahrt bleibt. Und die großen Dichter haben es von jeher gewußt. Freud aber hat uns durch den Begriff der Regression erst eine Formulierung dessen gegeben, was Nietzsche als „Kind im Manne" bezeichnet hat.

Das Zurückgehen auf eine frühere Ich-Entwicklung, als sie dem Erwachsenen entspricht, ist eine regelmäßige Begleiterscheinung vieler psychischer Abläufe. Sie geschieht bei Sport und Spiel, im Liebesleben und in den Zeiten der Erholung. Das „Erwachsensein" ist auch für den normalen Menschen eine Anstrengung und ein gewisses Maß von Regression auf frühkindliches Benehmen ein erlaubtes und notwendiges Verhalten auch des Gesunden.

Das Zurückgehen aber auf das atavistische Verhalten eines Kindes, auf seine sadistischen Phantasien und Betätigungen, müssen wir in unserer Zeit in der Überwindung dieser Triebe sehen, während die Gesellschaft die im sozialen Rahmen möglichen Triebbefriedigungen als kulturfördernd begünstigt. Nicht ohne Grund habe ich im ersten Kapitel den Leser mit Terrormaßnahmen vertraut gemacht. Man wird doch ohne weiteres zugeben, daß Foltermaßnahmen und Quälereien den Phantasien von Halbwüchsigen und Kindern entsprechen, daß Menschen, die solche Handlungen ausführen, notgedrungen eine Regression durchmachen, ja daß überhaupt nur solche Menschen zum Quälen geeignet sind, die sehr leicht ihren atavistischen Trieben freien Lauf lassen. Menschen, die ihren ganzen Sadismus zu kulturvollem Tun umgewandelt haben, wie es allerdings jede richtige Erziehung erreichen sollte, sind freilich gänzlich unfähig, auf ihre einst ebenfalls manifesten frühkindlichen sadistischen Träume und Phantasien anders als theoretisch, z.B. im Kino, zurückzukommen. Sehr starke Kräfte müssen einwirken, wenn auch bei solchen Individuen atavistische Aktionen ausgelöst werden. Solche Kräfte setzt der Krieg frei sowie auch das ständig vor Augen geführte Beispiel und die Versuchung, die darin liegt, sich straflos und auch moralisch gedeckt, aggressiv betätigen zu dürfen.

Ein Beispiel aus der Wirklichkeit erläutert diese theoretischen Überlegungen: Ein SS-Unteroffizier aus adeligem Haus, der Französisch und Englisch sprach und einen durchaus gebildeten und ruhigen Eindruck machte und sich auch durch ein menschliches Verhalten den Häftlingen gegenüber auszeichnete, inspizierte eines Tages die Abortanlage einer Häftlingsbaracke, wobei er einen älteren Gefangenen antraf. Der SS-Mann, vom Blockältesten begleitet, forderte den Häftling auf, in seiner Gegenwart zu onanieren. (Es muß hier gesagt werden, daß die Onanie bei der SS eine sehr große Rolle gespielt hat, da die Burschen in ständiger Sexualnot lebten. Es war ein geflügeltes Wort bei ihnen: „Du hast schon wieder zu viel onaniert, daher kannst Du nicht arbeiten.") Der Häftling war natürlich in größter Verlegenheit, aus der ihm der Blockälteste nur heraushelfen konnte, weil in diesem Fall der betreffende SS-Mann nicht auf seinem Wunsch weiterbestand. Der hatte in ihm offenbar lange geschlummert und war nun zum Ausdruck gekommen; da es sich aber um einen durchaus nicht sadistischen Menschen gehandelt hat, so erfolgte auch keine Umwandlung des versagten Wunsches in eine Mißhandlung, wie das so oft geschah, sondern der SS-Mann ging wieder seines Weges. Dieses Beispiel zeigt, wie auch die Gelegenheit den Dieb macht, denn wo hätte außer in einem Bordell unser SS-Mann noch Gelegenheit gefunden, seine Pubertätsphantasien so leicht in die Wirklichkeit umgesetzt zu sehen?

Ich glaube allgemein zu dem Schluß kommen zu können, daß wenn durch Befehl und durch Straflosigkeit ein Individuum die Möglichkeit erhält, seine atavistischen Triebe und Pubertätsphantasien verwirklichen zu können, so wird der eine früher, der andere später, der eine mehr, der andere weniger, diesen Wünschen nachgeben und in frühere Altersstufen regredieren. Eine solche Regression findet bei jeder Gewalttat statt; sie ist natürlich verschieden, wenn es sich um ein an und für sich perverses Individuum oder wenn es sich um ein normales handelt, wenn es einen anständigen oder unanständigen Charakter betrifft. Der eine regrediert zu dem Verhalten eines bösartigen sadistischen Kindes, der andere zu dem eines normal aggressiven Kindheitszustandes. Man kann genau beobachten, wie allmählich das Ich von Stufe zu Stufe herabgleitet, wie aus dem beherrschten Erwachsenen langsam das grausame Kind wird. Und da das Gewissen und jede Angst vor Strafe ausgeschaltet wird, gleitet das Ich schnell hinab in jene kindliche Sphäre, in der man den Fliegen die Beine ausreißt, grausame Indianerbücher liest und von sadistischen Orgien phantasiert. Nun werden diese Phantasien verwirklicht, und die atavistischen Triebe finden ihre volle Befriedigung.

Ich gehe nicht so weit zu behaupten wie der Dichter Sinclair Lewis, daß jeder Mensch in denselben Sadismus hinabgleiten würde, hätte er die Gelegenheit dazu. Aber ich behaupte, daß es sehr viele Menschen tun würden, die selbst keine Ahnung von ihren atavistischen Trieben haben. Und eben darum meine ich, daß wir ohne die Freudsche Tiefenpsychologie weder die Gefahren des Terrors erkennen können, noch aber auch die Möglichkeiten, ihnen zu begegnen. Denn es gibt auch diese, und jede Erhaltung einer wahren Kultur ist nur möglich, wenn eine gewisse Menge unserer aggressiven Trieb-Energien befriedigt wird. Wir können diese Befriedigung bei allen Sportarten beobachten, die im Grunde genommen in terroristischen Akten bestehen wie Boxen, Ringen usw. Diese Sportarten befriedigen das Bedürfnis der meisten Menschen, die freilich nicht wissen, daß die johlende und enthusiasmierte Zuschauermenge bei einem Boxmatch nur die kulturerlaubte Seite unseres Sadismuses darstellt.

Aber selbst wenn man zugibt, daß die Regression in den Sadismus eine allgemein menschliche Erscheinung ist, wird man doch entgegenhalten, daß Massenverbrechen, wie sie in den deutschen K.Z.s begangen wurde, eine Ausnahme in der menschlichen Entwicklung bilden. Wie gesagt, kann das nur in Bezug auf das Ausmaß, nicht auf das Wesen der Verbrechen behauptet werden. In jedem Volk waren und sind genügend Sadisten und Verbrecher vorhanden, die solche Gewalttaten erst einmal beginnen können, um dann im Laufe der Entwicklung immer weitere Kreise der Gesellschaft in ihre Verbrechen einzubeziehen und mitschuldig zu machen, welchen Vorgang ich glaube in dem vorhergegangenen Abschnitt erklärt zu haben. Daß in Deutschland die Verbrecher zur Regierung kamen, ist nicht neu in der Geschichte. Auch in früheren Zeitabschnitten der an Grausamkeiten so reichen Geschichte der Menschheit bemächtigten sich verbrecherische Elemente der höchsten Regierungsgewalt.

Aber freilich genügt auch die bloße Straffreiheit und moralische Sanktionierung nicht, um Greueltaten, wie sie unter den Nazi vorkamen, zu ermöglichen. Es mußte auch zu diesem Zwecke eine eigene Organisation gebildet werden: Die SS-Totenkopf-Standarte, die ideale Terror-Organisation.

Aus wem setzte sich diese Mordbande zusammen? Vor allem aus Verbrechern, aus verkommenen und entarteten Söhnen aus gutem Haus und aus allen nur möglichen gescheiterten Existenzen. Sadisten und andere Pervertierte fanden durch den Eintritt in die SS sehr bald den

Weg, ihre Lust zu befriedigen. Freilich gab es auch viele Elemente, die durch Zwang oder Not in die SS kamen, und vor allem sehr viele ganz junge Menschen, die nicht wußten, wozu sie benutzt werden sollten.

Was hielt all diese Elemente zusammen? Starke militärische Disziplin, materielle Vorteile und eine ganz bestimmte Moralauffassung, die alle Gewissensskrupel beseitigte. Diese lautete: Deine Treue ist Deine Ehre. Mit der SS-Uniform wurde der Verbrecher zum Ehrenmann, wurden seine Schandtaten zum Dienst am Volk. Außerdem wurden alle Opfer des SS-Terrors immer als verworfene Banditen bezeichnet und so die Maßnahmen gegen sie gerechtfertigt. Auf die raffinierteste Weise wurden die jungen SS-Rekruten zu Sadisten erzogen. Der Dienst war an und für sich sehr schwer und anstrengend, der Drill geradezu grausam und die jungen Burschen in den ersten Jahren in ständiger Sexualnot, da sie nur einmal in der Woche ausgehen konnten und wenig Sold hatten. Daher sprachen die Soldaten nur von sexuellen Dingen, und der ganze Kasernengeist war getränkt von Homosexualität und Sadismus.

Die aus der Hitlerjugend übernommenen Jugendlichen wußten natürlich nicht, daß sie nach genauen Weisungen zu Gewalttaten erzogen wurden, und auch nicht, in was für eine Verbrecherbande sie geraten waren, sondern dachten nur an das zu erreichende materielle Ziel, das in einer schönen Uniform, einer fixen Anstellung und einer hübschen Wohnung jedem SS-Unteroffizier winkte.

Eine der vielen Methoden, die SS-Leute zu den Gewalttaten zu erziehen, war etwa die folgende: Man läßt eine Kompanie sonntags statt des gewohnten Ausgangs zum Dienst antreten, um Häftlinge bei einer Strafarbeit zu beaufsichtigen. Dabei wird bei der Befehlsangabe gesagt, daß es sich um lauter kriminelle Juden handle, die arische Mädchen vergewaltigt und sich nun auch im Lager strafbar gemacht hätten. Ich meine, jede Kompanie junger Soldaten, empört über die vermeintlichen Verbrecher und noch mehr über den verpatzten Sonntag, hätte in gleicher sadistischer Weise reagiert wie die SS-Kompanie es in solchen Fällen natürlich tat. Es lag eben ganz im Belieben der Offiziere, die Mannschaften zu Schandtaten zu befehlen oder anzuleiten.

Außerdem wurden die Totenkopfverbände für den Terror genauestens instruiert, wobei immer betont wurde, daß das Bewachungspersonal es mit schweren Verbrechern zu tun hätte, die anders nicht im

Zaume gehalten werden könnten. Noch 1944 erschien in der Zeitung der SS „Das schwarze Korps" ein Artikel, in dem erklärt wurde, daß nur der Abschaum von Europa in den Lagern untergebracht sei, wo er kaum das leiste, was er zu Essen bekomme. Damals allerdings verfehlte dieser Artikel seine Wirkung, da bis tief in die SS-Kreise hinein, die inzwischen auch ihre Zusammensetzung geändert hatten, bekannt war, daß der Abschaum von Europa nicht in den Lagern zu finden war, sondern außerhalb.

Aber ein anderes wesentliches Prinzip der SS wurde auch bis zum letzten Atemzug des Dritten Reiches gewahrt, und das hieß: Absolutes Verschweigen und prinzipielles Ableugnen der Greueltaten. Zeugen, die nicht als SS vereidigt waren, wurden sofort beseitigt. Parteiverrat bedeutete sofortigen, oft grausamen Tod. Das machte erst die SS zu einer Mordorganisation par excellence, wie sie typisch ist für jedes Regime, das auf Terror aufgebaut ist.

V. Zur Psychologie des Leidenden

Man kann sich die Situation eines einem Terror unterworfenen Individuums weder theoretisch zurechtlegen, noch aber vorstellen. Selbst derjenige, der wiederholt die Situation schwerer Schmerzen und Leiden durchgemacht hat, legt sich selten über seine psychische Lage dabei Rechenschaft ab und überlegt auch nachher kaum, wie es sich eigentlich zugetragen hat. Bergson vergleicht diese rasche Vergeßlichkeit des Menschen für die Greuel des Krieges und des Terrors mit dem schnellen Vergessen der Geburtsschmerzen bei der Frau. Ist aber dieses eine notwendige Einstellung der Natur, so bedeutet das erstere Vergessen zwar eine Erleichterung des Lebens, aber andererseits würde viel Elend in der Welt vermieden werden können, wenn der Mensch nicht so rasch vergessen würde.

Es ist sicher übertrieben zu behaupten, ein Mensch halte alles aus, wenn er nur will; aber richtig ist, daß die Widerstandsfähigkeit bei ihm eine außerordentliche ist. Dieses Ertragen von Schmerzen jeglicher Art, ob seelischer oder körperlicher Natur, besteht aus verschiedenen psychischen und organischen Reaktionen. Eine der wichtigsten ist die Flucht in die frühe Kindheit, in der durch Weinen, Strampeln und

Schreien die Schmerzen abzuwehren versucht wird. Auf seelisches Leid reagiert das Kind ebenfalls mit Weinen und Trotz, oft auch mit Schlagen und Schreien. Nicht anders der Erwachsene in seiner Fluchtreaktion. Wie überall ist die Flucht das schwächste Mittel, wenn auch oft die einzige Möglichkeit. Auch im Seelenleben ist sie die Folge einer Niederlage. Solange der Wille und das Über-Ich stark genug sind, Widerstand zu leisten, erfolgt nur eine Teilregression, und auch diese wird möglichst vom Ich verhindert. Erst wenn beide seelische Instanzen, Ich-Wille und Über-Ich-Gewissen, versagen, gleitet das von Willen und Gewissen verlassene Ich in mehr oder weniger tiefe Schichten frühkindlicher Seelenzustände. Der Autor hat das an sich selbst beobachten können, als er in der ersten halben Stunde einer Folter durchaus tapferen Widerstand zu leisten versucht hat, aber dann unter dem Einfluß der Klagen anderer Opfer den immer unerträglicher werdenden Schmerzen nachgeben mußte und nun ein ihm aus seiner Kindheit sehr vertrautes Verhalten an den Tag legte. Diese Selbstbeobachtung wurde auch von anderen immer wieder bestätigt.

Eine zweite Reaktion ist die Anpassung. Sie ist bei körperlichen Schmerzen nur schwer zu erreichen, gelingt aber auch hier, während die Anpassung an seelische Leiden viel leichter vonstatten geht. Die hauptsächlichste Form ist die Identifizierung mit demjenigen, der die Leiden verursacht. Anna Freud[3] spricht von einer Abwehrbewegung des Ichs beim Kind, wenn sich dieses etwa mit einem gefürchteten Wesen identifiziert, also etwa Hund spielt, um die Angst vor diesem Tier zu überwinden. Indem es in seiner Phantasie selbst zu diesem Tier wird, fällt die Angst fort. Dasselbe können wir auch beim Erwachsenen beobachten, der durch Identifizierung sich der Angst und Demütigung entzieht, was wir ja bereits in einem vorhergehenden Kapitel dargestellt haben.

Aber auch die völlige Überwindung und Beherrschung der seelischen Leiden ist möglich, wenn das Über-Ich stark genug dafür ist, jede Regression zu verhindern. Seltene Beispiele solcher wahren Seelengröße im Dulden bezeichnen wir als Heldentum. Otto Rank[4] hat bereits

---
[3] Freud, A. (1936/1964): Das Ich und die Abwehrmechanismen, München (Kindler)
[4] Rank, O. (1909): Der Mythos von der Geburt des Helden. Leipzig, Wien 1922 (Deuticke).
 Rank, O. (1924): Das Trauma der Geburt und seine Bedeutung für die Psychoanalyse. [Neuausgabe Gießen 1998 (Psychosozial-Verlag)], S. 102–112.

die Auffassung vertreten, daß ein Held derjenige ist, der den Vater tatsächlich überwindet und so zu unserer größten Bewunderung das ausführt, woran der Durchschnitt, aber auch das bloße Talent scheitert. Die kühne Tat jedes Erneuerers ist Überwindung des Althergebrachten, der Tradition und des Gesetzes, Erscheinungen, die in unserem Seelenleben das Vater-Imago verkörpern. Diese, allerdings eine genaue psychoanalytische Kenntnis voraussetzende Erklärung, wird ergänzt durch die Beobachtung des heldenhaften Verhaltens beim Leiden. In der deutschen Sprache verwenden wir das Wort Heldentum sowohl für aktives als auch für leidendes Verhalten. Es liegt wirklich beiden ein gleicher Mechanismus zugrunde: Der Verzicht auf Regression und Identifizierung. Der Held regrediert nicht, sondern bleibt der vom Über-Ich geleitete triebbeherrschende Mensch, im Tun wie im Leiden, im Schmerz wie in der Freude. Seine Regressionen beschränken sich auf die für sie bestimmten Sphären des Spiels, des Vergnügens und der Liebe. Aber im Beruf, Kampf und Leiden bleibt er immer von seinem Verstand und Wissen geleitet: der überlegene Held.

Von welchen Umständen hängt es nun ab, ob man zum Feigling, zum Anpasser oder zum Helden wird? Es ist unmöglich und auch gar nicht zweckmäßig, all diese seelische Vielfalt zu rubrizieren. Mir scheint es nur wesentlich, zwei wichtige Komponenten des Verhaltens gegenüber Leiden und Schmerzen herauszuarbeiten. Es sind die unbewußten Schuldgefühle und der Masochismus. Sie spielen eine außerordentliche Rolle im Verhalten eines Terroristen.

Da – wie schon wiederholt gesagt – unser kulturvolles Leben ein ständiges Ringen mit den atavistischen Trieben in uns ist und auch die Befriedigung und die bloßen Wünsche unseres Liebestriebes vielfach als schuldhaft angesehen werden, verfügt jeder Mensch über sehr viele ihm unbewußte Schuldgefühle. Diese erzeugen eine Selbstbestrafungstendenz, die schon vielen zum Verhängnis geworden ist, manche zum Verbrechen treibt, manche vom notwendigen Handeln zurückhält. In gefährlichen Augenblicken erleben wir immer wieder, wie aus scheinbar unerklärlichen Gründen der eine nur vom Mißgeschick verfolgt wird und untergeht, während dem andern ständig das Glück lächelt. Bei näherer Untersuchung stellt sich dann heraus, daß das Mißgeschick meistens auf kleine, unbewußt hervorgerufene Handlungen zurückzuführen ist, die das Unglück herbeiführen und Folgen der

Selbstbestrafungswünsche sind, unbewußt gefühlte Verfehlungen zu sühnen.

Wir sehen hier ab von den Einwirkungen rein organischer Komponenten, obgleich die Wechselwirkung zwischen Psychischem und Organischem sehr zu studieren wäre. Wie etwa bei dem einen Kälte, bei dem anderen Nässe, beim Dritten wieder Hitze seine Widerstandskraft lähmt, welche Wirkungen körperliche Krankheit auf das seelische Verhalten und andererseits Affekte auf die körperliche Widerstandskraft ausüben. Diese Dinge können nicht wichtig genug genommen werden.

Eine ähnliche Rolle spielen die unbewußten masochistischen Triebregungen, die dem Individuum immerfort schwere Mißhandlungen einbringen, ohne daß es sich im Klaren ist, welche Rolle sein unbewußtes Triebleben hier mitspielt. Sehr bald finden sich auch in Terror-Anstalten wie auch in anderen Gemeinschaften – etwa Schule oder Garnison – Sadisten auf der einen, Masochisten auf der anderen Seite, die sich aufeinander einspielen und es dadurch den normal veranlagten Individuen ermöglichen, Leiden zu vermeiden, die wie durch Zufall immer auf dieselben treffen. Das ist eben keineswegs ein Zufall, sondern Folge von unbewußten seelischen Wechselwirkungen.

Ich möchte dieses Kapitel nicht schließen, ohne am Ende meiner Arbeit auf die große Frage zu antworten: Wie kann man so schwere Leiden ertragen? Es bedarf hierzu mehrerer Voraussetzungen. Vor allem eine gute körperliche Konstitution, da der kranke Leib die seelische Widerstandskraft lähmt und manchmal unmöglich macht, und an und für sich der Kranke ja regelmäßig regrediert und dadurch seelisch bedeutend weniger widerstandsfähig ist als der Gesunde. Die zweite Voraussetzung ist eine ganz bestimmte seelische Verfassung. Über diese habe ich oft genug in den vorhergehenden Kapiteln gesprochen und brauche mich daher nicht zu wiederholen.

Zusammenfassend möchte ich aber sagen, daß die Überwindung von schweren Leiden davon abhängt, daß das Über-Ich stark genug ist, die Regression möglichst zu verhindern, und dort, wo sie nicht aufzuhalten ist, einzuschränken und rasch wieder zu überwinden. Damit kommen wir aber zu einem sehr wichtigen Ergebnis. Diese Stärke des Über-Ichs ist ja auch die Voraussetzung jeder kulturellen Haltung und ist die Forderung jeglicher Erziehung. Es ist die Ethik des Stoa so gut wie die des Christentums oder des kategorischen Imperativs von Kant. Wenn im alten Sparta die Kinder angehalten wurden, große Schmerzen ohne Klagen zu erdulden, so lag darin trotz aller Barbarei doch ein vernünftiger Sinn, denn die Fähigkeit, Leiden zu überwinden, ist ein Maßstab menschlicher Charakter- und Lebensstärke. Freilich dürfen wir nicht vergessen, daß die Regression eine notwendige Erholung bedeutet; *die Fähigkeit, zur rechten Zeit in die Kindheit zu fliehen und zur rechten Zeit die Herrschaft des Über-Ichs zu behalten, erscheint mir die wesentliche Voraussetzung, schwere Leiden und Strapazen siegreich zu überwinden.*

Treffen von 26 ehemaligen Buchenwald-Häftlingen anläßlichdes 5. Jahrestages der Befreiung Buchenwalds, April 1950 in New York (Ernst Federn: obere Reihe, 2. von links)

Einige klinische Bemerkungen zur Psychopathologie des Völkermordes*

Ernst Federn

Übersicht: Aufgrund der autobiographischen Aufzeichnungen des Auschwitz-Kommandanten *Rudolph Höß* wird versucht, ein Bild von dessen Persönlichkeitsstruktur zu gewinnen. Der Autor kennzeichnet ihn als autoritären Charakter: Unfähig zu affektiven Bindungen an Menschen, zog er unbewußte Befriedigung aus den Greuelszenen des Konzentrationslagers, die seinen unbewältigten, sadistischen Triebregungen entgegenkamen. *Höß* war, wie andere seinesgleichen, kein psychopathisches Ungeheuer, sondern ein Mensch mit einer Charakterstörung, deren Genese sich aus seiner Biographie entschlüsseln läßt. Ich hoffe, daß man derartigen Analysen Hinweise entnehmen kann, wie man Kinder erzieht, die nicht zu potentiellen Massenmördern werden.

Die Gefangennahme von *Adolf Eichmann* und sein Prozeß lenkten erneut die Aufmerksamkeit auf die Autobiographie von *Rudolf Höß*: „Kommandant von Auschwitz". Eine psychologische und psychiatrische Beurteilung dieser beiden Männer könnte weitere Argumente zu unserer Überzeugung beitragen, daß Psychopathologie, kriminelle Veranlagung und die damit zusammenhängenden Ichstörungen für Leben und Glück der Menschen genau so gefährlich sind wie Bakterien, Viren und bösartige Geschwülste für den Körper und Neurosen und Psychosen für den Geist.

Wohl hat die Wissenschaft, besonders die Psychiatrie, sich schon mehrfach mit der Psychopathologie des Krieges und des politischen Terrors befaßt. Psychiater, die am Nürnberger Prozeß und an anderen Prozessen nach dem Zweiten Weltkrieg teilnahmen, lieferten neue Erkenntnisse. Völkermord kommt nicht mehr bloß in Geschichts-

---

* Der Autor war 7 Jahre als Gefangener in den Konzentrationslagern von Buchenwald und Dachau, während welcher Zeit er Höß persönlich begegnete.
Erstveröffentlichung unter dem Titel "Some Clinical Remarks on the Psychopathology of Genocide", in: The Psychiatric Quarterly, 34/2 (Juli 1960).

büchern vor, er ist eine neue, schreckliche Wirklichkeit. Es sei unter anderen auf die Arbeiten von *Leo Alexander, Elie Cohen* und *Jost Meerloo* hingewiesen. Diese Autoren betrachten allerdings hauptsächlich kulturelle und gruppenspezifische Eigenheiten jener Völker, die mehr als andere bereit scheinen, ganze Bevölkerungen mit Frauen und Kindern auszurotten. Welchen Standpunkt man auch einnimmt, unbestreitbar ist die Tatsache, daß eine demokratische Tradition menschliche Grausamkeit und Zerstörungslust weitgehend zu zügeln vermag. Nur ein totalitäres Regime erlaubt es, Sadismus für politische Zwecke und in der Kriegführung auszunutzen. Dennoch muß auch die Rolle des Einzelnen psychologisch durchdacht werden.

Mit *Cohen* glauben einige Autoren, daß ein kriminelles Über-Ich für die politischen Massenverbrechen verantwortlich gemacht werden müsse; *Gilbert* stellt in seiner „Psychologie der Diktatur" die Behauptung auf, das nationalsozialistische Regime in Deutschland habe eine neue Spezies von „schizoiden mörderischen Robotern" wie *Rudolf Höß* und *Adolf Eichmann* hervorgebracht. Die hier vorgelegte Arbeit versucht zu zeigen, daß mindestens bei einem der beiden kein kriminelles Über-Ich und auch kein roboterartiger Charakter nachgewiesen werden kann. Auch sollte man nicht vergessen, daß die schlimmsten Verbrecher der Hitlerzeit Produkte der Anfänge unseres Jahrhunderts waren.

Die Autobiographie von *Rudolf Höß* ist so erstaunlich, weil seine frühkindliche Persönlichkeitsentwicklung in keiner Weise anders verlief als die manches Durchschnittsmenschen aus dem Mittelstand, den man ebensogut in einem Vorort von New York wie in irgendeiner europäischen Stadt antreffen könnte. Der Verfasser ist sich bewußt, daß er bei seinem Versuch, objektiv die Psyche eines Mannes zu betrachten, der für den Tod von mindestens 4 Millionen Menschen verantwortlich ist, auf beträchtlichen Widerstand stoßen wird. Er glaubt aber, daß er diesen Versuch dennoch unternehmen sollte, um dem Leser einige der bedrohlichsten Probleme der seelischen Hygiene und der Psychiatrie in neuen Zusammenhängen vor Augen zu führen. Der Leser sollte hier also keine moralische, sondern eine wissenschaftliche Beurteilung erwarten.

In seiner Autobiographie erscheint *Höß* als ein Mensch mit Begabungen, die man bei jedem Menschen positiv werten würde. Er besaß großes Talent für die Verwaltung, Pflichtgefühl, eine zwar durch seinen politischen Glauben verzerrte, doch recht hohe „Moral" und eine gute Intelligenz. Seine stoische Haltung vor dem Tod durch den Strang unterscheidet sich sehr von der Art, wie die meisten Nazi-Führer sich dieser letzten Sühne für Verbrechen, die freilich durch keine Wiedergutmachung gesühnt werden können, entzogen. Indem *Höß* auf Befehl der Sieger seine Autobiographie niederschrieb, hat er vielleicht doch etwas getan, was späteren Generationen zugute kommen könnte: er zeigt sich darin als ein Mensch, der fähig war, Schuld zu fühlen und folglich das Bedürfnis nach Strafe zu empfinden. Das bestärkt den Verfasser in seiner Überzeugung, daß Höß keine soziopathische Persönlichkeit war.

Bereitwillig schrieb er seine Lebensgeschichte auf, um sich die Zeit bis zu seiner Hinrichtung zu verkürzen. Vorher hatte er als Zeuge am Nürnberger Prozeß teilgenommen, wo seine affektfreien, intelligenten und sachlichen Aussagen über die Verwaltung der Konzentrationslager und insbesondere von Auschwitz auf die Richter wie auf die angeklagten Naziführer großen Eindruck machten. Anschließend wurde er von englischen und amerikanischen Offizieren verhört, was er als „äußerst unangenehm" empfand, da alle diese Offiziere Juden waren. Er schreibt, sie hätten „absolut alles" wissen wollen. Der deutsche Text (die englische Übersetzung ist ungenau) zeigt deutlich, daß Höß es übelnahm, „analysiert" zu werden, und daß er sich dagegen sträubte.

Der vorliegende Beitrag stützt sich sowohl auf den englischen wie auf den deutschen Text (letzterer ist vom Deutschen Institut für Zeitgeschichte, München, herausgegeben worden und enthält eine Reihe wertvoller wissenschaftlicher Anmerkungen sowie eine ausgezeichnete Einleitung von Dr. Martin Broszat). Er stützt sich aber auch auf eigene Erfahrungen des Verfassers aus sieben Jahren Dachau und Buchenwald und auf Material, das ihm durch seine fortgesetzten Studien über Terror genau bekannt ist. Trotzdem ist diese Arbeit aus verschiedenen Gründen als klinische Studie ungenügend. Es ist aber unwahrscheinlich, daß jemals die nötigen Mittel für eine umfassende psychopathologische Erhebung, welche u.a. auch eine intensive Befragung von Frau Höß umfassen müßte, aufgebracht werden könnten. Kosten und technische Schwierigkeiten einer solchen Studie würden deren Nutzen bei weitem überwiegen.

Höß' Autobiographie ist in Gedanken an die Nachwelt und, wie es scheint, in der Hoffnung geschrieben worden, seine Familie möge nicht schlecht von ihm denken. Dieser sentimentale Zug und das Bedürfnis, sich in einem guten Licht zu zeigen, drücken sich im letzten Abschnitt aus: „Mag die Öffentlichkeit ruhig weiter in mir die blutdürstige Bestie, den grausamen Sadisten, den Millionenmörder sehen – denn anders kann sich die breite Masse den Kommandanten von Auschwitz gar nicht vorstellen. Sie würde doch nie verstehen, daß der auch ein Herz hatte, daß er nicht schlecht war."

Eine solche Deutung würde auch eine der auffälligsten Auslassungen dieses sonst recht genauen und zuverlässigen Buches erklären. Sicheren Quellen zufolge soll Höß eine Liebesgeschichte mit einer Jüdin gehabt haben. Es ist sehr wohl möglich, daß er das nicht erwähnt, um seiner Frau jeden weiteren Kummer zu ersparen. Wie manche andere „Ungeheuer" der Geschichte ist er gespalten in eine freundliche Privatperson und ein offizielles Monstrum. Hier sind einige Worte über das Geschlechtsleben von Höß angezeigt. Seine Einstellung zur Sexualität ist die eines Jünglings. Eine Krankenschwester, die ihn während des Ersten Weltkrieges in einem Lazarett pflegte, führte ihn in die Geheimnisse des Liebeslebens ein. Er schreibt: „Diese Zuneigung wurde für mich ein wundersames, unerhörtes Erlebnis in allen Graden bis zur geschlechtlichen Vereinigung, zu der sie mich brachte. Ich selbst hätte nicht den Mut dazu aufgebracht. – Dieses erste Liebeserlebnis in seiner ganzen Zartheit und Lieblichkeit wurde für mein ganzes ferneres Leben zur Richtschnur. Nie konnte ich über diese Dinge trivial sprechen, Geschlechtsverkehr ohne innigste Zuneigung wurde für mich undenkbar. So wurde ich auch vor Liebeleien und Bordellen bewahrt". Auch das ist wahrscheinlich für seine Frau gesagt.

Da über die Rolle, die Frau Höß im Leben ihres Mannes spielte, nur Mutmaßungen möglich sind, möchte der Verfasser sich auf drei Bemerkungen zu seinem Sexualleben beschränken.

1. Es sind keine Anzeichen für abnorme homosexuelle Neigungen vorhanden; die Einstellung von Höß entspricht der seiner Gruppe, Partei und Erziehung: Homosexualität gilt als biologisch bedingte Anomalie.

2. Aufgrund des später angeführten Materials kann man mit Sicherheit annehmen, daß Höß zu keiner echten Beziehung zu einem ande-

ren Menschen fähig war, wenn diese sich nicht auf strikten masochistischen Gehorsam aufbauen ließ.

3. Dazu kommt noch ein weiterer Zug. Höß hielt es für seine Pflicht, möglichst vielen Vergasungen persönlich beizuwohnen, damit er sicher war, daß seine Befehle ordnungsgemäß ausgeführt wurden. In einem Stil, der dem des Marquis de Sade ähnelt, wenn dieser über die Tugend der Grausamkeit philosophiert, klagt Höß darüber, daß er grauenhafteste Szenen habe mit ansehen müssen. Vermutlich hat diese seine Gewissenhaftigkeit den Todeslisten wohl zahllose Opfer hinzugefügt, zugleich aber auch einigen wenigen zusätzliche Leiden und Demütigungen erspart. Wenn Höß von sich behauptet, daß er persönlich nie Gefangene beschimpft oder ausgepeitscht habe, so ist das richtig, trifft aber auch für manche andere Naziführer zu. Man kann jedoch einfach nicht glauben, daß Höß es für nötig hielt, bei allen diesen Greueln, besonders den herzzerreißenden Szenen der Tötung von Müttern und Kindern, persönlich anwesend zu sein, es sei denn, um seine sadistischen Triebe zu befriedigen.

Das Studium der Psychopathologie der Gewalt ist dem Psychiater oder anderen Wissenschaftlern insofern erschwert, als sie nur selten in die Lage kommen, Opfern der rohen Gewalt direkt zu begegnen. Nur einzelne wissenschaftlich arbeitende Ärzte waren aufgrund ihrer Stellung gezwungen, den Todeskampf gefolterter Gefangener zu beobachten. Gewaltverbrechen an Frauen und Kindern werden selten vor den Augen eines unabhängigen Beobachters begangen. Wer über dieses Thema schrieb, mußte sich meist auf Berichte von Augenzeugen verlassen oder auf Schilderungen von Gewalttaten, wie sie sich in der Literatur, auf der Bühne und in der Malerei im Überfluß finden. In Wirklichkeit sind solche Szenen so schrecklich, daß niemand sich ihnen freiwillig aussetzen wird, außer er selber unterliege der Perversion der Algolagnie oder jener Form von Sadismus, die ihre Befriedigung darin findet, andere leiden zu sehen. Wahrscheinlich manifestiert sich gerade hier die Psychopathologie von Höß am deutlichsten.

Wenn diese Analyse auch zum großen Teil Spekulation bleiben muß, gibt ihr der Bericht von Höß über seine Kindheit und Jugend immerhin eine solide Basis. Er war der einzige Sohn einer Familie aus dem deutschen Mittelstand, geboren 1900 (er selber gibt das Datum nicht an). 1915 war er noch zu jung, um Soldat werden zu können, ein Jahr später aber gelang ihm das durch Verheimlichung seines wahren Alters. Seine beiden Schwestern waren mehrere Jahre jünger als er; er konnte nichts mit ihnen anfangen, sie seien ihm immer fremd geblieben. Die Familie wird als korrekt, liebevoll, mit gegenseitigem Verständnis der Familienmitglieder geschildert; Zärtlichkeit wurde jedoch nie offen gezeigt. Der Vater war Handelsreisender in einigermaßen guten finanziellen Verhältnissen; sein Hauptinteresse war die katholische Religion. Priester waren häufige Gäste des Hauses, und Höß selber war zum geistlichen Beruf bestimmt. „Durch das Gelübde meines Vaters, wonach ich Geistlicher werden sollte, stand mein Lebensberuf fest vorgezeichnet. Ich wurde von meinem Vater nach strengen militärischen Grundsätzen erzogen", schreibt Höß über seine Kinderjahre. Wenn wir uns einen Augenblick die Atmosphäre in dieser Familie zur Zeit Wilhelms II. vorstellen, brauchen wir uns nicht zu wundern, daß der Junge sich zu einem Sado-Masochisten entwickelte. Die Frau spielte in dieser Familie sicher eine untergeordnete Rolle, vielleicht eine nicht weniger destruktive als die des Vaters. Höß erinnert sich an keine intime Freundschaft, weder mit Jungen noch mit Mädchen, an keine Kinderliebe und an keine irgendwie bedeutungsvolle Beziehung zu Altersgenossen. Offenbar war er ein Raufbold, denn einmal warf er einen Kameraden die Treppe im Schulhaus hinunter, so daß sich dieser das Fußgelenk brach. Diesen Vorfall verheimlichte er dem Vater, beichtete ihn aber dem Priester. Der Vater kam jedoch dahinter und strafte ihn, „weil er dies nicht gleich gemeldet hatte." Höß war überzeugt, der Pfarrer habe das Beichtgeheimnis gebrochen; er wandte sich daraufhin vom katholischen Glauben ab.

Dem Leser wird die Ähnlichkeit mit der Jugendgeschichte eines anderen Mannes, der Millionen von Menschen in den Tod schickte, nicht entgehen. Diese wird noch auffallender durch die Bemerkung von Höß, er habe nie geduldet, daß ihm Unrecht geschehe. „Darin war ich unerbittlich und bei meinen Klassenkameraden gefürchtet." Während in dieser ganzen Jugendgeschichte kein einziger Mensch als Liebesobjekt Bedeutung hat, liebte Höß doch ein Lebewesen, ein Pony. Höß hatte seine ersten Kinderjahre auf dem Lande verlebt. Mit sieben Jahren kam er in eine vorstädtische Umgebung. Der Junge, der immer Tiere geliebt und seine Zeit in den Ställen zugebracht hatte, war in der Stadt unglücklich. Die Eltern schenkten ihm das Pony als Spielgefährten, und er liebte es so sehr, daß er es sogar fertig brachte, das Pony mit in sein Schlafzimmer zu nehmen. Später, als erwachsener Mann und verantwortlich für eine Todesfabrik, habe er vor den unaussprechlichen Greueln nicht bei seiner Familie oder seinen SS-Kameraden Zuflucht gesucht, sondern sei, so berichtet er, durch die Ställe gewandert und habe bei seinen geliebten Tieren Trost gesucht.

Der Verfasser war natürlich besonders beeindruckt von der Ähnlichkeit zwischen dieser Beschreibung seiner Kindheit mit den Fallberichten weißer jugendlicher Krimineller. Die Hautfarbe spielt hier insofern eine Rolle, als von den jugendlichen Negern, die straffällig werden, die meisten unter so vielen sozialen Entbehrungen gelitten und solche Vorgeschichten von Verpflanzungen aus einer ländlichen in eine städtische Umgebung hinter sich hatten, daß es unmöglich ist, die Gründe der affektiven Frustration zu isolieren. Bei straffälligen Jugendlichen aus dem weißen Mittelstand dagegen ist der Mangel an affektiven Beziehungen innerhalb der Familie viel leichter festzustellen, und man findet ihn auch regelmäßig. Im Rahmen dieses Artikels kann aber unmöglich auf die Frage eingegangen werden, welche Art von affektiver Entbehrung eine pathologische Ich-Entwicklung auslösen wird. Ähnlich wie ein amerikanischer Junge, der gegen den Willen seiner Eltern zu den *Marines* geht, versuchte Höß im Ersten Weltkrieg, Soldat zu werden und zum deutschen Heer zu kommen, das damals an allen Fronten kämpfte. Schließlich gelang es ihm, und trotz aller Bitten seiner Mutter verließ er endgültig sein Elternhaus. Während er mit seiner Truppe an der irakischen Front stand, schloß er sich an einen Hauptmann an, zu dem er zum erstenmal eine wirkliche Beziehung fand. Er schreibt, diese Beziehung sei tiefer gewesen als die zu seinem Vater. Jener Hauptmann war ein „Soldatenvater", und Höß sagt, er habe ungewöhnliches Vertrauen zu ihm gefaßt. Als dieser Mann fiel, war Höß „tief ergriffen". Später entwickelte er ebenso intensive Gefühle für Himmler und Eichmann und selbstverständlich auch für den Führer, Hitler.

Bis zu jener Zeit, also bis zum Alter von 19 Jahren, zeigte Höß keine Anzeichen irgendeiner bekannten Krankheit des Gefühlslebens. Es ist faktisch die ganz gewöhnliche Geschichte nicht nur eines deutschen, sondern irgendeines jungen Mannes seiner Zeit und seiner Klasse.

Auch nach dem Krieg schwamm Höß im Strom des entwurzelten deutschen Offizierkorps mit und schloß sich, wie die meisten von ihnen, politisch der extremen Rechten an. Er wurde Mitglied einer Terroristengruppe und als solches in einen politischen Mord verwickelt. Offensichtlich versucht Höß, den Bericht in seinem „Dossier" zu verharmlosen; man kann sich nur schwer ein objektives Urteil darüber bilden. Politische Verbrechen werden in Europa anders beurteilt als in den Vereinigten Staaten, und politische Gefangene werden besser behandelt und haben mehr Privilegien als andere.

Höß wurde zu zehn Jahren Gefängnis verurteilt. Erst jetzt zeigte sich das erste Symptom eines krankhaften Geisteszustandes: Er hatte einen schweren Zusammenbruch, eine Art Depression, die vom behandelnden Arzt als Haftpsychose diagnostiziert und mittels Ruhe und Vergünstigungen in der Krankenabteilung des Gefängnisses kuriert wurde. Höß erholte sich, um nie wieder einen ähnlichen Zusammenbruch zu erleiden.

Diese Episode in seinem Leben ist auch in anderer Hinsicht interessant. Höß zeigte ein Maß an Verständnis für die Psychologie des Strafvollzugs, wie man es bei Menschen seiner Art nicht erwartet. Er baute das später in seinen scharfsinnigen Berichten über die psychologischen Probleme von Wachmannschaften und Insassen von Konzentrationslagern noch weiter aus. So schreibt Höß: „Die ungewisse Haftdauer – oft abhängig von der Willkür völlig subalterner Beamter – war nach meiner Erfahrung und Beobachtung der Faktor, der die schlimmste, die stärkste Wirkung auf die Psyche der Häftlinge ausübte."

Dazu eine Beobachtung des Verfassers: „Wir finden ..., daß das Prinzip, den Gefangenen in einem dauernden Zustand von Unsicherheit zu lassen, eine fürchterliche Waffe des Terrors ist, ein wahrer Fluch: ,In Ungewißheit sollst Du leben'." Bei einem Mann wie Höß, der sich rühmte, die Tötung von zwei Millionen Menschen in der wirksamsten Weise organisiert zu haben, ist ein solches Verständnis der Strafpsychologie immerhin erstaunlich.

Bevor Höß den Auftrag annahm, die europäischen Juden auszurotten, gab es in seinem Leben drei entscheidende Ereignisse: Das erste war seine Heirat und Niederlassung als Landwirtschaftsingenieur, das zweite sein Beitritt zur SS-Totenkopf-Standarte, das dritte der Entschluß, bei dieser Formation zu bleiben, statt sich, wie er zeitweise plante, an die Front versetzen zu lassen. Jeder dieser Schritte soll nun genauer geprüft werden.

Nach der vorzeitigen Entlassung aus dem Gefängnis nach sechs Jahren Haft fand Höß nicht sofort ins bürgerliche Leben zurück. Im November 1922 war er der Nationalsozialistischen Partei beigetreten. Er war damals Mitglied der aus der Jugendbewegung hervorgegangenen Gruppe „Die Artamanen", einer Blut-und-Boden-Organisation, in der auch Heinrich Himmler zeitweilig eine Rolle spielte. Dort lernte Höß seine Frau kennen. Er heiratete und wandte sich dem Beruf zu, von dem er immer geträumt hatte, der Landwirtschaft. In dieser Entwicklung ist nichts Ungewöhnliches zu sehen.

Wie Himmler auf Höß aufmerksam wurde, hat der Verfasser nicht ausmachen können; hier könnten nur mühsame und vom Glück begünstigte Nachforschungen Klarheit erbringen. Auf jeden Fall war es Himmler, der Höß veranlaßte, sich der SS-Standarte „Totenkopf" anzuschließen, und man kann annehmen, daß er in ihm den Mann gefunden hatte, den er brauchte. Wer die SS beobachtet und studiert hat, kann nicht leugnen, daß sie mit teuflischem Geschick aufgebaut war. Ihr Ziel war Terror und Tod, es war ein dem *Thanatos* geweihter Orden. Höß zögerte nach seiner Aussage viele Monate in seiner Entscheidung, ob er der Aufforderung Folge leisten sollte oder nicht. Seine Frau war dagegen, und materielle Gründe sprachen nicht dafür. Auch die Politik war kein Grund, denn Höß hätte der Partei in anderen Funktionen ebensogut dienen können.

In seiner Autobiographie, der er bezeichnenderweise den Titel gab: „*Meine Psyche. Werden, Leben und Erleben*", blickt Höß mit tiefem Bedauern auf diesen Entschluß zurück. Er glaubte, daß dort sein Leben die Wendung zu dem schmachvollen Ende genommen habe, das ihm bevorstand. Warum hatte er es getan? Höß fand keine Antwort, und wir dürfen wohl mit Recht annehmen, daß diese Handlung unbewußten Motiven entsprang.

Der Verfasser selber hat viele SS-Männer gefragt, warum sie dieser Organisation beigetreten seien. Manche taten es aus purem Opportunismus, andere unter Druck, um polizeilicher Verfolgung zu entgehen, mächtige Feinde zu beschwichtigen, aus Angst vor sexueller Erpressung oder Schlimmerem. Diejenigen, welche aus politischem Fanatismus dabei waren, sprachen sich selbstverständlich nicht jüdischen Gefangenen gegenüber aus. Höß sagt in seinem Buch nirgends, er sei der SS aus politischer Überzeugung beigetreten, und seine Beurteilung dieser

Organisation, ihrer Offiziere und Mannschaften bleibt die ganze Erzählung hindurch objektiv und recht kritisch. Da der Verfasser nicht nur Höß selber, sondern auch einer Anzahl von Mitgliedern der Wachmannschaften begegnet ist, die jener in seiner Autobiographie beschreibt, kann er bezeugen, daß solche Einstellungen wirklich bestanden.

Es zeigte sich, daß Höß ein fähiger Organisator war, und er machte in der Verwaltung der Konzentrationslager rasch Karriere. 1941 wurde Auschwitz „nach dem Willen des Reichsführers SS die größte Menschen-Vernichtungsanlage aller Zeiten", und Höß wurde zu ihrem Kommandanten bestimmt. Wenn er selber auch glaubt, der Beitritt zur SS-Standarte „Totenkopf" habe die entscheidende Wendung seines Schicksals herbeigeführt, so scheint es dem objektiven Beurteiler doch, als hätte Höß sogar zu jenem Zeitpunkt noch sein Leben retten können und wäre dann nach dem Krieg, mit ein bißchen Glück, einer der vielen entnazifizierten deutschen Bürger geworden, da er ja bis Auschwitz in keine Greuel verstrickt war und für sein korrektes Verhalten als SS-Offizier leicht Zeugen gefunden hätte.

Höß beschreibt ausführlich, warum er dem Befehl zur Übernahme von Auschwitz und zur Durchführung der Vergasungen gehorcht habe. Er behauptet, daß er als Nationalsozialist und SS-Mann keinerlei Recht gehabt habe, gegen irgendeinen Befehl zu protestieren. Er hatte nur blind zu gehorchen. Er war „von Jugend auf zu unbedingtem Gehorsam, zu peinlichster Ordnung und Sauberkeit erzogen". Faktisch ist das eine Entstellung. Einige SS-Offiziere verweigerten den Gehorsam, als sie merkten, daß Hitlers Politik Irrsinn war. Sie riskierten lieber, von der SS erschossen oder an der Front getötet zu werden, als länger etwas zu tun, was gegen ihre innere Überzeugung ging. Nicht alle SS-Männer waren Psychopathen oder Soziopathen. Gerade die letzteren haben ja Mühe, sich irgendeiner Disziplin zu unterstellen, und es war sicher etwas anderes, der SS anzugehören, als Mitglied einer undisziplinierten Straßenbande zu sein. Der Dienst in der SS war hart und die Löhnung, mindestens für die Mehrzahl ihrer Mitglieder, recht bescheiden. Die SS hatte ihre eigene, vielleicht kriminelle Moral; für die Dauer von Hitlers Herrschaft aber wurde diese Moral dem ganzen Lande aufgezwungen.

Höß hätte also wohl die Übernahme der Kommandantur von Auschwitz ablehnen oder den Vernichtungsbefehl sabotieren können. Das eine kam ihm so wenig in den Sinn wie das andere. Zwar sehnte er sich angeblich nach dem Tag, der ihn von dieser schrecklichen Pflicht befreien würde. Aber kaum war er auf einen leichteren Verwaltungsposten versetzt, kritisierte er schon seinen Nachfolger, der seine Sache offenbar nicht so gut machte wie er und so vielleicht einige tausend Menschenleben rettete.

Die erschreckende Wahrheit, die aus dieser Autobiographie spricht, ist gerade die, daß Höß kein psychopathisches Ungeheuer und kein schizoider Vernichtungsroboter war, sondern ein realer Mensch, behaftet mit einer Störung der Persönlichkeit, wie sie in jedem zivilisierten Land nicht selten ist: ein zwanghafter Charakter ohne Fähigkeit zu echten zwischenmenschlichen Beziehungen; ein schizoider Charakter mit einem schizophrenen Kern; ein Mensch mit einer Charakterstörung – genau wie die Menschen, die unsere Familienberatungsstellen und psychiatrischen Kliniken aufsuchen.

Diese Diagnose gründet sich auf folgenden Überlegungen:

1. Höß hat nie irgendein wirklich echtes Gefühl für Menschen entwickelt. Sein Liebesleben und seine Gefühle, die er für echt hielt, waren affektentleerte Klischees. In Zeiten tiefer innerer Verzweiflung und Einsamkeit wandte er sich Tieren zu.

2. Höß hatte den zwanghaften Triebwunsch, Schreckensszenen, besonders der Ermordung von Frauen und Kindern, beizuwohnen, denen andere SS-Offiziere aus dem Weg gingen. Man weiß allgemein, daß fast alle Sadisten irgendwie den Weg zu Berufen oder Institutionen finden, wo sie ihre Perversion befriedigen können, ohne mit dem Gesetz in Konflikt zu geraten. Solch eine erfolgreiche Sozialisation – im Unterschied zur Sublimierung – von sadistischen Trieben setzt eine gewisse Höhe der Ich-Organisation voraus. Wie schon früher erwähnt, glaubt der Verfasser, daß Höß unbewußt das Grauen von Auschwitz genoß. Daß viele unserer Zeitgenossen mit Genuß Horror-Filme betrachten, ist unbestritten, es ist dies aber keineswegs eine Besonderheit unserer Zeit. In Geschichtswerken wird zur Genüge von öffentlichen Folterungen, Vierteilung und ähnlichem berichtet, und es waren durchaus nicht nur Psychopathen, die daran Vergnügen fanden. Höß ergriff auf seine Art die Gelegenheit zu solcher Triebbefriedigung.

3. Den Mord an Millionen Menschen konnte man sich damals ebensowenig wie heute wirklich bildlich vorstellen. Mord wurde zum

entsetzlichen Alltag, aber einmal auf diesem Weg, konnte Höß nicht zurück, ohne sein eigenes Leben zu gefährden. Doch er war kein Feigling, man wird den Grund für sein Ausharren anderswo suchen müssen.

Der Verfasser schlägt vor, hier den Aussagen des „Patienten" zu glauben, um den Schlüssel zu seinem Problem zu finden. Im Falle von Höß war Gehorsam das Rückgrat seiner psychischen Existenz. Dem Vater den Gehorsam verweigern, bedeutete Kastration und Vernichtung. Der heftige Haß gegen den harten preußischen Zuchtmeister, verstärkt durch religiösen Fanatismus und durch keinen mütterlichen Einspruch gemildert, verwandelte sich ins Gegenteil, in unerschütterlichen blinden Gehorsam. Die Auflehnung fand einen Ausweg im Kampf gegen die schwache Weimarer Demokratie (ein Mutter-Symbol) und in der Wahl anderer, streng autoritärer Vaterfiguren wie Himmler und Hitler. Doch darf man auf keinen Fall annehmen, eine solche Entwicklung sei nur in Deutschland möglich. Die Geschichte von Höß hätte sich überall in Europa abspielen können, auch in Amerika, von geringen politischen Unterschieden abgesehen. Im Falle von Höß wurden nur die Folgen dieses pathologischen Gehorsams durch den Irrsinn der Politik Hitlers schrecklich verstärkt.

Die Frage, wann die Tugend des Gehorsams zum Verbrechen wird, hat immer die Gedanken der Menschen beschäftigt. Für das Militär hatte die österreichische Monarchie folgende Antwort gefunden: Wenn ein Soldat einem Befehl nicht nachkam, wurde er im Falle des Versagens vor ein Kriegsgericht gestellt, im Falle des Erfolges aber wurden ihm die höchsten Auszeichnungen verliehen. Höß und alle die anderen Naziverbrecher machten geltend, daß sie nur Befehle ausgeführt hätten. Für den Verfasser besteht ihr Verbrechen gerade darin, daß sie nicht im richtigen Moment den Gehorsam verweigerten. Dieser Gesichtspunkt verdiente, juristisch wie kriminalpsychologisch genauer untersucht zu werden.

Zum Fall Höß nur noch so viel: Er hat mehr als nur historische oder psychologische Bedeutung. Störungen, wie wir sie bei Höß fanden, sind in unserer freien Gesellschaft genau so gut möglich wie in einer autoritären. Manche Autoren glauben, völliger Mangel an zärtlicher Zuwendung könne beim Kind eine Schizophrenie bedingen. Die klinische Erfahrung dagegen lehrt, daß nicht jedes Kind, das elterliche

Liebe entbehrt, schizophren wird. Dennoch kann man annehmen, daß der Mangel an elterlicher Fürsorge eine Reihe von Ich-Störungen bedingt, die sich vielleicht lange nicht bemerkbar machen, bis politische, soziale oder persönliche Umstände ihre fürchterlichen Folgen auslösen.

Noch eine Bemerkung zum Schluß: Warum Deutschland zuerst die wissenschaftliche Erkenntnis in den Dienst des Völkermordes gestellt hat, ist ein Problem für den Historiker. Wie man aber Kinder so erzieht, daß sie nicht zu potentiellen Massenmördern werden, ist ein Problem, das die „seelische Hygiene" angeht. Es könnte entscheidend sein für unser aller Überleben, daß wir diese beiden Probleme nicht verwechseln.

Mechanismen des Terrors*

Ernst Federn

Unter Terror ist in diesem Vortrag eine Form der Machtausübung gemeint, die auf den Einsatz des Schreckens in der Bevölkerung aufgebaut ist. Es gibt noch andere Formen des Terrors wie z.b. Bombenlegen und Attentate auf Persönlichkeiten. Auf das Thema des Terrors bin ich im Jahre 1940 im KZ Buchenwald gekommen, als ich mit meinen jüdischen Block strafexerzieren mußte.[1]

Historisch gesehen gab es in der Geschichte der Menschheit immer Terrorakte. Im Altertum war es natürlich, den Feind auszurotten und zu vernichten. Die Religionen des Mittelalters benützten das Einjagen von Angst und Schrecken gegen jeden Andersgläubigen mit großer Grausamkeit. Als Abwehr kriminellen Verhaltens war dies bis vor einigen Jahrhunderten das einzig bekannte Mittel, und der Glaube an die Hölle spielte im Leben des Mittelalters eine große Rolle.

Der Terror, den ich heute besprechen will, ist eine Erscheinung unseres Jahrhunderts. Genocid, die Ermordung von Völkern oder ihre Versklavung, war immer schon bekannt und wurde von Spaniern, Engländern, Franzosen und Holländern im Beginn der Neuzeit in den Kolonien allgemein angewendet. Das eigene Land unter Terror zu setzen ist, wenn man von der kurzen Periode der französischen Revolution 1792–1794 absieht, erst eine Erscheinung nach dem 1. Weltkrieg. Sie hängt unmittelbar mit ihm zusammen.

Dieser Terror wird ausgeführt von einer dazu aufgebauten Organisation, die den Zweck hat, den Gegner zu vernichten. Sie begann mit Mussolini 1919 und wurde von Hitler vervollkommnet. Eine ähnliche Entwicklung konnte man in Rußland beobachten, wo man dieselben

---

* Leicht gekürzte Fassung eines Vortrags, gehalten auf dem von den „Internationalen Ärzten gegen den Atomkrieg" (IPPNW) veranstalteten Kongreß „Medizin und Gewissen – 50 Jahre nach den Nürnberger Ärzteprozessen" vom 25. bis 27. 10. 1996 in Nürnberg, der der Aufarbeitung der Verbrechen von Ärzten während der Nazi-Zeit gewidmet war. Zum Abschluß des Kongresses verlas Ernst Federn gemeinsam mit der Medizinstudentin Kerstin Langhans die „Nürnberger Erklärung", die die gesellschaftliche Verantwortung der Medizin betont (s. Frankfurter Rundschau, 28. 10. 1996, S. 1 und S. 3., sowie H.-E. Richter (1996).

[1] Siehe Ernst Federns Beitrag „Versuch einer Psychologie des Terrors" in diesem Buch.

Mittel wie die der Faschisten und Nazis benützte, allerdings mit anderen Zielen.

Was sind nun diese Mittel? Erstens *die Vernichtung des Gegners*. Der Gestapobeamte, der mich befragt hat, sagte zu mir: „Wenn Sie nicht die Wahrheit sagen, werden wir Sie zertrampeln." In anderen Worten, der Gegner wird zum Insekt gemacht, das man zertritt. Um das durchzuführen, braucht man eine große Propagandamaschine, die den einen über den anderen erhöht. In Deutschland war das die Idee des deutschen Ariers, der zu einem höheren Wesen als die anderen Menschen gemacht wurde. An ihm soll „Die Welt genesen". „Heute gehört uns Deutschland und morgen die ganze Welt." Die Vorstellung, besser als alle anderen Menschen zu sein, hatten auch die Engländer und wahrscheinlich auch die Spanier und Franzosen; die Idee, die Welt zu erobern, wurde hundert und mehr Jahre vor Hitler geboren. Die Deutschen kamen damit sehr spät in die Welt, und deshalb wirkt diese Idee mehr wie eine Psychose als das in früheren Zeiten der Fall war (s. Federn, 1985a).

Die Menschheit entwickelt sich, und die Idee, besser zu sein als andere, war in einer gewissen Periode der Entwicklung durchaus annehmbar. Die Auffassung, daß der deutsche Mensch die überlegene Rasse darstellt, bildete eine der Voraussetzungen für den Terror. Neben dem Ermorden des anderen ist ein zweites Mittel *die Errichtung von KZs*. Das sind Lager, in denen der Eingesperrte, also der andere, zur Arbeit gezwungen wird und wo auf sein Leben mehr oder weniger keinerlei Rücksicht genommen wird. Das letztere macht die KZs zu Instrumenten des Terrors, weil sie den potentiellen, immer möglichen Tod bedeuten.

Das dritte Element ist, daß die Forderung: „Du darfst und sollst nicht töten, das darf nur der Staat", umgewandelt wird in: „Du darfst töten" und in einem weiteren Schritt zum totalen Staat: „Du sollst den anderen töten." Dieses Versklaven und Töten des Andersdenkenden wird im Terrorregime einer dazu ausgebildeten Bürokratie übergeben. Dasselbe gilt für den Sowjetstaat, nur war dort das Ziel die Versklavung und nur im politischen Bereich die Vernichtung. Im Dritten Reich war die Vernichtung im Namen des Wohlergehens des deutschen Volkes nicht nur erlaubt, sondern geboten. Das wurde im Alltag ständig dem Volke vorgeführt. Ausrottung unwerten Lebens und Vernichtung der Juden wurde propagandistisch ständig gepredigt und vorgezeigt, durch 12 Jahre.

Die vierte Waffe in der Ausübung des Terrorregimes war die *Einführung des Spitzelwesens*. Wieso wird man zum Spitzel? Der Hauptgrund ist die Angst. Wir dürfen annehmen, daß mindestens die Hälfte der Bevölkerung unter den verschiedensten Ängsten litt. Es gibt nur wenige Menschen, die frei von jeglichen Taten sind, deren sie sich schämen und die sie unentdeckt halten wollen, berechtigt und unberechtigt.

Indem man sich unterwirft und dem Mächtigen Opfer bringt, glaubt man sich selber in Sicherheit zu bringen. Nun ist es bekannt und durch Erfahrung erworbenes Wissen, daß ein Mensch, an der richtigen Stelle eingesetzt, hundert Menschen kontrollieren kann. Das wären in Deutschland siebenhunderttausend gewesen, die als solche Kontrolleure nötig waren, wozu noch kam, daß alle Lehrer dazu aufgerufen waren, Gegner des Regimes anzuzeigen, wenn die Kinder etwas erzählt hatten. Wenn selbst nur ein kleiner Teil der Lehrer solche Spitzeldienste leistete, wer konnte wissen, welche es gewesen waren? Dasselbe gilt für alle Hausbesorger, Kellner, Friseure ... Lesen Sie die „Tagebücher 1942–1945" von Victor Klemperer (1995), und Sie werden bestätigt finden, was ich Ihnen hier sage.

Wir haben also vier klar definierte Mechanismen, um ein Volk total zu beherrschen. Historisch gesehen ist es unmöglich, von unten eine Regierung zu stürzen, die über diese Mittel verfügt. Nun waren aber alle diese Methoden nur auf einer großen Lüge aufgebaut, nämlich die Überlegenheit des deutschen Volkes über alle anderen. Diese Lüge mußte früher oder später zusammenbrechen. Auch das russische System war auf einer Lüge aufgebaut, der Errichtung eines sozialistischen Staates. Der Zerfall dieser Lüge kam von oben, nach 70 Jahren. Der Zerfall der deutschen Lüge brauchte nur sechs Jahre, allerdings des schrecklichsten Krieges.

Erlauben Sie mir zum Schluß noch einen psychologischen Gedanken: Freud hat uns gelehrt und damit nur dem Philosophen Hobbes recht gegeben, daß der Mensch eine bösartige und grausame Spezies ist. Sie wissen, daß diese Auffassung im Widerspuch zu Rousseau steht, der ja der Meinung war, der Mensch sei ursprünglich ein ruhiges und friedliches Wesen gewesen. Nun mag es am Beginn der Menschwerdung eine ruhige, nicht fleischfressende Menschenart gegeben haben, aber sobald eine bösartige Rasse sich entwickelt, mußte sie die Herrschaft übernehmen, die anderen ausrotten. In kurzer Sicht siegt immer die Gewalt über den Geist, wie in der Ermordung des Archimedes. Dadurch, daß der Nationalsozialismus die Gewalt zur höchsten Stufe menschlicher Entwicklung erhoben hat, und durch die Idee einer allen anderen überlegenen Rasse, wurde diese Idee zur Psychose, denn sie ist ein Bruch mit der Realität. In dieser gibt es keine höheren Rassen, die andere beherrschen dürfen, nur die Gleichheit aller Menschen. Intelligenz und Güte sind ebenfalls Qualitäten des Menschen, aber ihre Wirkung ist immer langsamer als die der Gewalt.

Was können wir aus dem Gesagten lernen? Jede Methode der Gewaltanwendung muß so schnell wie möglich beseitigt werden. Die moderne Technik und die atomarische Waffe macht es möglich, unsere gegenwärtige Zivilisation auszurotten. Das kann von einer Minderheit von 10% erreicht werden, wenn diese zur Macht kommt. Nun wissen wir, daß ungefähr soviele Menschen ständig sadistische gewaltverherrlichende Filme anschaut und kauft. Das ist eine potentielle Gefahrenquelle, und die restlichen 90 % müssen daher immer wachsam sein, daß diese 10 % nicht die Macht übernehmen. Dazu dient auch unsere heutige Nürnberger Tagung, und ich bin froh, an ihr teilnehmen zu dürfen.

Teil 2

Ernst Federns Erinnerungen an Mithäftlinge

Erinnerung an Fritz Grünbaums 60. Geburtstag im Konzentrationslager

Ernst Federn

Vorbemerkung des Herausgebers:
Als es Ernst Federn nach der Befreiung Buchenwalds nach Brüssel verschlagen hatte, versuchte er, zu der Witwe des bekannten österreichischen Kabarettisten Fritz Grünbaum, Lilly Grünbaum, Kontakt aufzunehmen. Fritz Grünbaum war gemeinsam mit Ernst Federn in Dachau und Buchenwald inhaftiert und wurde 1941 in Dachau tot aufgefunden.
 Ernst Federn schrieb zur Kontaktaufnahme an Mathilde Lukacs, die Schwägerin Fritz Grünbaums, die zu dieser Zeit ebenfalls in Brüssel lebte. Der Brief ist jedoch an Lilly Grünbaum, geb. Herzl, gerichtet. Lilly und Mathilde Grünbaum waren Nichten von Theodor Herzl. Ernst Federn versuchte also über Mathilde Lukacs den Kontakt zu Lilly Grünbaum herzustellen. Diese hatte in Wien auf ihren Mann gewartet, war jedoch im Oktober 1942 von Wien ins Generalgouvernement deportiert worden und wird ermordet worden sein, da von ihr mehr nicht bekannt ist.
 Mathilde Lukacs stellte den Brief dem „Aufbau" zur Verfügung. Die Zeitung der New Yorker deutschsprachigen Emigranten veröffentlichte ihn am 17. August 1945.
 Weitere Angaben zu Fritz Grünbaum:[1] Geb. am 7.4.1880 in Brünn, war ein sehr bekannter und beliebter österreichischer Kabarettist. 1899–1903 Jurastudium in Wien. Schreibt erste Libretti (z.b. „Die Dollarprinzessin"); ab 1910 Auftritte in den Kabaretts Chat Noir, Die Hölle und Simpl. Ab 1920 Revue- und Kabarettautor, bekannte Schlager (z.B. „Ich hab' das Fräulein Helen' baden sehn"), gemeinsame Auftritte mit Karl Farkas („Doppelconference"). Im Mai 1938 in Wien verhaftet und nach Dachau deportiert; September 1938 bis Oktober 1940 im Konzentrationslager Buchenwald, organisiert gemeinsam mit Paul Morgan und Hermann Leopoldi Kabarettvorstellungen im KZ; 1940 nach Dachau zurückgebracht. Er starb 60jährig an der TBC, die er sich in Buchenwald zugezogen hatte.

Ernst Federn schrieb im August 1945 über Fritz Grünbaum: „... welch ein großer Künstler Ihr Fritz war, liebe Frau Lilly, das wissen nur mehr Wenige. Denn nur Wenige haben das KZ überlebt, die ihn noch im Lager auftreten gesehen haben.
 Das ist große Kunst, die in einer überfüllten Stube, als Bühne einen Tisch, ohne alle Utensilien, von schrecklichen Strapazen ermüdete Menschen in ein Meer von Heiterkeit zu tauchen versteht. Eine Heiterkeit ohne Konzessionen an die Instinkte, immer auf dem Boden feiner

---

[1] Nach: Zentralsparkasse und Kommerzialbank Wien, Hochschule für angewandte Kunst in Wien (Hg.): Die Vertreibung des Geistigen aus Österreich. Zur Kulturpolitik des Nationalsozialismus. Ausstellungskatalog, Wien 1985, S. 259.

Fritz Grünbaum gratuliert dem „Lieben Augustin" zur 1000. Vorstellung, 1935 (aus dem Besitz von Stella Kadmon).

Geistigkeit stehend, eine Philosophie, die einen vor Lachen hat beinahe bersten lassen und doch voller Tiefe war.

Es ist mir noch gut in Erinnerung, daß ich in Dachau meinte, ich werde nie mehr in meinem Leben lachen können. Aber Fritz Grünbaum hat es mich wieder gelehrt, als er, das erste Mal in einem deutschen KZ, eine Kabarettvorstellung inszenierte. Er wußte genau, welche ungeheure Hilfe er mit seiner Kunst seinen Leidensgefährten brachte, und nie hat er nein gesagt, wenn man ihn um seine Mitwirkung bat, es konnte ihm noch so beschwerlich fallen. Müde oft und deprimiert stieg er auf das improvisierte Podium; aber kaum sprach er die ersten Worte, machte er die ersten Gesten, da sprang sein Fluidum auf die Zuhörer über, und er hob sie hoch, diese Unglücklichen aller Klassen und Konfessionen, aller Berufe und Bildungsgrade, zu seiner hohen und reinen Kunst. Ja, Fritz Grünbaum brauchte nie hinabsteigen zu seinen Zuhörern, um zu werben, denn er wußte immer sie sich nahezubringen.

Aber sich selbst übertroffen als Mensch und formvollendeter Sprecher hat sich Fritz Grünbaum zur Feier seines 60. Geburtstages. Glückliche Umstände hatten es uns erlaubt, ihn feiern zu können mit allem, was zu einem richtigen Geburtstagsfest gehört. Manchmal gab es solche Zeiten des Friedens im Lager. Hinter Blumen hob sich ein kleiner Berg von guten Sachen, mit für seine Gefäßkrämpfe viel zu viel Zigaretten und einer großen Schüssel Quark, den Fritz über alles gern mochte. Beda-Löhner hielt eine warmempfundene und natürlich formvollendete Geburtstagsrede, unser damaliger Blockältester, der Fritz ehrlich zugetan war, gratulierte ihm mit wenigen einfachen aber herzlichen Worten im Namen seiner Mithäftlinge, und am Ende antwortete Fritz in einer unvergleichlichen Rede. Er sprach von der geringen Aussicht, die für ihn bestehe, lebend das Lager zu verlassen. Aber er werde mit dem Bewußtsein zu seiner Zeit abtreten, seine Pflicht getan zu haben. Als er geendet hatte, da fühlte jeder, der nur eine Spur von Seele im Leibe hatte: *"Voilà un homme, un grand homme!"*

Gemeinsam mit Robert Danneberg im KZ*

Ernst Federn

Wahrscheinlich am 12. Dezember 1942 starb Robert Danneberg im Lager Auschwitz-Birkenau. Ob er in den Gaskammern vergiftet worden war oder im Spital durch eine Injektion ermordet wurde, ist nicht mehr feststellbar und wohl auch unwichtig. Er war im Oktober 1942 mit tausend anderen jüdischen Häftlingen, unter ihnen viele österreichische Sozialisten, von Buchenwald abtransportiert worden, wo nur zweihundert, die sich als Maurerlehrlinge gemeldet hatten, zurückgeblieben waren.

Er war 57 Jahre alt, als er starb, und hatte viereinhalb Jahre Konzentrationslager hinter sich. Seiner zu gedenken, scheint mir um so berechtigter, da seine historische Bedeutung für die Sozialistische Partei Österreichs immer hinter der von Karl Renner und Otto Bauer hatte zurückstehen müssen. Die mit der Geschichte des Austromarxismus Vertrauten wissen aber, daß Robert Danneberg der eigentliche Architekt des österreichischen Sozialismus zwischen den beiden Weltkriegen war.

Es war seine Idee gewesen, Wien als eigenes Bundesland von Niederösterreich abzutrennen, und er hat das auch durchzusetzen gewußt. Die Rolle des Roten Wien wurde dadurch erst möglich gemacht. Robert Helmer sagte von ihm in seiner Gedenkrede vom 7. Dezember 1952: „Er war der Schöpfer der neuen Wiener Gemeindeverfassung, er führte die Neuordnung der Verwaltung des Wiener Magistrats durch, er schuf die Institution der amtsführenden Stadträte und begründete schließlich, dies war seine größte soziale Ruhmestat, die Wiener Wohnbausteuer."

---

* Robert Danneberg, ein Freund Ernst Federns, gehörte zu den führenden sozialistischen Politikern Österreichs Anfang bis Mitte diesen Jahrhunderts. Er war gemeinsam mit Ernst Federn im Konzentrationslager eingesperrt und verstarb in Auschwitz. 1973 – also unmittelbar nach seiner Rückkehr aus den USA nach Österreich (s. Kaufhold 1993) –, veröffentlichte Ernst Federn diesen Erinnerungsaufsatz an seinen Freund Robert Danneberg in der österreichischen Zeitschrift „Zukunft"; am 28.6.1985 wurde er von der sozialistischen „Arbeiterzeitung" nachgedruckt.

Eine kurze Zusammenfassung von Dannebergs Wirken sei mir hier gestattet: Geboren am 23. Juli 1985 als Sohn eines wohlhabenden Kaufmannes, wurde er Jurist. Mit 22 Jahren wandte er sich ganz der politischen Arbeit zu, wurde Sekretär der Jugendinternationale und gehörte zum linken Flügel der II. Internationale, die gegen die Unterstützung der Kriegspolitik im Ersten Weltkrieg kämpfte. Sein Name gehört also geschichtlich zu denen von Karl Liebknecht und Fritz Adler, was in Hinblick auf seine spätere Rolle als „Unterhändler der Partei" von Wichtigkeit ist. Nach der österreichischen Revolution wird Danneberg Mitglied des Parteivorstandes, 1922 Parteisekretär und Präsident des Wiener Landtages. Er ist einer der Wenigen, der zugleich Abgeordneter zum Wiener Landtag und zum Parlament ist. 1932 übernimmt er das Amt des Stadtrates für Finanzen als Nachfolger Hugo Breitners.

Nach den Februarkämpfen 1934, die er zu verhindert versuchte, wird er acht Monate in Untersuchungshaft gehalten, bleibt dann als Mittelsmann zwischen Otto Bauer und den illegalen Revolutionären Sozialisten politisch tätig. Seine letzte Tätigkeit war es, am 7. März 1938 bei der ersten öffentlichen Versammlung der Illegalen sozialistischen Bewegung Karl Hans Sailer als Leiter einer neuen sozialistischen Partei vorzuschlagen.

In Dachau und Buchenwald

Vier Tage später marschierten die Nazitruppen ein. Danneberg wurde beim Grenzübergang in die Tschechoslowakei Opfer eines unglücklichen Zufalls – die genauen Ereignisse wurden verschieden dargestellt – und fiel in die Hände der Gestapo. Anfang Mai kam er mit dem ersten Transport politischer Häftlinge nach Dachau.

Ich folgte ihm dorthin am 24. Mai. Erst in Dachau und dann sehr eng in Buchenwald, wohin wir am 24. September überstellt worden waren, lernte ich Robert Danneberg persönlich kennen. Wir waren demselben Block und in diesem demselben Tisch zugeteilt worden. Von diesem Tage an bis zu seinem Abtransport nach Auschwitz war ich mit ihm ständig beisammen gewesen.

Nun muß mir der Leser für einen Augenblick erlauben, über mich selber zu schreiben, obwohl ich nicht der Gegenstand dieses Artikels bin. Um aber zu verstehen, warum ich mit vielen meiner Mitgefangenen, und darunter auch Robert Danneberg, sehr vertraut werden konnte, muß berichtet werden, daß ich vom September 1939, also vom Kriegsbeginn, bis in die ersten Monate des Jahres 1943 Nachtwächter war. Dieser Posten war wegen der Verdunkelung des Lagers von der SS angeordnet worden, und es war mir gelungen, diesen natürlich sehr begehrten Arbeitsplatz zu bekommen und zu halten. Ich begann meinen Dienst gewöhnlich um 11 Uhr nachts, nachdem der Blockälteste schlafen gegangen war, und wachte dann bis zum Wecken um 4.30 Uhr. Um Mitternacht herum kamen einige der Häftlinge aus dem Schlafsaal, um zur Toilette zu gehen, und auf dem Rückweg blieben sie dann gerne bei mir stehen. Man traute sich nicht niederzusetzen, um im Falle einer Kontrolle durch die SS sofort als wie auf dem Wege zum Schlafsaal erscheinen zu können. Wir standen daher um den Ofen herum, auf dem wir Kartoffeln zu braten pflegten, die, mit Senf genossen, für uns eine Delikatesse waren. So wurde auch Robert Danneberg beinahe täglich mein Gesprächspartner.

Ohne diese Abweichung in ein Detail des Buchenwalder Alltags würde mein Bericht über eine enge Freundschaft mit Robert Danneberg kaum glaublich erscheinen. Ich hätte den Jahren nach sein Kind sein können. Im Lager standen viele seiner engsten Parteifreunde ihm dem Alter nach viel näher. Die kurzen Zeiten am Tisch hätten auch nicht ausgereicht, die Beziehung zu mir so enge zu gestalten. Aber in diesen nächtlichen Gesprächen wurden Freundschaften geschlossen, die mir unauslöschlich in Erinnerung blieben.

Zu Robert Danneberg empfand ich sehr bald die Gefühle eines Sohnes, was ja weiter keiner Erklärung bedarf. Auch er selber sprach zu mir mit demselben Gefühl, wenn er manchmal ausrief: „Ernstl, Ernstl, dir ist immer alles klar. Nichts ist klar." Hier lag wohl der Unterschied in unseren Temperamenten, aber es fällt mir oft ein, wenn ich nun selber im Alter von Danneberg dasselbe manchmal einem jüngeren Kollegen oder Freund sagen möchte.

Freilich wußte Danneberg von mir durch Therese Schlesinger, mit der er seit Jugend befreundet war. Ich wiederum war der jüngste in einem Kreis von Genossen, die für Therese Schlesinger die größte Bewunderung hegten. Zu ihnen zählten Otto Bauer und Fritz Adler sowie Käthe Leichter, Julius Brauntal, Marianne und Oscar Pollak und andere mehr. Ich hatte also die beste Empfehlung zu Danneberg, und er fühlte sich ganz unbenommen, wenn er mit mir sprach. Es war selbstverständlich, daß in den langen Gesprächen der Nacht die Politik der österreichischen Sozialdemokratie immer wieder durchdiskutiert wurde.

Danneberg war überzeugt gewesen, daß das Schicksal Österreichs von der Außenpolitik bestimmt worden war. Ich hatte eine viel zu große Verehrung für ihn, als daß ich ihm widersprochen hätte. Nichts lag mir ferner, als über etwas zu streiten, was vorüber war, und mich darum zu bringen, von Danneberg etwas lernen zu können. Für den Sieg des Nationalismus hielt er sich nicht verantwortlich und war es auch nicht. Eine Kritik der deutschen Sozialdemokraten war ja damals unter der österreichischen „Linken" kein Diskussionsgegenstand mehr.

Der Verhandler

Über seine eigene politische Rolle dachte er sehr nüchtern. Ich kann nicht umhin, einen Satz von ihm zu zitieren, der mir in diesen 30 Jahren unauslöschlich im Gedächtnis geblieben ist. Es steht jedem frei, dieses anzuzweifeln. Danneberg sagte: „Weißt du, Ernstl, es war halt so, daß Otto Bauer die revolutionären Reden gehalten hat, und ich habe verhandeln müssen." Er meinte dann auch, daß es vielleicht besser gewesen wäre, wenn Otto Bauer dieses „Janusgesicht" der Partei, das ja längst Gegenstand langer historischer Abhandlungen geworden ist, vermieden hätte. Er wußte freilich auch, warum Otto Bauer diese Politik machte.

Danneberg war im Grund kein Kompromißler gewesen, er war eher der sachlich ungemein geschickte Ausführende der ihm aufgetragenen politischen Aufgabe. Selbständige Ideen hatte er nur für die sozialistische Stadtverwaltung entwickelt. Seine Leistung auf diesem Gebiet war für ihn bis zum Ende eine Genugtuung.

Danneberg war sicher ein Meister sozialistischer Verwaltungspolitik gewesen. Mit einer immer stärker werdenden Bedeutung dieser Aufgabe sozialistischer Politik gewinnt eine Erinnerung an Robert Danneberg vielleicht mehr als bloß sentimentale Bedeutung. Die Frage, wie sozialistische Reformen sich von sozialistischem Reformismus unterscheidet, ist eines der entscheidenden Probleme unserer Zeit. Ein

Gedenkartikel kann nicht dazu dienen, solche Probleme zu behandeln, doch soll es erlaubt sein, die Rolle Robert Dannebergs in eine historische Perspektive zu stellen, die zwar seinen Tod in Auschwitz zur tragischen Episode in der Geschichte des Sozialismus macht, doch seinen Platz in dieser Geschichte auch für die Zukunft sicherstellt.

Danneberg beherrschte beide Budgets, das des Bundes, gegen welches er die Opposition führte, und das des Wiener Landes, welches er vertreten mußte, was auch die Bewunderung seiner Gegner erweckte. Seine unerschütterliche Ruhe und Sachlichkeit waren nicht weniger erstaunlich. Er brachte immer alles fertig, was von ihm verlangt worden war. Die vielen Ämter, die er ausfüllte! Noch heute weiß ich nicht, wie er es machte. Einmal sagte er mir, als ich ihn deswegen befragte: „Ich habe nie eine Funktion angestrebt, nur was man mir auftrug, habe ich ausgeführt, so gut ich konnte."

Ich mußte mich daran erinnern, als ich von einem ähnlichen Ausspruch Bundeskanzler Kreiskys las. Im wahren Sinne des Wortes war Robert Danneberg das Idealbild des sozialistischen Vertrauensmannes auf der höchsten Stufe der „Parteiorganisation".

Victor Adler als Vorbild

Robert Danneberg besaß alle Eigenschaften, die man gewöhnlich Akademikern zuschreibt, aber er wirkte nie professoral, war nie arrogant und war wie alle, die Victor Adler als ihr Vorbild hatten, davon überzeugt, daß, wenn man schon gegen jemanden grob sein muß, dann nur gegen einen Höher- oder Gleichgestellten. Politisch, wie schon erwähnt, rechnete er sich selber der Linken zu.

Danneberg war, was seine theoretische Überzeugung betrifft, ein Austromarxist, der die Meinung vertrat, daß die kapitalistische Gesellschaftsordnung niemals aus eigenem durch langsame Entwicklung in eine sozialistische umgeformt werden könnte. Er war auch nie ein Opportunist im Sinne mancher sozialdemokratischer Führer der II. Internationale, die bürgerliche Minister geworden sind. Diese Spezies des Sozialismus gab es ja in Österreich nie.

An Dannebergs sozialistischer Gesinnung war nicht zu rütteln, und er war einer derjenigen, die sie auch lebten, selbst im Konzentrationslager.

Sozialistische Moral
Für Danneberg war, wie für uns alle, der Faschismus nur eine historische Episode. Aber es war, wenn man einmal im Lager eingesperrt war, eine Episode, die viele nicht glaubten überleben zu können. Das Gefühl, für die zu sterben, die einmal nach uns kommen werden, war ein Trost, aber auch nicht mehr. Ganz primitiv versuchten die meisten, in irgendeiner Form zu überleben. Danneberg war da keine Ausnahme, aber in der Form, in der er zu überleben suchte, zeigte sich die Stärke seiner sozialistischen Moral, von der ich früher sprach. Man konnte nur an sich denken, oder man konnte sich auch im Lager als Teil der sozialistischen Bewegung fühlen und sich auch so benehmen. So zu handeln, zu leben und auch zu sterben war für Danneberg Teil seines ganzen Wesens.

Danneberg hatte zuerst in Dachau eine harte Zeit. Glücklicherweise war der Bruderkampf zwischen Kommunisten und Sozialisten, der die Arbeiterbewegung der Zwischenkriegszeit zerfleischt und dem Faschismus zum Sieg verholfen hatte, in Dachau nur noch in leichten Formen zu bemerken. Während Ernst Heilmann, der sozialdemokratische Präsident des Preußischen Landtages, noch den vollen Haß seiner kommunistischen Mitgefangenen hatte auskosten müssen, wurde Danneberg von vornherein als politischer Kämpfer gegen den Faschismus, der er ja war, aufgenommen, und die Häftlingsorganisation tat, was sie konnte, um ihm zu helfen. Zweimal mußten wir ihn aus bösen Kommandos herausholen, einmal brachte ich ihn ins Spital und half ihm, die geeignete Behandlung zu bekommen, denn er konnte nicht mehr weiter.

Das Lager Buchenwald erlebte er mit allen seinen Schrecken, aber arbeitsmäßig kam er schließlich in ein leichtes Kommando von Holzträgern, und dann wurde er für drei Jahre Strumpfstopfer. Er wurde auch dort bald zum Verantwortlichen für einen Tisch und dann für alle jüdischen Strumpfstopfer gemacht.

Im Block war er Tischältester und verwaltete die Ausgabe der Brot-, Wurst-, Käse- und der Siruprationen mit der Genauigkeit, mit der er einst über den Wiener Landtag präsidierte.

Ich lernte von ihm damals Prinzipien guter Administration, die mir später sehr zu Nutzen kamen. Wurst und Brot kamen zugeschnitten auf den Tisch, und da gab es natürlich immer ein Eckstück. Aus Gründen der Physik sind diese Eckstücke oft um ein bißchen größer als ein Mittelstück. Nun hätte das vermieden werden können, wenn die Portionen gewogen worden wären, aber das hätte wiederum zur Folge gehabt, daß manche Häftlinge um ihre Vorteile gekommen wären, und es war in der Tat nur unter den politischen Blockältesten, daß die Portionen gewogen wurden. Solange aber Ungleichheit bei den Portionen herrschte, war es immer zu Streitigkeiten zwischen den Häftlingen gekommen. Danneberg löste dieses Problem, indem er genau Buch führte. Er erklärte mir das so: „Behalte immer eine Aufzeichnung von allem, was einmal bestritten werden könnte."

Bruno Bettelheim und das Überleben im Konzentrationslager (1994)*

Ernst Federn

Es gibt eine große Anzahl von Büchern, die von Opfern der Konzentrationslager geschrieben wurden. Bruno Bettelheim gehört zu ihren Autoren. Er ist dadurch ausgezeichnet, daß er der erste war, der psychoanalytische Aussagen über das Verhalten im Konzentrationslager gemacht hat. Er kam zu dem allgemeinen Schluß, daß Identifikation mit dem Angreifer einer der wichtigsten Abwehrmechanismen und damit die Voraussetzung des Überlebens war. Dieser von Sandor Ferenczi gefundene und von Anna Freud populär gemachte Ausweg aus einer gefährlichen Situation wurde zuerst für das Verhalten von Kindern beschrieben. Sie spielen das gefürchtete Objekt; indem sie selber zum Hund oder Löwen werden, vermeiden sie die Angst vor der Gefahr. Da Bettelheim und ich dieses Verhalten im Lager beobachten konnten, hat Bettelheim darüber in einem Aufsatz „Individual and Massbehavior in Extreme Situations" geschrieben und diesen im *Journal of Abnormal and Social Psychology*, 38, 1943, publiziert. Er wurde dafür berühmt und galt als der Experte in Fragen des Überlebens extremer Situationen. Später begründete und leitete er die Orthogenic School für Kinder an der Universität von Chicago und wurde dadurch zu einem der Pioniere der Milieutherapie. Bettelheim behauptete, daß seine Lagererfahrungen mitgeholfen haben, diese ungeheuer schwierige Arbeit mit geistesgestörten Kindern zu einem erfolgreichen Ende zu bringen. Den Ruhm für diese Arbeit kann ihm niemand streitig machen. Die völlige Anpassung des Milieus an das Leben eines Kindes, das mit den normalen sozialen Mühen nicht fertig wird, ist heute ein anerkanntes Prinzip. Indem man so lebt, wie das geistig kranke Kind es verlangt, das Milieu dem Zustand seines Lebens anpaßt, kann man dieses langsam ändern und schließlich eine Angleichung an die Normalität erlangen. Für verwahrloste Jugendliche hat Fritz Redl es

---

* Diese Studie ist zuvor erschienen in Kaufhold, R. (Hg., 1994): Annäherung an Bettelheim.

bereits im *Pioneer-House* in Detroit am Ende der vierziger Jahre versucht. Im Grunde gehen alle diese Arbeiten auf August Aichhorn in Wien zurück. Er hat gezeigt, daß der latente Grund der Delinquenz vom manifesten Verhalten genau unterschieden werden muß. Milieutherapie paßt sich dem latenten Inhalt an, um die manifesten Erscheinungen zu verändern. Sie beruht auf der Entdeckung des Unbewußten durch Freud, geht aber dann ganz andere Wege als die Psychoanalyse der Neurosen. Die latenten Phänomene werden gedeutet, indem sie im Milieu wiederholt werden, in der Tat und Wirklichkeit, nicht in Worten.

So schrecklich das innere Leben des geisteskranken Kindes und seine Ängste auch sein mögen, es kann mit dem, was die Insassen der Konzentrationslager erlebt haben, nicht gleichgesetzt werden. Subjektiv gesehen kann dieses Leben als Hölle beschrieben werden, und es mag ein schrecklicheres Leben führen als irgend jemand im Lager, aber objektiv gesehen sind die beiden Bedingungen nicht vergleichbar. Was dem Konzentrationslagerhäftling angetan und womit er bedroht wurde, ist etwas völlig anderes als was einem geisteskranken Kind geschieht, es mag subjektiv das letztere auch ärger sein.

Als Bettelheim ins Lager kam, war das ein furchtbarer Schock, später wurde es für ihn besser, und er war nur etwa zehn Monate in Haft. Nun war der Haftzustand für Juden im Lager deshalb so schlimm, weil sie immer am Leben bedroht waren. Ein toter Jude war immer mehr wert als ein lebendiger. Selbst privilegierte Gefangene wie ich, der ich als Nachtwächter und Maurer gearbeitet habe, waren immer bedroht, ihre Privilegien zu verlieren und umgebracht zu werden. Aber von dieser immer präsenten Gefahr abgesehen war das Leben eines privilegierten Häftlings in Buchenwald von dem eines Gefangenen in Auschwitz sehr verschieden. Privilegiert heißt, geschützt vor Schlägen und Gewalt, wie Nachtwache und Maurerkommando. Meiner Meinung nach, die auch von anderen Autoren geteilt wird, die gar nicht im Lager waren, und von Opfern anderer Katastrophen mitgeteilt werden, besitzt der Mensch einen Überlebenstrieb, der sich einschaltet, wenn das Leben selbst bedroht wird. Der Körper allein entwickelt Abwehrkräfte, alles Seelische verschwindet. Psychoanalytisch gesprochen regrediert das Ich zu einem Zustand des Säuglings, der mit Hilfe des Körpers eines Erwachsenen ums Überleben kämpft und manchmal auch diesen Kampf gewinnt. Ob das Ich diese Traumatisierung durchhält, ist sicherlich individuell sehr verschieden. Wir sehen hier eine Beziehung zwischen dem Ich des geisteskranken Kindes und den Opfern des Konzentrationslagers, nur war Bettelheim niemals in einem solchen seelischen Extremzustand. Er stellte erst später diese Verbindung her.

Bruno Bettelheim war insofern ein schwieriger Mensch, als er sich im sozialen Leben üblichen Formen nicht leicht anschließen konnte. Ich hatte mit ihm, mit Ausnahme des Augenblicks, in dem wir uns trafen, niemals einen Konflikt. Obwohl ich dieses Treffen schon einmal beschrieben habe, will ich es hier noch einmal darstellen. Wir kamen von Dachau nach Buchenwald Ende September an sehr schönen sonnigen Herbsttagen. Da man noch nicht wußte, was mit uns anzufangen war, wurden wir zum Ziegelschupfen für einen Bau eingeteilt. Man wirft etwa einen Meter voneinander stehend, einander die Ziegel zu. Der Mann neben mir ließ jeden zweiten Ziegel fallen. Ich wurde böse und rief ihm zu: „Warum läßt Du Niemand alle Ziegel fallen!" Die Antwort kam prompt: „Sind das Deine Ziegel, was geht das Dich an? Ich bin Bettelheim." „Und ich bin Federn." „Was Federn? Verwandt mit Paul?" – „Ich bin sein Sohn." Damit war die Freundschaft besiegelt. Das war der einzige Konflikt, den ich seitdem mit Bettelheim hatte. Aber Freunde erzählten mir, daß er ziemlich schwierig im Umgang war. Ich erlebte seine Ausbrüche zweimal: Gegen einen Psychologen, der ein Bewunderer von Ghandi und Luther King war. Bettelheim brüllte mit ihm herum, diese Leute benützen keine Waffen und taugen nichts. Das andere Mal in einem Seminar schrie er einem Diskutanten, der seine Meinung über Schizophrenie nicht teilte, zu: „Ich bin von einer Amme großgezogen und nicht paranoisch geworden." Berühmt wurde Bettelheim auch durch die Geschichte mit einer Studentin an der Universität von Chicago, die in der ersten Reihe sitzend während Bettelheims Vortrag strickte. Er unterbrach und sagte: „Masturbieren Sie nicht." Sie antwortete: „Wenn ich stricke, so stricke ich, und wenn ich masturbiere, masturbiere ich." Hierher gehört auch seine Kritik am Vater von Anne Frank, nicht einen Revolver gebraucht zu haben. Für einen Mann wie Bettelheim, der wegen seiner Augen niemals mit einem Revolver hätte umgehen können, ist das alles ein wenig merkwürdig.

Man darf aber nicht vergessen, daß Bettelheim ein sehr erfolgreicher Autor und sehr gesuchter Vortragender war. Er hatte eine Frau und drei Kinder und wurde 86 Jahre alt. Ich erlebte ihn 1988 bei einer Feier in Österreich, bei der er sehr entsprechend dem Bundeskanzler im Namen aller Gäste als Ältester der Anwesenden dankte. Die Kritik an der Art seines Selbstmordes ist für mich völlig unverständlich. Krank, alt und arbeitsunfähig, tat Bettelheim meiner Meinung nach das einzig Richtige.

Ich glaube, daß die breite Öffentlichkeit niemals die seelischen Zustände der Opfer des Nationalsozialismus nachvollziehen kann und sie daher auch niemals wirklich verstehen wird. Der Holocaust war ein Ereignis von historischer Außergewöhnlichkeit, weil er in einem hochzivilisierten Land geschah. Der Rückfall einer Gesellschaft wie der deutschen auf die Einstellung des Altertums, in dem Völker ohne Bedenken ausgerottet wurden, ist einfach unmöglich. Bettelheim versuchte es noch in einer Weise zu erklären, die verständlich war, daher sein großer Erfolg.

Teil 3

Studien über Ernst Federns Versuche zur Psychologie des Terrors

Das Leben Ernst Federns
im absoluten Terror
des nationalsozialistischen Lagersystems*

Bernhard Kuschey

Sie werden sich zurecht fragen, wie ich dazu komme, mich einem Thema zu stellen, das kaum zu bewältigen ist. Ich habe es mir zur Aufgabe gemacht, das Leben Ernst Federns im absoluten Terror des nationalsozialistischen Lagersystems darzustellen. Ich möchte eingangs meine Ambitionen offenlegen, um Sie mit meinen Ängsten vertraut zu machen, wobei die Angst des Nicht-Verstehens eines Nachgeborenen eine von den kleineren ist. Das Finden einer entsprechenden Sprache und das Verstehen des am meisten verunsichernden Prozesses des 20. Jahrhunderts stellen die großen Probleme dar. Das Ungenügen des Begriffes „Holocaust" wird ihnen bekannt sein, aber kann es einen exakten Begriff für ungeheure Völkermorde und die massenhafte Vernichtung von politischen Gegnern durch den Nationalsozialismus geben?

Folgen Sie mir bitte als Einstieg in die Schwierigkeit der Wahrnehmung des kaum Aussprechbaren in einen Bericht des 1925 geborenen Soziologen Zygmunt Bauman. Als seine Frau Janina Bauman ihre Erinnerungen über ihre Zeit im Ghetto und im Untergrund schrieb, bemerkte er, der damals fliehen konnte, wie wenig er wußte – oder besser, wie wenig er nachgedacht hatte. Natürlich wußte er genug über die industrielle Massenvernichtung, aber sie war ihm letztlich ein historischer Prozeß, wie andere auch. „Meine Vorstellung vom Holocaust war wie ein gerahmtes Bild an der Wand, das von seiner Umgebung sauber getrennt ist und mit dem Rest des Mobiliars nichts zu tun hat."[1] Hier wird ein Bewältigungsversuch bezeichnet, der das Verstörende

---
* Vortrag beim Symposium zu Ehren des achtzigsten Geburtstages von Ernst Federn unter dem Titel „Hoffnung leben im Jahrhundert der Lager" am 4. November 1994 im Alten Rathaus, Wien. Erstabdruck in: Mit der Ziehharmonika. Zeitschrift für Literatur des Exils und des Widerstands. A-1020 Wien, Engerthstr. 204/14, 12. Jg., Nr. 2, September 1995, S. 3-9
[1] Zygmunt Bauman, Dialektik der Ordnung. Die Moderne und der Holocaust, Hamburg 1992, S.7

durch Kategorien und Ordnung aushaltbar macht; eine Methode, die in der Wissenschaft häufig verwendet wird: schreckliche Wirklichkeiten werden gerahmt und damit leichter ertragen.

Bauman, der seine Empathie der Erinnerungsarbeit seiner Frau zu danken hat, wendet sich noch einmal den Forschungsergebnissen über die Massenvernichtung zu, und obwohl er sie schon kannte, kam er zu völlig anderen Schlußfolgerungen: „Der Holocaust war kein Bild an der Wand, sondern ein Fenster, durch das Dinge sichtbar wurden, die normalerweise unentdeckt blieben. Und was zum Vorschein kam, geht nicht nur die Urheber, die Opfer und die Zeugen des Verbrechens etwas an, sondern ist von größter Bedeutung für alle, die heute leben und auch in Zukunft leben wollen. Der Blick durch dieses Fenster verstörte mich zutiefst, aber je bedrückter ich wurde, desto mehr wuchs in mir die Überzeugung, daß es äußerst gefährlich ist, diesen Blick nicht zu tun."[2] Er plädiert für einen Einbau der Lehren aus der Shoah in die Theorien der Moderne und des Zivilisationsprozesses, die Untersuchung des Phänomens Holocaust muß für die Diagnose der heutigen Gesellschaften genutzt werden. Zu wissen, wozu Menschen imstande sind, kann uns gegen die Gefahren der Zukunft wappnen.

Hier haben die schlimmen Erinnerungen und Erfahrungen Ernst und Hilde Federns ihren Platz. Ihr Gedächtnis ist wichtig und ist nicht Material zur Ausschmückung wissenschaftlicher Werke. Die epochale Arbeit Raul Hilbergs – die Darstellung des Umbaus der deutschen Gesellschaft zu einer beängstigend effektiv funktionierenden Mordmaschinerie – sieht menschliches Handeln im wesentlichen unter diese Maschinerie subsumiert.[3] Und die schaurige Bilanz dieser Menschheitstragödie gibt ihm ein Recht dazu, aber im Interesse der Rekonstruktion des Menschlichen sollten die Spuren des Hoffens und Fühlens, aber auch die Beschädigungen der menschlichen Existenz im absoluten Terror gehoben werden. Aus der Geschichte der Unterdrückung Hilde und Ernst Federns kann die Totalität des KZ-Systems natürlich nicht analysiert werden, aber es sollte etwas gelingen, was zumindest genauso wichtig ist: eine dichte Beschreibung der Unterwerfung von konkre-

---

[2] Ebenda, S. 8
[3] Raul Hilberg, Die Vernichtung der europäischen Juden, 3 Bde., Frankfurt/Main 1990; Ders., Sonderzüge nach Auschwitz, Frankfurt/Main, Berlin 1987; Ders., Täter, Opfer, Zuschauer. Die Vernichtung der Juden 1933–1945, Frankfurt/Main 1996

ten Menschen unter ein System des absoluten Terrors, also eine konkrete Schilderung der Bedrohung menschlicher Existenz und eine Darstellung des Lebenswillens. Nur im Bericht der überlebenden Opfer kann das gefährdete Menschsein wiedergefunden werden.

Ernst und Hilde Federn sind sich bewußt, daß ihre Erfahrungen und ihr Wissen das Verständnis der nachfolgenden Generation überfordert. Aber gerade diese Kenntnis der Wahrnehmungsproblematik läßt sie mit ihren Aufklärungsambitionen erfolgreicher sein. Sie haben mir in anstrengenden Diskussionsprozessen ihre extremen Lebensgeschichten mitgeteilt und die Konfrontation mit meinem Vorverständnis ausgehalten, das ich nur aus dem Literaturstudium haben kann. Ich danke ihnen hier herzlich für ihre Geduld, ihr Vertrauen und ihre Konfliktfähigkeit, die sie mir entgegenbrachten. Ich betrachte es als große Ehre, daß ich ihre Kenntnisse und humanen Traditionen im Rahmen eines Forschungsprojektes einer interessierten Öffentlichkeit zugänglich machen kann. Und es freut mich, daß sie bei dieser Veranstaltung zu ihrem Recht kommen, meinen Umgang mit einem einschneidenden Abschnitt ihres Lebens begutachten zu können. Ich will nun versuchen, zentrale Stationen des Weges Ernst Federns durch die KZ Dachau und Buchenwald samt den nötigen Fragmenten einer Analyse des KZ-Systems nachzuzeichnen.

Zuvor noch einige kurze und notwendige Anmerkungen zu ihrer Herkunfts- und Bildungsgeschichte: Ernst und Hilde Federn entstammen jüdischen Familien, in denen der Prozeß der Assimilation weit fortgeschritten war, beide begreifen sich nicht mehr als Juden. Sie gliedern sich in die sozialdemokratische Jugendbewegung ein und hoffen am demokratischen und revolutionären Umbau Österreichs mitwirken zu können. Der Sieg des Austrofaschismus zwingt sie in die Illegalität, radikalisiert sie und setzt sie erstmals politischer Verfolgung aus. Ernst Federn ist wegen seiner Widerstandstätigkeit in einer trotzkistischen Gruppe und bei den Revolutionären Sozialisten 12 Monate in den Gefängnissen des Austrofaschismus. Das ist für die weitere Geschichte seiner Verfolgung von doppeltem Interesse: Die illegalen Nazis, die die Wiener Polizei durchsetzt hatten, nahmen sehr viele Gegner des Austrofaschismus auf ihre Verhaftungslisten, und Ernst Federn wird bereits als „gelernter Häftling" in die Welt des KZ eintreten.

Bereits am 14. März 1938 wurde Ernst Federn von der Gestapo inhaftiert. Die bürokratische Automatik der Aussonderung der politischen Gegner beweist sich in der Dummheit und Kürze des einzigen Gestapo-Verhörs, das Ernst Federn über sich ergehen lassen muß. Der Beamte fragt ihn, ob er Otto Bauer und Karl Seitz kenne. Federn bejaht, stellt sich im übrigen aber so unwissend wie möglich. Das Verhör wurde von Seiten der Gestapo bald mit den entlarvenden Satz: „Wenn Sie nicht die Wahrheit sagen, zertreten wir Sie!" beendet. Ernst Federn war bis Mai 1938 in Wiener Gefängnissen und in dem berühmten Turnsaal einer Schule in der Karajangasse im 20. Bezirk eingesperrt. Hilde Federn und Ernsts Eltern bemühten sich in dieser Zeit besonders um seine Enthaftung, was auch später erfolglos blieb. Am 24. Mai 1938 wird er in einem der sog. Prominententransporte und unter Prügeln der SS per Zug nach Dachau transportiert und dort als sog. „politischer Jude" kategorisiert.

Ernst Federn schildert die Übernahme ins KZ-Dachau als vergleichbar mit einer Aufnahme in ein normales Gefängnis, dieser Vollzug ist ihm nicht mehr unbekannt, und sein Arbeitseinsatz mit der Schaufel ist nicht extrem belastend. Sein Eindruck korrespondiert mit der Einstufung Dachaus durch Himmler als Lager der sog. Stufe I für „alle wenig belasteten und unbedingt besserungsfähigen Schutzhäftlinge."[4] Wichtig ist in Dachau der Gewinn von Freunden, die Federn in die Überlebenstechnik im KZ einführen. Der seit 1933 als „Politischer Jude" inhaftierte deutsche Kommunist Rudi Arndt weist Ernst Federn, der durch die Geld- und Paketsendungen Hilde Federns besser gestellt ist, den Hamburger KP-Mann Herbert Mindus als Kumpel zu. Kumpel sind unterstützungswürdige arme Häftlinge und ihr jeweiliger Helfer, der etwas von seiner Hilfe von außen an diese abgab und dafür meist tätige Unterstützung bei der Eingewöhnung ins Lagerleben erhielt. Das Kumpelpaar wurde von alten Häftlingen vermittelt und das sog. Kumpelsystem war das Kernelement der solidarischen Überlebenstaktik der politischen Häftlinge im KZ.

Dennoch: im KZ ist keine Regel ohne Ausnahme, zwar nimmt Ernst Federn in seiner Zeit in Dachau sogar zu, aber parallel muß er seinen

---

[4] Gerhard Botz, Überleben im Holocaust, in: Margareta Glas-Larsson, Ich will reden. Tragik und Banalität des Überlebens in Theresienstadt und Auschwitz, Wien-München-Zürich-New York 1981, S.17

ersten großen Schock erleben, dessen Ausgangspunkt in einer Lappalie lag. Nach drei Wochen in Dachau erwischt Federn an einem Morgen falsche, zu große Schuhe. Er scheuert sich die Füße wund, und beginnt dadurch schnell im Aussehen zu altern. Gleichzeitig wird er ins Arbeitskommando Kiesgrube eingeteilt, er verfiel schnell und brach dort nach einer Woche zusammen. In der Sprache der Häftlinge war er „fertig", und die SS verurteilte ihn zu einer Stunde Baumhängen wegen Arbeitsverweigerung. Wer sich in die Folterqual des Baumhängens einfühlen will, soll die Schilderung Jean Amèrys in seinem Aufsatz „Die Tortur" lesen.[5]

Die Strafe wurde in der arbeitsfreien Zeit am Samstag nachmittag, dem 29. Juni 1938, vollstreckt. Der vollziehende Kapo des Bunkers, selbst ein Häftling, gibt Ernst Federn den Tip, sich im Hängen möglichst wenig zu bewegen, dennoch wurde es der schlimmste Schmerz, den Federn jemals erlitten hat. Als er vom Baum herunter genommen wird, fühlt er seine Arme nicht mehr, aber er blieb körperlich unverletzt und kann nach der Wochenenderholung wieder arbeiten. Da er der erste aus seinem Transport vom 24. 5. 1938 war, der einer SS-Strafe ausgesetzt ist, kümmern sich seine Kollegen fürsorglich um ihn; sie wollen natürlich wissen, was sie zu erwarten haben. Als Federn nach seinem Herunterkommen vom Baum über die Aushaltbarkeit dieser Tortur befragt wird, antwortet er mit einem Satz, der ihn im Lager berühmt machen soll: „Das Herunterkommen ist so schön, daß es das Hängen wieder aufwiegt." Seine witzige und optimistische Haltung gegenüber den Gefährdungen des Lagers bedeutet für alle Mithäftlinge eine moralische Stärkung und bringt ihm den Ruf eines „ganzen Kerls" ein, den die Folter nicht brach, was auch auf die alten „Konzentrationäre" Eindruck macht.

Diese „Feuerprobe" ist ein Grund für die gute Position Ernst Federns unter den Mithäftlingen, ein zweiter ist, daß er als Mitglied einer weitverzweigten und recht bekannten Familie viele ihm wohlgesonnene Menschen finden kann, und ein dritter Grund liegt wohl darin, daß er sehr bald erkennt, daß er nur als nützlicher Arbeitssklave der SS eine gewisse Überlebenschance hat. Außerdem gewöhnt er sich an, eine gewisse Befriedigung aus seinen Arbeitsleistungen zu ziehen. Sein

---

[5] In: Jean Amèry, Jenseits von Schuld und Sühne. Bewältigungsversuche eines Überwältigten, München 1988, besonders S. 49ff.

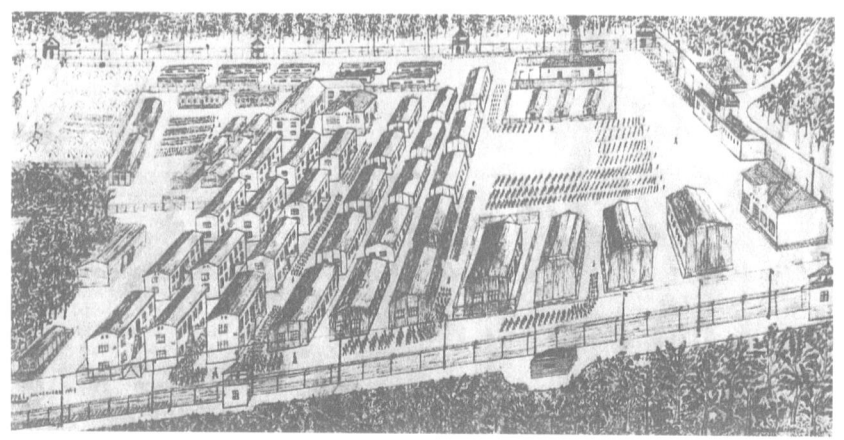

„Appell Buchenwald".
Tuschzeichnung von Bornems Lenart, 1944

erster Kontakt mit Bruno Bettelheim in Buchenwald ist ein Streit über eben diese Frage in einem Arbeitskommando.

Federn arrangiert sich entsprechend den Lebensbedingungen im KZ-System, ist am Anfang seiner Lagerzeit als Trotzkist noch nicht gefährdet, weil die aus den kommunistischen Parteien stammenden Funktionshäftlinge noch keinen Wert auf die Bekämpfung des Trotzkismus legen. Kenntnisse über die Trotzkistenverfolgungen in der Sowjetunion waren noch nicht ins Lager gedrungen, und viele kommunistische Häftlinge hatten selbst trotzkistische oder rechtsoppositionelle Wurzeln. Über die Zunahme dieser Gefährdung wird später noch zu berichten sein. Und nicht verschwiegen werden soll, daß Federns beinahe penetranter Optimismus von seinen Mithäftlingen als Verrücktheit betrachtet wurde. Seine Realitätsleugnung ging zwar nie so weit, daß er bedrohende Realitäten übersah, aber er hat ein wenig den Narren gespielt. Ich kann mir vorstellen, daß seine stehende Redewendung „Wenn ihr mit mir seid, kommt ihr auch mit mir heraus" seinen Kollegen nicht nur auf die Nerven gegangen sein wird, und außerdem hatte seine quasi unrealistische Lebensbejahung den Nebeneffekt, daß man ihn politisch auch nicht so ernst genommen hat.

Im September 1938 ändert sich die Lage der Dachauer Häftlinge einschneidend, das KZ-Dachau wurde vorübergehend geräumt. Im

Rahmen der Aggression des NS-Staates gegen die CSR wurde eine andere Verwendung des am nächsten zur deutsch-tschechoslowakischen Grenze gelegenen Lagerkomplexes ins Auge gefaßt. Die jüdischen Häftlinge Dachaus wurden nach Buchenwald verlegt. Ernst Federn wurde am 24. September 1938 mit der Bahn ohne besondere Vorkommnisse dorthin transportiert. Die Dachauer waren die zweite große jüdische Häftlingsgruppe, die ins KZ Buchenwald eingeliefert wurde.[6] Die erste große Gruppe waren die sog. „asozialen Juden" der „Juniaktion" von 1938. Die SS hat sich an diesen ersten jüdischen Häftlingen ausgetobt, nach vier Monaten waren ca. 40 Prozent dieser 1256 Menschen verstorben.[7]

Ernst Federn ist bei seiner Ankunft in Buchenwald erschüttert, der Schlamm der Lagerstraßen, unvorstellbare sanitäre Verhältnisse und Überbelag prägen das Lager. Im vollgestopften Block teilen sich drei Häftlinge zwei kleine Schlafkojen. Federn arbeitet im Herbst 1938 mit Schaufel und Spitzhacke im Schachtkommando des großen Baukommandos I. Und der schreckliche Winter 1938/39 zeitigt in der klimatisch ausgesetzten Lage am Ettersberg Folgen: Federn bekommt Erfrierungen an den Händen, was vielen Häftlingen in diesem Winter widerfahren ist. Der SS-Lagerführer Johnny Hackmann befiehlt ihn ins jüdische Revier, dort muß sich Federn um eine Behandlung selbst kümmern. Der zum Chirurgen angelernte Häftling Kurt Donnhart, ein Bergarbeiter, interessiert sich auffällig für den Ödipus-Komplex, welcher ihm von Federn erklärt wird. Darauf säubert ihm Donnhart als Gegenleistung die Gangrene des Handrückens. Federn interpretiert diese Operation als Lebensrettung und als das größte Honorar, das ein Psychoanalytiker erhalten kann. Im Winter kommt er noch einmal wegen Erfrierungen der Zehen ins jüdische Revier, er wird dort konservativ behandelt, dadurch kann er sechs Wochen – die schlimmste Zeit des Winters und die hohe Zeit der Typhusepidemie – im Revier bleiben. Erholung ist möglich, und er hilft im Gegenzug bei der Pflege mit.

Nach den Gefährdungen folgt in Ernst Federns Erinnerung 1939 als „nette Zeit", er kann sich im Latrinenkommando einrichten, in dem man die Latrinengruben in die Erde gräbt und von der SS daher bald

---
[6] Harry Stein, Juden im Konzentrationslager Buchgenwald 1938–1942, in: Thomas Hofmann, Hanno Loewy, Harry Stein (Hg.), Pogromnacht und Holocaust, Weimar-Köln-Wien 1994, S.97
[7] Ebenda, S.84ff.

nicht mehr gesehen wird, sich also schonen kann. Sein Freund Curt Leeser kann dem SS-Lagerarzt Dr. Ding-Schuler begreiflich machen, daß wegen der Seuchengefahr Chlorkalk auf die Latrinen gestreut werden muß. Leeser bildet mit Ernst Federn das Chlorkalkstreuerkommando, das über hohe Bewegungsfreiheit verfügt, das früher einrücken kann und dem ein Bad zusteht. Außerdem ist die SS Häftlingen, die mit den Latrinen zu tun hatten, nicht zu nahe gekommen.

Hier muß nun zum weiteren Verständnis der Geschichte Federns ein Begriff vom KZ-System versucht werden. Ich werde ihn am Beispiel Buchenwalds entwickeln, das viele Funktionen des KZ-Systems in sich vereinigte, und in dem Ernst Federn sechseinhalb Jahre zu leben gezwungen war. Das Konzentrationslager Buchenwald wurde im Juli 1937 gegründet, in ihm stand die Konfinierungsfunktion von politischen Gegnern nicht mehr im Vordergrund. Ab 1936/37 verschlimmern sich aufgrund der beginnenden Expansion des 3. Reiches und der Einbeziehung immer neuer und größerer Gruppen in die Verfolgung die Bedingungen in den Lagern extrem. Die Lager werden überbelegt, und die Häftlinge werden durch Überarbeit vernichtet. In der Aufbauphase des KZ-Buchenwald von 1937 bis 1939 sind die Lebensbedingungen katastrophal, so macht die jährliche Todesrate 1940 zwanzig Prozent des Häftlingsstandes aus.[8] In Buchenwald war die Vernichtungs- und Ausbeutungsfunktion des Lagers immer parallel vorhanden, aber in den ersten Jahren seiner Existenz trat die Vernichtungsfunktion für alle Häftlinge deutlicher hervor.

Das Gewaltsystem Buchenwalds war identisch mit dem aller großen Konzentrationslager: Die konzentrischen Kreise der tagsüber aufgezogenen Postenkette um das Lager und des elektrisch geladenen Zaunes samt den MG-bestückten Wachtürmen, die das Lager einschlossen, erzeugten mittels absoluter Todesdrohung jenen Druck, der den Häftlingen keine Freiheitsgrade mehr ließ. Diese absolute Einschließung und das direkte gewalttätige Einwirken der SS ermöglichten es, die Häftlinge zu beinahe allem zwingen zu können. Neben ihrer Ausbeutung und Vernichtung konnten die Häftlinge zur Mitwirkung an ihrer Unterdrückung und Vernichtung gezwungen werden. Der Vernichtungszweck und der barbarische Zwang zur Mithilfe an diesem Zweck

---
[8] Botz, a.a.O., S.20

Die Identität des umseitigen
Fotos (soweit hier bekannt)
mit dem Ernst Israel Federn,
geb. am 26.8.1914 und die
Richtigkeit der Unterschrift
wird hierdurch beglaubigt.
Weimar/Buchenwald, 19.9.1940
i.A.

//-Obersturmführer

Ernst Federn 1940 im KZ Buchenwald (Auf der Rückseite des Fotos wurde Ernst Federns Identität durch den Schutzhaftlager-Führer Schobert bestätigt. Diese Art von Fotos diente zur Vorlage bei Ämtern und Konsulaten durch die Angehörigen. Um einen Anschein von guter Behandlung im KZ zu erwecken, wurden die zu fotografierenden Häftlinge in einen bereitliegenden Anzug samt Hemd und Krawatte gesteckt. Bilder von Häftlingen im KZ-Drillich wurden nicht an die Angehörigen versendet.)

unterscheidet das KZ-System grundlegend von jedem Gefängnis. Zwar wird in normalen Gefängnissen auch danach getrachtet, die Erhaltung des Gefangenenhauses durch Häftlingsarbeit zu bewerkstelligen, und auch dort kommt es zur Ausbildung mächtiger Häftlingscliquen. Aber der unausweichliche Zwang zur praktischen Organisation der Vernichtung durch Arbeit, der Deportationen in die Vernichtungslager des Ostens und die Mitwirkung an der Exekution von Strafen stellt wahrlich eine andere Qualität von Gewaltanwendung gegenüber Häftlingen dar. Die Häftlingsfunktionäre waren gezwungen, die barbarischen Ziele der SS praktisch umzusetzen.

Das erste, besonders brutale SS-Regime in Buchenwald unter dem berüchtigten Lagerkommandanten Koch, das sich auch auf die persönliche Bereicherung spezialisiert hatte und darum im Dezember 1941 von der SS-Führung abgelöst wurde, verstand sich darauf, entsprechende Helfer aus bestimmten Häftlingsgruppen zu rekrutieren. Die ersten Häftlingsfunktionäre waren ausschließlich BVer, sog. Berufsverbrecher, viele von ihnen entwickelten eine besondere Brutalität gegenüber den übrigen Häftlingen und boten begüteteren Häftlingen

Schutz gegen Bestechung. Auch Ernst Federn hat zumindest 1938 an Kapos Schutzgelder gezahlt.

Ich stütze mich nun in der folgenden Zusammenfassung zur Sozialstruktur des Lagers Buchenwald auf die soziologische Analyse des ehemaligen Häftlings Paul Neurath, die 1951 in den USA erschienen ist. Er glaubt, in Dachau die Politischen Häftlinge als normsetzende Gruppe ansehen zu dürfen. In Buchenwald sah er zwei im Verhältnis zur Lagerstärke eher kleine Gruppen dominieren und um Einfluß im Lager kämpfen. Ein kleiner Kern miteinander bekannter und informell organisierter politischer Häftlinge, vor allem Kommunisten, versuchte, Anhänger unter den aus Dachau eingelieferten Juden zu gewinnen, von denen viele aus der Arbeiterbewegung kamen.

Die verschiedenen kriminellen Cliquen hingegen suchten Anschluß bei den nach Tausenden zählenden sog. „Asozialen", die in den Zentren des illegalen Schmuggels, in der SS- und Lagerküche, in der Schuhmacherei und Strumpfstopferei in der Anfangszeit des Lagers Positionen innehatten. Sie entfalteten, anders als in Dachau, ein eigenes organisiertes Leben und unterhielten Austauschbeziehungen zu anderen Gruppen, und wie schon erwähnt, stellten sie die meisten sog. „Funktionshäftlinge". Die Unterschiede zwischen den beiden Gruppen konstatierte Paul Neurath vor allem in der Organisation des Lebens am Block. Wo „Berufsverbrecher" einen Block führten, hatten diese meist ihren Vorteil im Auge, was zu dauernden Kampfsituationen im Block führte, während in den Blocks der Politischen Häftlinge oder Juden, die ja in eigenen Blocks separiert waren, ein strenges Reglement von „Ordnung und Disziplin" durchgesetzt wurde, um einerseits mit den knappen Ressourcen zurecht zu kommen und andererseits Strafen der SS zu vermeiden.[9]

Der Kampf der „Berufsverbrecher" (BV) und der Politischen Häftlinge um die Lagerfunktionen, d.h. ihr Versuch, diese Funktionen in ihrem Interesse zu gewinnen und auszunützen, und natürlich die Benützung und Ausspielung dieser Häftlingsgruppen durch die SS, produziert ein komplexes Sozial- und Beziehungsgeflecht im KZ-Buchenwald, das von der Geschichtswissenschaft noch keineswegs erhellt ist. Die KZ-Forschung tradiert oft und in unangenehmen Ausmaß die Punzierung

---

[9] Paul Neurath, Social Life in the German Concentration Camps Dachau and Buchenwald, Ann Arbor 1951, S.241ff.

der Häftlinge durch die Nazis; das die Realität verfälschende Bild der guten Politischen und der bösen Kriminellen wird erstaunlich eindimensional strapaziert. Festgehalten kann nur werden, daß die Grausamkeit des Aufbaulagers Buchenwald mit dem Einsatz von BVern als sog. „Funktionshäftlinge" korreliert, und daß 1939 eine Machtübergabe an die deutschsprachigen politischen Häftlinge bzw. deren Übernahme der Lagerfunktionen stattfindet. Über das Warum und Wie dieses Wechsels an der Spitze der Häftlingsgesellschaft gibt es in der historischen Literatur und in Berichten von Häftlingen einige Ansätze und Interpretationsversuche, die noch nicht zu einer Analyse dieses bedeutsamen Umbruchs ausgearbeitet werden konnten. Einige interessante Aspekte seien hier zur Illustration angeführt:
– Eugen Kogon berichtet, daß die Masse der BVer 1938/39 zum Aufbau des KZ Flossenbürg abtransportiert wurde, sich damit die Machtverhältnisse in Buchenwald quasi automatisch änderten. Mit der Einlieferung neuer BVer gelang es den sog. „Kriminellen" 1942 noch einmal kurzzeitig, die Oberhand im Lager zu gewinnen.[10]
– Mit der Ausbreitung von Raub und Korruption im Zusammenspiel von SS und BVern sah die Lagerführung das Lagerregime gefährdet, und die SS unter Koch suchte sich den Gewinn der kriminellen Cliquen anzueignen, daher tauschte sie sog. kriminelle Funktionshäftlinge durch Politische aus, was in der Regel die Ermordung dieser BVer bedeutete.[11] Die Willfährigkeit aller Funktionshäftlinge wurde auch durch die Todesdrohung erpreßt.
– Illegale kommunistische Zellen setzen sich für die Milderung der erbärmlichen Lebensumstände ein, was in der Bekämpfung der Typhusepidemie und bei der Lösung sozialer Konflikte im Lager von der SS positiv bemerkt wird, d.h. Kommunisten werden Anfang 1939 zu Funktionshäftlingen gemacht.[12] Federn erinnert sich, daß SS-Lagerführer Rödl am 31. Jänner 1939 alle Lager- und Blockältesten austauscht und die kriminellen Funktionäre in schwarze Blocks einsperren läßt. Mit dem 30. oder 31. Januar 1939 wurden die ersten jüdischen Blockältesten eingesetzt, die totale Isolierung der jüdischen Häftlinge

---
[10] Eugen Kogon, Der SS-Staat. Das System der deutschen Konzentrationslager, München 1988, S.331f.
[11] Harry Stein, a.a.O., S.94 und 112
[12] Ebenda, S.114f.

war durchbrochen. Aber die Rache der BVer ließ nicht lange auf sich warten, sie denunzierten vor allem die jüdischen Funktionshäftlinge, und so wurden viele im ersten Halbjahr 1940 von der SS umgebracht.[13]
– Die Betonung der Arbeit für die Rüstungsindustrie in Buchenwald besonders ab 1941 hat die Bedeutung der politischen Funktionshäftlinge gestärkt. Die Hypothese, daß ihr rationales Führungsverhalten für das Funktionieren eines Arbeitslagers besser geeignet war, als jenes der sog. Kriminellen hat einiges für sich.

Nach der Einsetzung der Politischen als Funktionshäftlinge ist ein Umschwung in den Lebensbedingungen im Lager festzustellen. Ein rigider, aber rationaler Umgang mit den knappen Ressourcen und insbesondere das Wegfallen korrupter und direkt gewalttätiger Verhältnisse stellt eine nicht zu unterschätzende Verbesserung des Lebens in Buchenwald dar. Aber die Macht der kommunistischen Häftlingsführung beeinflußte alle Organisationsaufgaben maßgeblich: die Arbeitseinteilung, den Transport auf Außenkommandos und die Deportationen in die Vernichtungslager; und diese benützte sie in ihrem Interesse, wie schon Eugen Kogon vorsichtig andeutete.[14] Der Zwang zur Mitwirkung am Vernichtungswerk der SS enthebt sie der Schuld, aber ihre Mitwirkung an der Erstellung der Kriterien zur Vergabe von Lebenschancen steht zur Diskussion, und politische Gegner wurden bewußt in Situationen gebracht, die nicht zu überleben waren. Nach 1989 wurde im Archiv der Gedenkstätte Buchenwald auch der Name Ernst Federns auf einer Deportationsliste in ein Vernichtungslager gefunden. Warum er nicht deportiert wurde, werde ich ihnen noch erklären können, wer neben den Nazis Interesse an seiner Verschickung hatte, leider nicht.

Erinnern wir uns: Ernst Federn hat nach den Krisen des ersten Halbjahres in Buchenwald eine recht gute Position als Häftling gewinnen können. Und paradoxerweise in einer existenzgefährdenden Situation des Jahres 1939 verbessert sich seine Situation noch einmal. Als Reaktion auf das Attentat Johann Georg Elsers auf Hitler am 8. November 1939 ermordete die SS 21 Juden und steckte alle Juden Buchenwalds in sog. Schwarze Bunker, die Blocks wurden verdunkelt und die Häftlinge mußten darin ohne Versorgung ausharren. Aus Angst vor

---
[13] Ebenda, S.131f.
[14] Eugen Kogon, a.a.O., S.330f. und 340f.

Übergriffen der SS wachten Häftlinge rund um die Uhr – der Posten des Nachtwächters war entstanden und wurde von der SS aus Kriegsgründen bald auch gefordert. Nach der Aufhebung der Verdunkelung war Ernst Federn zum Nachtwächter geworden, sein Blockältester hatte ihn illegal, aber von der Häftlingsbürokratie gedeckt, dazu gemacht. Ernst Federn wachte nun in der Nacht, ist aber kein offizieller Stubendienst, macht seinen Job also illegal. Er ist pro forma dem Baukommando III zugeteilt, zieht sich aber nach dem Morgenappell in seinen Block zum Schlafen zurück. Das Umgehen der Ordnung bleibt noch unter brutalsten Verhältnissen lebendig. Diese Tätigkeit übt Federn bis Herbst 1942 aus, und sie stellt eine bedeutende Vergünstigung und Schonung dar, aber er ist in dieser Position völlig in der Hand seines Blockältesten Bertl Bruckner. Der Preis für diese Begünstigung war große Abhängigkeit, kalkulierte Beziehungen waren also absolut nötig. Als in diesem Herbst 1942 nur mehr ein jüdischer Block in Buchenwald übrig ist und der Kommunist Emil Carlebach der Blockälteste wird, ist Ernst Federn seinen Nachtwächterposten los, aber er war 1942 parallel noch einen anderen Weg gegangen: er war Maurer geworden, wodurch er der Vernichtung entkam.

In zwei gegenläufigen Prozessen entschied sich 1941/42 das Überleben Ernst Federns: Der Ausbau der kriegswichtigen Produktionsstätten, der Bedarf an Arbeitskräften senkte die Sterblichkeit in Buchenwald, und parallel dazu wurde die Vernichtung der Juden Buchenwalds durchgeführt. Im Spätherbst 1941 waren alle Juden Buchenwalds selektiert worden,[15] und die ersten Juden wurden in sog. Euthanasieanstalten in der Nähe Buchenwalds vergast, 1942 werden sie zur Vernichtung in die Lager des Ostens deportiert. Von 1937 bis 1942 gingen ca. 17000 jüdische Männer durch das KZ Buchenwald, 2795 wurden auf dem Ettersberg getötet,[16] am 24. Oktober 1942 waren lediglich 234 Jüdische Häftlinge in Buchenwald verblieben, die überwiegend der „Bauleitung Juden" unterstanden und deren Deportation zunächst aufgeschoben war.[17]

---

[15] Nationale Mahn- und Gedenkstätte Buchenwald (Hg.), Konzentrationslager Buchenwald. Post Weimar/Thür., Katalog zur Ausstellung im Martin Gropius Bau, Berlin (West) April-Juni 1990, S.115
[16] Harry Stein, a.a.O., S. 81
[17] Ebenda, S. 164

Das Scheitern der Blitzkriegskonzeption und die damit verbundene Zuspitzung der Arbeitskräftesituation im Dritten Reich veranlaßten die nationalsozialistischen Machthaber, ihre Pläne zur Massenvernichtung zu modifizieren und anzupassen, ohne von dieser Zielsetzung Abstand zu nehmen. Die SS trug dieser Tatsache 1942 mit dem Ausbau zentraler verwaltender und rechnungsführender Instanzen für die Konzentrationslager Rechnung. Das SS-Wirtschaftsverwaltungshauptamt beginnt eine diesbezüglich enge Zusammenarbeit mit dem Reichsministerium für Rüstung und Kriegsproduktion (Speer), es überlegt im März 1942 sogar den Einsatz jüdischer Häftlinge in der Rüstungsindustrie. Diese Erwägungen zerschlugen sich im Oktober 1942, das Ziel eines „judenfreien Deutschen Reiches" blieb bestimmend.[18] Aber die Idee der Ausbeutung jüdischer Arbeitskraft hatte in Buchenwald Auswirkungen, wenn auch geringe: Die SS räumte 1942 der Ausbildung von jüdischen Maurern größere Bedeutung ein, das erklärt den Verbleib der genannten 234 jüdische Häftlinge in Buchenwald.[19]

Im Frühjahr 1942 erging der Befehl, daß sich 200 junge Juden bis 26 Jahre zur Maurerausbildung melden sollen, Ernst Federn war zu diesem Zeitpunkt 28 Jahre alt und zögert, aber sein Freund und kurzzeitiger Blockältester August Cohn drängt ihn zur Meldung. Er läuft zur Kolonne, die SS zählt die Gekommenen, und Ernst Federn ist in der Maurerausbildung. Eine kleine Handlung, deren Bedeutung in der Situation sicher nicht abzuschätzen war und deren komplexe Hintergründe selbst heute nur schwer zu verstehen sind, bringt Ernst Federn ab vom Weg, der ihn mit großer Wahrscheinlichkeit in die Deportationszüge nach Polen geführt hätte.

Federn arbeitet von 1942 bis zur Einstellung aller Arbeiten in Buchenwald Anfang 1945 als Bauhilfsarbeiter und Maurer in vielen Kommandos im Lager, in den SS-Siedlungen rund um das Lager und im Gustloff-Werk in Weimar. Durch seinen sicheren Posten wird sein weiteres Lagerleben relativ gut kalkulierbar. Man kann vielleicht sagen, daß aus dem „Juden" Federn ein Maurer in KZ-Haft geworden ist. Und die Brutalität der SS hat gegenüber den alten Häftlingen abgenommen, besonders nach dem alliierten Bombardement auf Buchenwald am 24. August 1944 sank die Kraft der SS deutlich.

---
[18] Ausstellungskatalog Konzentrationslager Buchenwald. Post Weimar/Thür., a.a.O., S. 86
[19] Harry Stein, a.a.O., S. 162ff.

Eine Gefahr gewinnt für Ernst Federn noch deutlichere Konturen: Die kommunistischen Häftlinge besetzen den Lagerschutz (eine polizeiähnliche Organisation im Lager, die auch Feuerwehraufgaben wahrzunehmen hatte) mit loyalen Häftlingen; die Vorstellung einer Kaderreserve für einen – nie zur Ausführung kommenden – Aufstand legitimierte diese Politik, 1945 schützte der Lagerschutz dann im wesentlichen seine Mitglieder. 1943 wird Federn gegen eine unannehmbare Bedingung der Eintritt in den Lagerschutz angeboten: Er soll seine Loyalität gegenüber der kommunistischen Politik unter der Führung Stalins erklären. Da er dieses Ansinnen ablehnt, wird er zumindest zum „Outcast" und muß sich verstärkt vor Übergriffen der politischen Häftlingsfunktionäre in Acht nehmen. In den letzten chaotischen, darum noch einmal besonders gefährlichen Wochen muß er sich zuerst allein und ungeschützt durchschlagen, bis er Aufnahme in den Blocks der Belgier findet, die jene verstörenden politischen Kämpfe unter sich nicht duldeten, welche unter den deutschen politischen Häftlingen sogar Tote zur Folge hatten.

Ich hoffe, daß meine Schilderung der KZ-Geschichte Ernst Federns folgende Gedanken zum Ausdruck brachte:

– Das KZ als Laboratorium der totalen Macht, in dem die totale Unterwerfung ganz Europas geprobt wurde, bedeutete eine menschheitsgefährdende Bedrohung. Aber, und das soll besonders jetzt nicht vergessen werden, alle totalitären Systeme treffen auf Gegenkräfte, welche die innere Brüchigkeit der Totalitarismen verstärken und ihren Kollaps herbeiführen können. Die Alliierten mußten unter ungeheuren Opfern den Nationalsozialismus zerschlagen, die Häftlinge konnten sich nicht selbst befreien.

– Der sog. objektive, daher oft eindimensionale Blick der Wissenschaft auf die Strukturen absoluter Macht zeigt zweifellos deren Gefährlichkeit, neigt aber dazu, totale Gewalt als endlos zu betrachten. Dazu verführt ein technizistischer Blick, der von oben auf die KZ gerichtet wird; Analysen des Gewaltsystems der SS neigen dazu, die Häftlinge wieder zu Nummern werden zu lassen. Wirklich interessant ist aber vielmehr das Leben, Ringen und die Ermordung der Häftlinge, worin das Menschsein in diesem Jahrhundert am extremsten gefährdet wurde und worin auch die Elemente der Rettung desselben aufzusuchen sind. Bezüglich der Struktur des Terrorsystems ist in erster Linie

Hilde und Ernst Federn, 1994

die Analyse seiner verstörenden Effektivität und die Auswahl und Produktion der Täter von Bedeutung.

– Die Rekonstruktion der komplexen und verwirrend vielfältigen Wirklichkeit des KZ kann nur über Häftlingsberichte und die geduldige begleitende Recherche aller Sozial- und Gewaltfaktoren des Lagers gelingen. Die österreichische Wissenschaft braucht sich auf diesem Feld nicht zu verstecken, die Arbeiten Florian Freunds und Bertrand Perz' setzen Maßstäbe.[20]

In diesem Beitrag habe ich mich auf folgende Themen im Häftlingsleben Ernst Federns beschränken müssen: die besondere Gefährdung beim Eintritt ins Lagersystem, das Finden einer lebbaren Position und das Bestehen in der Häftlingsgesellschaft. Ernst Federns Glück und Bestehen verweist andauernd auf die Konsequenzen eines Mißlingens, was zur Zeit der Deportationen in die Vernichtungslager überdeutlich wurde. Seine Kenntnisse vom Lageralltag – vom Kampf um Nahrung,

---

[20] Florian Freund, Bertrand Perz, Das KZ in der Serbenhalle. Zur Kriegsindustrie in Wiener Neustadt, Wien 1987; Florian Freund, Arbeitslager Zement. Das Konzentrationslager Ebensee und die Raketenrüstung, Wien 1989; Bertrand Perz, Projekt Quarz. Steyr-Daimler-Puch und das Konzentrationslager Melk, Wien 1991; Bde. 1–3 der Reihe „Industrie, Zwangsarbeit und Konzentrationslager in Österreich" des Verlags für Gesellschaftskritik, Wien. Sowie zahlreiche einschlägige Artikel.

den typischen Verhaltensweisen bis zum Umgang mit der Sexualität – und seine sozialpsychologischen Studien über den Terror mußte ich außer Acht lassen. Seine besondere Rolle in der Häftlingsgesellschaft macht ihn zu einem bedeutenden Zeitzeugen zum Verständnis der sog. „Häftlingsselbstverwaltung". Sie sehen, das Erkenntnisbergwerk Ernst Federn ist noch lange nicht abgebaut, und ich freue mich auf die weitere Arbeit mit ihm und Hilde Federn, deren Hilfe Ernst Federn sein Überleben zu einem großen Teil dankt.[21]

---

[21] In der Zwischenzeit habe ich ein umfängliches Projekt über die Komplexität der Überlebensgeschichte Ernst und Hilde Federns und die Binnenstruktur der KZ in Deutschland beim österreichischen Fonds zur Förderung der wissenschaftlichen Forschung (FWF) abgeschlossen. Dieser Forschungsbericht soll überarbeitet und demnächst publiziert werden.

Überleben im Terror – Ernst Federns Geschichte

Zur Entstehung des Filmes mit Ernst Federn und Hilde Federn

Wilhelm Rösing und Marita Barthel-Rösing

„Heimkehr" war der Arbeitstitel eines Dokumentarfilmprojektes, an dem wir seit Mitte der 80er Jahre mit Markus J. Adams arbeiteten. In diesem Film wollten wir Schicksale von Emigranten vorstellen, die erst viele Jahre nach dem Ende des Dritten Reiches und dem Ende des Zweiten Weltkriegs aus dem Land ihres Exils nach Deutschland bzw. Österreich zurückgekehrt waren.

So euphemistisch der Titel gewählt war, so vergeblich erwiesen sich über Jahre hinweg alle Versuche, eine Fernsehredaktion für eine Ko-Produktion zu gewinnen. Offensichtlich gab es eine Abwehr der Redakteure gegen ein Projekt, bei dem nicht nur die Heimkehr ins Bild gerückt würde. Vielmehr würde jeder Protagonist in seinem Bündel Erinnerungen mit sich führen, die beim Zuschauer Verstörungen auslösen und den scheinbar gesicherten Blick auf unsere Vergangenheit irritieren könnten.

Wir sollten dies bei unserem ersten Treffen im Mai 1987 mit Ernst und Hilde Federn in Kassel selbst zu spüren bekommen. Gespannt hörten wir Federns Bericht über seine Rückkehr nach Wien. Aber so grotesk auch die bürokratischen Possen waren, die jene Rückkehr begleiteten und erschwerten, und so unglaublich auch manche der Begegnungen gewesen sein mußten, in denen mühelos an frühere Zeiten angeknüpft wurde – „zehn Prozent Reduktion wie immer, Herr Professor" –, so als seien seit der letzten Begegnung nicht mehr als dreißig Jahre vergangen, von denen Ernst Federn sieben in Dachau und Buchenwald hatte zubringen müssen, so ließen sich die Dimensionen von unverfrorenem Vergessen erst ermessen, wenn jene Vergangenheit miteinbezogen wurde.

Wie unmenschlich die Vorschriften und deren Auslegung bei der Wiedereinwanderung von Ernst und Hilde Federn waren, wird erst dann deutlich, wenn man sich der Flut von Vorschriften und Gesetze erinnert, die mit dem Ziel, Juden auszugrenzen und zu entrechten, seit 1933 im Deutschen Reich erdacht und erlassen worden waren. Das Empörende bei dieser Rückgabe der Staatsbürgerschaft war also nicht allein die zeit- und geldraubende Prozedur, sondern der historische Hintergrund, vor dem dies aufgeführt wurde – wobei Hilde Federn die österreichische Staatsbürgerschaft nur hätte zurückerhalten können, wenn sie ihre amerikanische Staatsbürgerschaft aufgegeben hätte.

Unser erstes Gespräch mit Ernst und Hilde Federn kam dann jedoch schon bald auf einen Punkt, den direkt anzusprechen uns nicht leicht fiel – auf Ernst Federns Zeit des Eingesperrtseins. Sieben Jahre lang war er im Konzentrationslager.

Federns Bericht über seine Erlebnisse in Buchenwald spülte unsere Unsicherheit hinweg! Details über Details breitete er vor uns aus. Wir hörten von einem Alltag das Schreckens, in dem er, der Erzähler, gleichwohl überlebt hatte. Mehr noch: Bei aller Unsicherheit des Überlebens zeugten Ernst Federns lebendige, geradezu spannende Schilderungen davon, daß er sieben Jahre im KZ *gelebt* und standgehalten hatte. Eine Geschichte nach der anderen hörten wir von Ernst Federn über die Realitäten des Schreckens, bei denen gleichwohl auch von Freundschaften, Vertrauen, politischen Plänen, von Pfiffigkeiten und Zuversicht die Rede war.

Erst anschließend – als wir uns nach sechs Stunden (!) verabschiedeten, benommen vom Gehörten und verunsichert in dem, was wir über Buchenwald wußten – spürten wir unsere Erschöpfung und wurden gewahr, welche Kraft uns allein schon das Zuhören gekostet hatte.

Dieses Phänomen, Anstrengung und Erschöpfung nicht wahrzunehmen, erlebten wir bis zum Ende der Dreharbeiten mit Ernst Federn, dessen Kräfte offensichtlich nie an eine Grenze zu kommen schienen. Erst als die letzte Aufnahme beendet war, konnte auch er die Mühe spüren: „Ihr seid gerade noch rechtzeitig gekommen; jetzt könnte ich es nimmer."

Damals in Kassel jedoch gab er uns Folgendes mit auf den Weg: „Wenn Ihr etwas über das Konzentrationslager machen wollt, wird es ein anderer Film."

Unser Projekt stand am Scheideweg. Wie ließen sich Federns detaillierte Schilderungen über seine Zeit in Buchenwald in den ursprüngli-

145

chen Plan eines Films über „Heimkehr" einfügen? Würde die Rückkehr angesichts der Wucht von Federns Schilderungen nicht zu einem Nebenaspekt werden? Würde nicht die Darstellung des Lebens im Konzentrationslager Buchenwald mit schriller Deutlichkeit der Beweis dafür sein, daß es eine Heimkehr nicht gibt? Der biographische Bruch, den das Exil bedeutet, kann nicht durch die Rückkehr ungeschehen gemacht werden.

Nach weiteren Vorgesprächen mit Federns im Herbst 1987 in Wien entschieden wir uns für das Wagnis, Ernst Federns Bericht über Buchenwald zum Thema des Filmes zu machen. Wir begannen mit ersten Dreharbeiten wenig später im Februar 1988 in Frankfurt.

„Dieser Federn ist ja bemerkenswert", wandte sich in einer Drehpause der Toningenieur an mich, inhaltlich aber scheine es ihm höchst zweifelhaft, was er über das Konzentrationslager berichte.

In der Tat unterscheiden sich Federns Aussagen über Buchenwald in wesentlichen Punkten von bisherigen Berichten. Die Schlagzeile einer Besprechung von *Überleben im Terror – Ernst Federns Geschichte* markiert eine dieser Besonderheiten: „In anderen Filmen halten die Häftlinge immer zusammen". Was in anderen Berichten ehemaliger Häftlinge über Rivalitäten und Auseinandersetzungen allenfalls am Rande Erwähnung fand, berichtet Federn offen und freimütig.

Daß er auch Mitglieder der kommunistisch dominierten Häftlingsverwaltung verantwortlich macht für den Terror der Gefangenen untereinander, war für uns natürlich sehr irritierend; denn gerade diese Gruppierung hatte immer darauf bestanden, stets im Interesse aller Häftlinge gehandelt zu haben. Übergriffe, Grausamkeiten und Terror gegenüber Mitgefangenen waren stets allein den (von den Nazis so bezeichneten) „BVern", den Berufsverbrechern, angelastet worden. Von Federn bekamen wir einen Einblick in ein Konzentrationslager, wo Destruktives in *jedem* ausbrechen konnte, wo die Auseinandersetzungen innerhalb der Häftlings-Population wesentlich komplexer als bisher bekannt waren, und wo der stets behauptete Altruismus der kommunistischen Funktionshäftlinge durchaus mit egoistischen Motiven und Handlungen – verbunden mit negativen Auswirkungen für andere Mithäftlinge – legiert war.

Da Federns Bericht dem allgemeinen Vorverständnis zuwiderlief, war es nicht verwunderlich, daß Zweifel und Vorbehalte von Redakteuren und Kollegen unsere Arbeit und auch den fertigen Film bis 1995 begleiteten, also noch ein Jahr über die Veröffentlichung des Buches über die „Roten Kapos" von Buchenwald (Niethammer, 1994) hinaus.

Das blieb nicht ohne Auswirkung bei den Versuchen, eine TV-Redaktion als Auftraggeber für einen Film mit Ernst Federn zu finden. Denn nachdem wir seit Sommer 1988 die Dreharbeiten fortgesetzt hatten mit Aufnahmen einer Veranstaltung mit Federn an der Pädagogischen Fachhochschule in Nürnberg und eines Symposiums über Bewährungshilfe in Simonshofen sowie einem weiteren langen Interview in Frankfurt (Februar 1989), hatten unsere Ausgaben eine Grenze erreicht, jenseits der weitere Dreharbeiten, mithin auch die Fertigstellung des Filmes nur möglich waren, wenn endlich auch öffentliche Mittel zur Verfügung gestellt würden.

Mit einem ersten Zusammenschnitt von Filmaufnahmen mit Ernst Federn wollten wir einen Fernsehredakteur zu einer Ko-Produktion animieren. Sämtliche Ansprechpartner in den Redaktionen für Politik und Zeitgeschehen waren nach Sichtung des Materials beeindruckt – und gleichwohl entschieden, sich nicht zu beteiligen. An ihrem ernsthaften persönlichen Interesse solle man keinen Zweifel hegen, eine Auftragserteilung komme indessen aus naheliegenden Gründen leider nicht in Frage: Für den normalen Zuschauer seien Federns Aussagen zu differenziert. Im endgültigen Ablehnungsbrief heißt es dann: „... was ich Ihnen gleich als instinktiven Zweifel formulierte, hat sich inzwischen verfestigt. Die Art, wie Federn berichtet, wirkt doch sehr stark kontraproduktiv und gibt gerade denen der Zuschauer, die immer wieder sagen, es sei doch mit den KZs nicht so schlimm gewesen, ja das seien alles Lügen, Argumente..."

So blieben die regionalen kulturellen Filmförderungen als letzte Finanzierungschance. Doch auch hier folgte Absage auf Absage, ehe die Hamburger Filmförderung und eine private Stiftung das Projekt im letzten Moment förderten.

Ernst Federns Sicherheit, mit der er schon während seiner Zeit als Häftling auf dem Ettersberg immer behauptet hatte, er werde Buchenwald durch das Tor und nicht durch den Schornstein verlassen, eine Sicherheit, in die er auch seine Freunde im Lager mit einbezogen hatte – und die ihnen als „Verrücktheit" so gut getan hatte, wie sein einstiger Mithäftling, Edgar Conradi, uns sagte, – diese Sicherheit bestärkte auch uns, selbst in aussichtsloser Position stets die Fertigstellung des Filmes zu betreiben.

Wie nach dem Vorliegen des Filmes und seinem Erfolg kaum zu verstehen ist, welchen Schwierigkeiten wir während der gesamten Produktionszeit ausgesetzt waren, so scheint es im Rückblick auch reichlich verwunderlich, daß mehr als vierzig Jahre seit der Befreiung Buchenwalds vergehen mußten, ehe ein ganz auf dem Bericht eines Betroffenen basierendes Filmprojekt begonnen wurde. So viele Jahre waren verstrichen, ohne daß man Federn über seine Erfahrungen befragt hatte.

Gewiß waren Filme über Buchenwald entstanden, waren Bücher geschrieben und Gespräche aufgezeichnet worden, aber ein Blick – wie ihn Federn zu geben vermochte – auf den Alltag des Grauens, in dessen Normalität sich die Gefangenen für Jahre einzufügen hatten, auf einen Alltag, der den Rahmen für Handeln, Leben, für Tod und Überleben gegeben hatte, war bis dato nicht versucht worden.

Die Mehrheit der ehemaligen Häftlinge war verstummt. Die Zeit der Verfolgung und Erniedrigung war für sie auch nach der Befreiung über die Jahre hin immer so bedrängend geblieben, und die Reaktionen ihrer Umwelt auf ihr Schicksal waren so wenig hilfreich gewesen, daß sie ihre Erlebnisse in sich verschlossen und möglichst wenig darüber sprachen.

Daneben gab es auch ehemalige Häftlinge, die sich öffentlich äußerten. Doch es gab Bereiche, über die sie nicht sprachen, und Erlebnisse und Realitäten im Lager, die sie ins Heroische wendeten wie einen Beweis, daß der politische Widerstand im Lager wichtiger gewesen war als die tägliche Erniedrigung solchen Eingesperrtseins. Geschichten von Widerstand und Selbstbefreiung hatten eine identitätsbildende Funktion, waren aber auch dazu angetan, den Blick auf den Alltag im Lager zu verdecken.

Auch Ernst Federn war, nachdem er schon im Jahre 1945 in Belgien die Schrift „Versuch einer Psychologie des Terrors" verfaßt hatte, auf weitgehendes Unverständnis gestoßen. Nach seiner Übersiedlung in die USA hatte er die Erfahrung machen müssen, daß man an diesem Thema, am Bericht eines Überlebenden, wenig interessiert war. „Es galt als unhöflich", so Federn, „etwas Schreckliches zu erzählen." Außerdem mußte er damit leben, daß er „nur als Jude" in die USA eingewandert war und es in der McCarthy-Ära prekär war, sich dazu zu bekennen, daß er als Trotzkist im Lager gewesen ist.

Auch der Ruf an ihn, nach Österreich zurückzukehren, war nicht wegen seines Status als ehemaliger KZ-Häftling, sondern trotz dieses Faktums erfolgt; denn im Österreich der 60er und 70er Jahre bestand wenig Neigung, sich mit dieser Vergangenheit auseinanderzusetzen.

So blieb das Thema Buchenwald auch in Ernst Federns öffentlichen Äußerungen über die Jahrzehnte hinweg fast vollständig ausgespart. Nach langer Zeit des Schweigens sprach er erstmals im Frühjahr 1986 in Paris öffentlich über seine Erfahrungen im KZ. Seine Bereitschaft, über diese Zeit im Konzentrationslager Buchenwald zu sprechen und einen möglichst differenzierten Einblick zu geben, verband sich nun mit unserem Interesse, ihm zuzuhören.

Auch das zu hören, was Hilde Federn, seine Frau, zu sagen hatte, war uns wichtig. Während Ernst Federns sieben Jahren in Buchenwald hat sie als seine Verlobte in Wien auf ihn gewartet und mit Paketen und Geldsendungen zu seinem Überleben beigetragen. Ihr Bild hatte er immer bei sich. „Ich glaube nicht, daß ich es überlebt hätte ohne die Hilde." (E.F.)

Da sie Halbjüdin war, durfte sie diese Verbindung zu ihm aufrechterhalten – eines seiner „Privilegien" im Lager. Nach der Befreiung hat es fast weitere drei Jahre gedauert, bis Hilde Federn Wien verlassen durfte und die beiden sich in Belgien wiedergesehen und geheiratet haben.

Zehn Jahre hat sie auf ihn gewartet und ist mit ihm so verbunden, daß ihre Einwürfe und Ergänzungen uns auch bei den Aufnahmen zum Film äußerst wichtige Aufschlüsse gaben.

Die Zeit des Wartens auf eine Finanzierung nutzten wir dazu, das Konzept des Filmes zu überarbeiten. Der Alltag in einem Konzentrationslager, die Schwierigkeiten des Überlebens und die stets bedrohte Hoffnung aufs Überleben wurden zum zentralen Thema des Filmes.

Was aber bedeutete die Ablehnung des Stoffes durch Fernseh-Redakteure? War ihnen der ehemalige KZ-Häftling Ernst Federn nicht der richtige Kronzeuge?

Auch wohlmeinende Kollegen rieten uns angesichts unseres Konzeptes zur Einstellung des Projektes. Und in der Tat war es ein äußerst riskantes Unterfangen, einen abendfüllenden Dokumentarfilm zu einem nicht beliebten Thema zu drehen und sich dabei auf einen einzigen Protagonisten zu konzentrieren, dessen Äußerungen zudem von den geläufigen Bildern abwichen. Besonders schwer wog indes die intendierte Abweichung von erprobten Darstellungsmustern anderer Filme über Konzentrationslager.

Wo in anderen Filmen auf die scheinbar objektive Darstellung eines wissenden Kommentators gesetzt wird, der Aussagen ehemaliger Häftlinge in den Ablauf der Argumente einfügt, war es unser Ziel, die Lagerrealität aus der Sicht eines Betroffenen für den Zuschauer erahnbar werden zu lassen.

Wurde aber nicht – so waren die Vorbehalte der TV-Redaktionen – die Objektivität der Information dadurch bedroht, daß Federn in seiner Darstellung das Feld des „gesicherten Kommentars" verläßt, indem er auch Widersprüche zum bisherigen Bild der Öffentlichkeit thematisiert?

Daß bestimmte Aspekte des Überlebenskampfes der Häftlinge von Buchenwald bis dato ausgespart worden waren, lag vor allem an der Schlüsselfunktion, die dem Widerstand der Häftlinge im Lager Buchenwald im antifaschistischen Selbstbild der DDR zugekommen war. Vermutungen und Hinweise, der „selbstlose Widerstandskampf der kommunistischen Häftlinge für alle Häftlinge von Buchenwald" sei in Teilen auch von Gruppen- und Einzelinteressen geleitet gewesen und den berechtigten Interessen anderer Häftlingsgruppen zuwidergelaufen, konnten bis Anfang der 90er Jahre nicht öffentlich diskutiert werden.

Federn aber machte in den Interviews nie einen Hehl daraus, daß Mißtrauen auch gegenüber der kommunistischen Lagerselbstverwaltung gerechtfertigt sei.

Vor der Öffnung der Mauer hatten wir verständlicherweise nicht damit rechnen können, auf dem Gelände des ehemaligen Lagers Aufnahmen für einen Film mit Ernst Federn machen zu können. Andererseits schienen uns Bilder aus Buchenwald unverzichtbar zu sein, um dem Zuschauer eine Vorstellung davon zu vermitteln, wo dies alles stattgefunden hat. Wir hatten indessen nie in Betracht gezogen, Dreharbeiten mit Ernst Federn auf dem ehemaligen Lagergelände durchzuführen. Federn selbst wollte zu dieser Zeit – trotz seines großen Engagements für den entstehenden Film – nicht mit nach Buchenwald fahren. Er hatte die Topographie des Lagers stets präsent, konnte beteiligte Personen und Begleitumstände, ja selbst das Wetter stets mit äußerster Präzision angeben.

Die abschließenden Dreharbeiten in Wien – im Herbst 1991 – würden also entscheidend für den Film werden; denn der Schwerpunkt hatte sich seit den ersten Aufnahmen im Februar 1988 verlagert auf diese Zeit im KZ. Unter größter Anspannung fuhren wir daher nach Wien. Würden wir mit unseren Fragen Aussagen von Federn erhalten, die den Film abrundeten?

Während der langen, abschließenden Drehphasen war zu spüren, wie vorbereitet und konzentriert Ernst Federn sich äußerte. Unübersehbar war jedoch auch eine Veränderung im Auftreten: Er vertrat seinen Standpunkt abgeklärter und weitaus weniger kämpferisch als zuvor. Aber der lang angekündigte Brief, den Ernst Federn direkt nach der Befreiung am 11. April 1945 an seine Eltern nach New York geschrieben hatte, war nicht aufzufinden. Waren wir zu spät gekommen?

Die halbe Nacht lang überdachten wir unsere Fragen und die Art unserer Fragestellung. Entschlossen durchzuhalten, trafen wir am nächsten Morgen in der Kolingasse ein, wo Ernst Federn uns mitteilte, er habe nun endlich jenen Brief gefunden. Schon bei unserem ersten Zusammentreffen hatte er diesen Brief erwähnt, auf den wir sehr gespannt waren; die ganzen Jahre über war er indessen nie auffindbar gewesen.

Drei Tage nach der Befreiung geschrieben, spielt dieser Brief für die Rezeption des Filmes eine bedeutsame Rolle. Es ist das Dokument, das – nun ohne die Zensur der SS – die enorme Anspannung und Todesnähe jener Tage und Stunden spürbar werden läßt. Geschrieben in der Phase des Überganges zu Freiheit und Selbstbestimmung ist dieser Brief aber noch dem Terror verhaftet, den zu überleben keineswegs sicher war.

Beim Vorlesen des Briefes ist Ernst Federn spür- und hörbar bewegt. Im Film bringt diese Sequenz eine neue Qualität des Berichts, die von den Zuschauern sehr stark empfunden und respektiert wird. Erst die Erleichterung über das Ende des Lagers ermöglicht den Schauder über das dort durchlebte Grauen.

Wir haben viele Male im Kino miterleben können, wie die Spannung, die Federns Bericht durch den ganzen Film hindurch erzeugt, bei diesem Brief – durch Federns eigene Bewegung – sich steigert. Und vielfach wurde in der sich anschließenden Diskussion geäußert, daß das Vorlesen des Briefes, bei dem die enorme Selbstbeherrschung Ernst Federns brüchig wird, ihn dem Zuschauer als Mensch nahebringt.

Der Zuschauer erlebt, wie schwer es dem Protagonisten fällt, sich in diese Zeit zurückzuversetzen; denn noch mit dem Brief in der Hand zögert er: „Ja, soll ich ihn lesen?" Es bedarf der Nachfrage, der Aufforderung zum Bericht und auch der emotionalen Begleitung in die Erinnerung.

Diese letzten Filmaufnahmen, in denen die Befreiung Buchenwalds, die wir bis zu diesem Zeitpunkt immer ausgespart hatten, und die Folgezeit im Mittelpunkt standen, waren für uns äußerst bedeutsam. Wie wir gehofft hatten, verband Federn seine Schilderungen vom Alltag in Buchenwald – dem Leben inmitten alltäglicher Bedrohung, zwischen Haß und Freundschaft, zwischen Anpassung und Unbeugsamkeit – mit Erklärungen, die den Film zu einem Dokument des Terrors machen sollten. Denn um die Dimensionen der Verbrechen zu erkennen, bedarf es nicht nur der Schilderung der Lagerrealität, sondern auch der reflektierenden Betrachtung.

Daß dies in einem langen Film entfaltet werden sollte, schien uns angesichts der erzählerischen Qualitäten von Ernst Federn selbstverständlich. Neben seiner Art der Darstellung, die nicht die Abwehr der Zuschauer gegen das Thema mobilisiert, war es das Moment der Hoffnung, das uns bestärkte, einen abendfüllenden Dokumentarfilm zu konzipieren. Im Falle des Ernst Federn war das Kalkül der Nazis, die Gefangenen zu brechen und sie zu entmenschlichen, nicht aufgegangen. Denn der ehemalige Schutzhafthäftling spezialisierte sich später auf die Arbeit mit Strafgefangenen, und seine hervorragenden Bemühungen brachten ihm sogar den Rückruf nach Österreich als Konsulent des Justizministers für die Strafrechtsreform ein. Wir sahen in Federns langjähriger Bemühung, „daß der Gefangene wie ein Mensch behandelt wird", immer auch eine Aufarbeitung der eigenen KZ-Erfahrung, wo den „Gefangenen die Menschlichkeit abgesprochen wurde".

Neben dieser inneren Wahrheit war uns die Verarbeitung des Erlebten wichtig in einem Film, der häufig mit Unmenschlichem und Destruktivem konfrontiert. So bildeten die Aufnahmen in der Justizvollzugsanstalt Stein, wo Federn viele Jahre bis zu seiner Verabschiedung im Jahre 1987 gewirkt hatte, den Abschluß unserer Dreharbeiten mit Ernst und Hilde Federn.

Mit den Interviews waren die Dreharbeiten indes nicht abgeschlossen, denn wir wollten Federns Bericht mit Bildern des Lagers und mit historischen Aufnahmen zusammenbringen. Das Äußere des Lagers und das Leben im KZ sind aber nur sehr beschränkt fotografisch dokumentiert infolge des damaligen Fotografie-Verbots. Viele Fotos entstanden erst nach der Befreiung. Das Äußere des Lagergeländes hat sich seither stark verändert: Baracken wurden abgerissen, Wachttürme geschleift. Eine Verbindung zwischen vorhandenen historischen Fotos und Blicken auf das heutige Lager schien uns für die Ausführungen von Federn und das Orientierungsbedürfnis des Zuschauers die besten Voraussetzungen zu schaffen.

Um einen Eindruck vom Lager zu bekommen, führten wir die Dreharbeiten in Buchenwald zu allen Jahreszeiten durch. So erlebten wir den Ettersberg bei gnadenlosem Frost, eiskalten Sturmtagen und tiefem Schnee – und verstanden nun besser, weshalb ehemalige Häftlinge sich so genau des damaligen Wetters erinnern.

Das äußerst umfangreiche Interviewmaterial (20 Stunden) machte den Filmschnitt zu einem aufwendigen Abenteuer. Welche Schwerpunkte sollten herausgearbeitet werden? Welchen Umfang sollten die verschiedenen Lebensabschnitte ausmachen? Würde es eines Kommentars bedürfen, die einzelnen Teile des Berichts zusammenzufügen? Der im Filmschnitt unerfahrene Leser sei darauf hingewiesen, daß die einzelnen Interviewteile sich keineswegs wie ein zuvor gestanztes Puzzle zusammenfügen. Vielmehr müssen beim Filmschnitt die Ränder jedes Teiles so beschaffen sein oder so bearbeitet werden, daß sie sich an das folgende bzw. den vorherigen Abschnitt anfügen lassen. Erst im Laufe der Arbeit stellt sich heraus, welche Abschnitte der Interviews aneinandergeschnitten werden können. Ein grundsätzlicher Unterschied zum vorgefertigten Puzzle ist es, daß kein Filmstück bereits einen fertigen Platz hat. Vielmehr kann jedes Teil prinzipiell an vielen Stellen eingesetzt werden. Aus der Fülle des Materials eine sinnvolle Abfolge zu gestalten, ist die filmkünstlerische Arbeit. Zwei wichtigen Anforderungen hat der Filmschnitt dabei zu genügen: Erstens muß der Protagonist im entstandenen Film die Richtigkeit seiner Aussagen bestätigen können, und zweitens muß die potentielle Wirkung der Aussagen auf die Zuschauer mitreflektiert werden.

Wenn man bedenkt, daß das Interviewmaterial mit Ernst und Hilde Federn etwa 150 Seiten umfaßt, mag man eine Vorstellung von den Möglichkeiten und Schwierigkeiten dieser Arbeitsphase bekommen.

Wir entschieden uns, Federns Schilderungen des Konzentrationslagers in den Mittelpunkt zu stellen und dem Zuschauer als Orientierung eine Zeitachse zu geben, die mit der Einlieferung ins KZ beginnt. Bei einem kurzen Film hätte es sich angeboten, sich ganz auf die Auseinandersetzungen zwischen den Häftlingen zu konzentrieren, jenem bis dato ausgesparten Themen-Komplex. Da dabei nur allzu leicht die Verantwortung der SS und des NS-Regimes für die KZs in den Hintergrund tritt, entschieden wir uns für eine Darstellung, in der diese Auseinandersetzung *eine* der Schwierigkeiten beim Überleben war. Bewußt haben wir die anderen Schwerpunkte – Schock der Einlieferung, entmenschlichende Aufnahmerituale, Häftlingseinteilung, Anpassung und Widerstand, Stellung in der Hierarchie, Macht und Privilegien der Blockältesten, Unmenschlichkeit der SS, Solidarität der Häftlinge gegen die SS, Arbeitskommandos, Krankheit, Unterstützung durch Familienangehörige, Transporte, Kleines Lager, Hunger, Befreiung – als gleichberechtigte Kapitel gestaltet, um einen Eindruck zu geben vom Kosmos des Lagers, wie er von einem Häftling erfahren wurde.

Von der Herangehensweise des fast zur selben Zeit erschienenen Buches „Die Ordnung des Terrors. Das Konzentrationslager" (1993) von Wolfgang Sofsky wurde die Struktur des Filmes bestätigt.

Durch eine äußerst aufwendige Montage gelang es, die einzelnen thematischen Schwerpunkte so zu arrangieren, daß sie für den Zuschauer in Federns Erzählfluß eingebettet sind. Häufig zeigten uns die Fragen im Anschluß an eine Filmvorführung, daß der Eindruck entstanden war, Federn hätte die einzelnen Geschichten in dieser Reihenfolge erzählt. Tatsächlich fanden die Dreharbeiten mit Federns ja von Anfang 1988 bis Ende 1991 statt.

Ernst Federns Aussehen und seine Stimmlage hatten sich von den Aufnahmen des Jahres 1988 bis zu den Aufnahmen 1989 so stark verändert, daß wir beschlossen, die Interviewteile von 1988 sämtlich ins Off zu legen zugunsten des Eindrucks einer geschlossenen Erzählung. Dies wird unterstützt durch den bewußten Verzicht auf einen Kommentar und die Reduktion unserer Interviewfragen.

Der geschlossene Eindruck einer fortlaufenden Erzählung stellt sich auch ein durch die Art, wie wir die Aufnahmen vom Lagergelände im Film eingesetzt haben. Langsam wird der Zuschauer – durch eine Kamerafahrt über die „Blutstraße" zum Lagertor – herangeführt, anschließend durch langsame Schwenks durchs Lager geleitet: Die Kamera schwenkt, auf dem Appelplatz stehend, vom Tor zum Krematorium. Nach einiger Zeit stellt sich so beim Zuschauer ein räumlicher Eindruck vom Lagergelände ein.

Während die Aufnahmen vom heutigen Lagergelände räumliche Orientierung vermitteln, wurden die historischen Fotos verwendet, damit sich der Zuschauer in der Zeit zurechtfindet. Zur Verfügung standen z.B. Originalaufnahmen aus Dachau und Buchenwald vom Bau des Lagers, von den Baracken, von der Einlieferung der Häftlinge und von Rodungsarbeiten für die SS-Betriebe.

Die Montagen mit Fotos wurden ergänzt durch Sequenzen mit Zeitungsausschnitten. Die Zeitungsüberschriften haben die Funktion einer zusätzlichen Zeitachse; sie verweisen auf spektakuläre Ereignisse außerhalb des Lagers – Hitler in Weimar, Kriegsausbruch, Kriegsverlauf, Blitzkrieg, Stalingrad, Befreiung Buchenwalds – und korrespondieren mit Federns Ausführungen.

Schließlich sei noch auf die wichtige Bedeutung der Musik für den Film hingewiesen. Dem Cellisten Frank Wolff aus Frankfurt, den wir um eine Musik für den Film gebeten hatten, ist es mit einer eigens vom ihm komponierten und gespielten Musik gelungen, Einzelteile des Filmes auf emotionaler Ebene zu einem Gesamtwerk zusammenzufügen. Zwischen den einzelnen Sequenzen benötigt der Zuschauer Raum für die aufgewühlten Gedanken und Gefühle. Der Ton des Cellos begleitet die Emotionen und hält gleichzeitig – und das ist das Besondere von Frank Wolffs Musik, – die Spannung des Filmes aufrecht.

Für uns gab es keinen Zweifel, daß der geschnittene Film die Zustimmung von Federn fände. Dennoch sahen wir dieser Sichtung zu viert mit den Protagonisten im Schneideraum mit außerordentlicher Spannung entgegen. Hilde und Ernst Federn, die wir stets als sehr beherrscht erlebt hatten, waren bei der ersten Vorführung des Filmes so erschüttert, daß wir den Film mehrfach anhalten mußten. Am Ende erhielten wir die volle Zustimmung von Ernst und Hilde Federn; der Film konnte veröffentlicht werden.

Am 26. November 1992 fand im Kommunalen Kino in Frankfurt am Main die Premiere des Filmes *Überleben im Terror – Ernst Federns Geschichte* statt. Das Publikum nahm den Film mit großer Spannung und sehr bewegt auf. Es gab jedoch auch irritierte Reaktionen auf die damals noch ungeläufigen Eröffnungen zum Verhalten der stalinistischen Blockältesten. In der anschließenden Diskussion wurde neben uneingeschränkter Zustimmung und großer Betroffenheit auch geäußert, daß die neuen Akzente über den Terror der Gefangenen untereinander nicht leicht aufzunehmen waren.

Wenn wir nun gehofft hatten, daß der Film nach der überaus positiven Aufnahme bei den darauffolgenden Vorführungen in Hamburg, Berlin, München, Köln, Stuttgart, Nürnberg, Bonn, Dresden, Weimar, Zürich ..., doch noch durch das deutsche Fernsehen ausgestrahlt würde, – so belehrten uns in der Folgezeit die Absagen der angesprochenen Redaktionen eines Besseren. Einzig der Hessische Rundfunk sendete im Frühjahr 1995 den Film.

Die Filmförderungen aus Hamburg, Hessen und Brandenburg sowie später die des Saarlandes und Niedersachsens erwiesen sich hingegen als sehr hilfreich; denn durch die dort gewährten Zuschüsse wurde es möglich, den Film im Kino zu zeigen. Ohne diese Unterstützung wäre es uns nicht möglich gewesen, den Film bei Festivals (wie dem Internationalen Dokumentarfilmfest München, Kasseler Dokumentarfilmfest, Int. Filmfestival Figueira da Foz, Österreichische Film Tage in Wels, Frankfurter Filmschau, Friedberger Tage des religiösen Films) zu präsentieren und in kommunalen Kinos und nichtkommerziellen Abspielstätten zu plazieren.

Der Durchbruch des Filmes begann mit dem 1. Preis bei den „Friedberger Tagen des religiösen Films" im November 1993; denn dank dieser Auszeichnung interessierte sich die Jury der evangelischen Filmarbeit für den Film und wählte ihn im März 1994 neben Spielbergs „Schindlers Liste" zum „Film des Monats". Mit diesem Prädikat versehen, konnte der Film in immer mehr Kinos aufgeführt werden. Häufig wurden wir als Autoren eingeladen, um nach dem Film mit dem Publikum zu diskutieren.

Neben einer durchweg positiven Aufnahme des Filmes gab es zu dieser Zeit jedoch auch immer wieder Diskussionen nach dem Film, in denen wir heftigen Angriffen wegen angeblicher Verleumdung der kommunistischen Blockältesten ausgesetzt waren. Bisweilen versuchten sogar kleine Gruppen von stalinistischen Sympathisanten, mit verteilten Rollen im Kinosaal ein Scherbengericht zu inszenieren.

So war die Aufnahme des Films in Weimar für uns von großer Bedeutung. Wie würden die wissenschaftlichen Mitarbeiter der Gedenkstätte Buchenwald reagieren, die ja überwiegend am Zustandekommen der letzten Ausstellung während der DDR-Zeit beteiligt gewesen waren? Aber statt heftiger Schelte erfuhr der Film auch dort von einem nachdenklichen und beeindruckten Publikum viel Zustimmung und Lob. Dr. Harry Stein, den wir schon bei den Recherchen und Dreharbeiten in Buchenwald als kompetenten und hilfreichen Wissenschaftler schätzen gelernt hatten, sah in unserem Film eine Bestätigung dafür, daß es *die* Geschichte von Buchenwald nicht gibt. In der fast achtjährigen Geschichte dieses KZs seien etwa 250.000 Menschen mit dem Lager verknüpft worden und hätten dort sehr Unterschiedliches erlebt. Die radikale Authentizität mache den Film zu einem wichtigen Dokument und lasse den Zuschauer ahnen, daß es auch andere Schicksale als das Schicksal des Ernst Federn in Buchenwald gegeben habe.

Wenige Zeit später meldete sich der ehemalige J von Block 17, Emil Carlebach, mit der Forderung bei uns, alle ihn betreffenden Passagen aus dem Film zu entfernen, andernfalls werde er klagen. Wir lehnten diese Zensur ab, waren aber bereit, eine Erklärung von ihm in den Abspann des Filmes aufzunehmen. Bei einem Treffen erzählte uns Emil Carlebach sehr eindrücklich, wie er als Blockältester sich durch äußerst autoritäres Auftreten Respekt verschaffen mußte bei der SS und bei anderen Häftlingen. Ob diese Verhaltensweisen stets dem Wohle der anderen Häftlinge dienten, können wir kaum beurteilen. Fest steht jedoch, daß nicht alle ehemaligen Häftlinge davon überzeugt sind. Im konkreten Fall des Jakob Ihr, den Carlebach nach Federns Aussage umbringen lassen wollte, formulierte Carlebach eine Erklärung, in der er die Mordabsicht zurückweist, die Absicht, Ihr aus dem Lager entfernen zu lassen, allerdings bestätigt: „... Tatsächlich hielt ich den Jakob Ihr für eine Gefahr, weil er sich bei der Gruppe der Illegalen im Block anbiederte. Deshalb wollte ich ihn in ein Außenkommando versetzen lassen." Inzwischen ist auch der Bericht von Emil Carlebach aus dem Jahre 1954 zugänglich geworden, in dem er schrieb: „... als ich die Entfernung des Häftlings Ihr aus dem Lager durchsetzen wollte, ... urteilte ich offensichtlich zu sektiererisch." (Niethammer, 1994)

Die Auseinandersetzung mit der Rolle der stalinistischen Blockältesten führte noch im November 1994 zur Annulierung einer Kinovorführung beim Antifaschistischen Ratschlag in Erfurt und zur Ausladung des Filmes und der Autoren von der Internationalen Konferenz über audio-visuelle Zeitzeugenberichte aus den Konzentrationslagern der Nazis, die von der Foundation Auschwitz, Brüssel, im Herbst 1994 in Paris durchgeführt wurde.

Nach der Veröffentlichung des oben genannten Buches stieg das Interesse an den Fragen des Terrors der Häftlinge untereinander stark an, um dann bald wieder abzuflauen. Bei den Filmvorführungen löste diese Frage etwa ab Anfang 1995 keine Kontroversen mehr aus. Vielmehr wurde sie als eine der Bedingungen des Lagers angenommen, wie dies auch im Film herausgearbeitet wird.

Bis heute hatten wir nach etwa 100 Vorführungen des Filmes Gespräche mit dem Publikum. Nachdem zu Beginn, wie dargestellt, die seinerzeit noch nicht bekannten Informationen zur Organisation des Terrors unter den Gefangenen breiten Raum in diesen Gesprächen eingenommen haben, verlagerte der Fokus sich zunehmend auf Aspekte des Überlebens und auf Ernst Federns persönliche Voraussetzungen zum Überleben. Im Film vermitteln die Kinderbilder – „Ich war immer ein glückliches Kind", „... und immer der Liebling!" – eindrucksvoll etwas von der Sicherheit und Geborgenheit, in der Ernst Federn aufgewachsen ist. Ebenso vermittelt sich offenbar auch durch den ganzen Film, welche Stütze und Orientierung Ernst Federn aus seiner Beziehung zu dem berühmten und verehrten Vater für das Überleben gewinnen konnte, z. B. indem er in entscheidenden Situationen sich an wichtigen Personen zu orientieren und rasch zu handeln vermochte.

Es wird von den Zuschauern wahrgenommen, daß im ganzen Film ein hoffnungsvoller Unterton mitschwingt, der die Botschaft vermittelt, daß es innere Voraussetzungen gibt, die es ermöglichen, unter Umständen und „mit viel Glück", wie Ernst Federn immer wieder betont, im Terror zu überleben. Gerade bei jungen Zuschauern kommt dies offenbar an.

Ernst Federn bei seinem ersten Besuch
in der Gedenkstätte Buchenwald im November 1995

Besonders erfreulich ist das zunehmende Interesse von Schulen am Film. Den anfänglichen Vorbehalten von Lehrern gegen die Länge des Filmes und seine Komplexität steht heute eine große Zahl sehr erfolgreicher Schülervorstellungen gegenüber. Beeindruckend für uns war nicht nur das große Interesse der Schüler am Film, sondern auch die regen Gespräche im Anschluß. Besonders positiv wurde oft von Schülerseite hervorgehoben, daß einerseits die erzählerischen Fähigkeiten von Ernst Federn in den Film „hineinziehen", daß andererseits durch den distanzierten Sprachduktus dem Zuschauer kein Schuldgefühl aufgedrängt werde. Glaubhaft werde der Film auch, weil nicht einer einseitig als Held oder Opfer vorgestellt werde. Ernst Federn biete mit seinem Bericht über das Konzentrationslager Buchenwald Zugang und Verständnishilfen. Gerade weil im Film auch Widersprüchliches seinen Platz habe, werde der Zuschauer ermuntert, sich mit diesem Dokument auseinanderzusetzen und selbst Stellung zu beziehen.

Ernst Federn hat sich – immer zusammen mit Hilde Federn – „seinen" Film immer wieder angeschaut, unzählige Male inzwischen, und auf alle Fragen des Publikums ausführlich geantwortet. Vierzig Jahre danach hat er angefangen, über seine Erfahrungen im Terrorsystem des Konzentrationslagers zu sprechen, und er nimmt bis heute jede Chance wahr, diese Erfahrungen und ihre Verarbeitung uns und den Nachkommen zugänglich zu machen.

Material zur Geschichte der Psychoanalyse und der Psychoanalytischen Pädagogik: Zum Briefwechsel zwischen Bruno Bettelheim und Ernst Federn*

Roland Kaufhold

„Leistete keiner von denen, deren Tod bestimmt war, Widerstand? Wollte keiner von ihnen sterben, nicht indem er sich fügte, sondern indem er sich behauptete und gegen die SS kämpfte? (...)
Vielleicht kann eine andere seltene Begebenheit, ein Beispiel höchster Selbstbehauptung, Licht auf diese Fragen werfen. Eine Gruppe von nackten Häftlingen stand vor der Gaskammer bereit. Irgendwie hatte der kommandierende SS-Offizier erfahren, daß einer der weiblichen Häftlinge Tänzerin gewesen war. Er befahl ihr, für ihn zu tanzen. Sie tat es, und dabei näherte sie sich ihm, bemächtigte sich seiner Pistole und schoß ihn nieder. Sie selbst wurde sofort erschossen.
Ist es nun nicht möglich, daß trotz der grotesken Szenerie, in der sie tanzte, ihr Tanz sie wieder zu einer Person werden ließ? *Indem sie tanzte, wurde sie als Einzelperson ausgesondert und aufgefordert, das zu tun, wozu sie sich einmal berufen gefühlt hatte.* Sie war nicht mehr länger eine Zahl, ein namenloser, entpersönlichter Häftling, sondern die Tänzerin, die sie früher war. So umgeformt, wenn auch nur vorübergehend, *reagierte sie wie ihr altes Selbst, und sie vernichtete den Feind, der ihre Vernichtung wollte, selbst wenn sie dabei den Tod fand.*
Trotz der Hunderttausenden von lebendigen Toten, die sich ruhig auf ihre Gräber zubewegten, zeigt dieses eine Beispiel – und es gab mehrere –, daß die alte Persönlichkeit sofort wieder erlangt werden kann, daß die Zerstörung der Persönlichkeit aufgehoben wird, wenn wir selbst uns dazu entschließen, nicht mehr Einheiten eines Systems sein zu wollen.
Indem die Tänzerin *sich ihrer letzten Freiheit bediente*, die ihr nicht einmal das Konzentrationslager nehmen konnte – nämlich zu entscheiden, was man über seine eigenen Lebensbedingungen zu denken und zu fühlen wünscht –, entledigte sich die Tänzerin ihres wirklichen Gefängnisses. Sie konnte dies tun, weil sie *bereit war, das Leben zu riskieren, um noch einmal die Herrschaft über sich selbst zu erlangen. Wenn wir das tun, dann können wir wenigstens als Menschen sterben, selbst wenn wir nicht als solche leben können."*
Bruno Bettelheim (Der schwankende Preis des Lebens. In: Aufstand gegen die Masse, S. 284–286, Hervorhebung d. Verf.)

Ernst Federn und Bruno Bettelheim, beide in Wien geboren und in die USA emigriert, gehören zu den Pionieren der Psychoanalytischen Pädagogik.[1] Durch ihr tragisches Schicksal, die gemeinsame Inhaf-

---
* Siehe Dokumentation im Anhang
[1] Siehe: Pioniere der Psychoanalytischen Pädagogik: Bruno Bettelheim, Rudolf Ekstein, Ernst Federn und Siegfried Bernfeld, *psychosozial* Nr. 53 (1/1993).

tierung in Dachau und Buchenwald, wurden sie, trotz ihres recht unterschiedlichen Charakters, zu engen Freunden und Kollegen. Durch ihr Bemühen, ihre durch die Nationalsozialisten aufgenötigten traumatischen Konzentrationslagererfahrungen wissenschaftlich und lebensgeschichtlich aufzuarbeiten, zu „bewältigen", wurden sie zu Begründern einer Psychologie der Extremsituation (s. Reich 1993, 1994).

Bettelheim und Federn standen seit ihrer ersten Begegnung in Buchenwald in regelmäßigem Kontakt. Dieser dauerte bis zu Bettelheims Freitod im März 1990 an. So nahmen sie beispielsweise gemeinsam an dem großen Kongreß „Vertriebene Vernunft" im Jahre 1987 in Österreich teil, der der Erinnerung und der Aufarbeitung gewidmet war (s. Bettelheim 1988). Aus dieser lebenslangen Freundschaft ist ein Briefwechsel zwischen Federn und Bettelheim entstanden.

Der Briefwechsel umfaßt insgesamt 19 Briefe sowie mehrere Postkarten aus dem Zeitraum zwischen 1945 und 1987. Zehn dieser Briefe stammen aus den Jahren 1945 und 1946. Insbesondere diese frühen Briefe, unmittelbar nach Ernst Federns Befreiung aus Buchenwald verfaßt, geben ein authentisches Bild von der Lebenssituation und den gemeinsamen Interessen dieser beiden Persönlichkeiten. Für dieses Buch sind sie insofern von besonderem Interesse, als Bruno Bettelheim Ernst Federns frühe Studien zur Psychologie des Terrors – die in diesem Band publiziert sind – unmittelbar nach ihrer Fertigstellung kritisch diskutiert hat.

17 dieser Briefe sind von Bettelheim, zwei von Federn verfaßt worden. Zwei der Bettelheim-Briefe sind an Ernst Federns Vater, Paul Federn, gerichtet. Von seinen übrigen eigenen Briefen hat Ernst Federn keine Kopien gemacht; ihr Inhalt erschließt sich jedoch weitgehend aus Bettelheims Briefen. Ich möchte nun, in Absprache mit Ernst Federn, die wichtigsten Briefe dokumentieren. An einigen Stellen wurden Passagen gestrichen, die eindeutig in den Bereich des Privaten gehören,.

Es sei an dieser Stelle darauf hingewiesen, daß die Dokumentation sowie die Kommentierung des Briefwechsels zwischen Bettelheim und seinem engen Freund und Kollegen Rudolf Ekstein (s. Kaufhold [1994a], s. auch Kaufhold [1993, 1994]) – in dessen Kontext ich bereits vier der im folgenden abgedruckten Briefe publiziert und eingeleitet hatte

(Kaufhold [1994a], S. 276f., S. 288–290)[2] – als vertiefende Lektüre sinnvoll herangezogen werden könnte.

Einführende Bemerkungen zum Briefwechsel (1945–1987)

Bruno Bettelheim war am 28.5.1938 in Wien inhaftiert, am 2.6.1938 mit einem sog. „Prominententransport" nach Dachau verbracht und am 17.4.1939 aus Buchenwald entlassen worden, mit der Auflage, binnen einer Woche zu emigrieren. Zu den Gründen für die Inhaftierung des Juden Bettelheim bemerkt Ernst Federn (1990a, S. 3): „He was arrested by the Gestapo for his clandestine activities in the social assistance section of the resistance movement against the Austrian fascist government."

Ernst Federn hatte 1934 als 20jähriger Student der Wirtschafts- und Rechtswissenschaft seine illegale Widerstandstätigkeit gegen den Faschismus begonnen. Bereits am 14.3.1936 war der 21jährige in Wien für vier Monate wegen Verdachts der illegalen Betätigung für die revolutionären Sozialisten Österreichs von der politischen Polizei verhaftet worden. Anschließend wurde dem jungen Intellektuellen ein weiteres Studium untersagt. Nach einer zweiten Inhaftierung während einer Verhaftungswelle gegen die Revolutionären Kommunisten im November 1936 wegen Verdachts des Hochverrats wurde Ernst Federn im Juni 1937 wegen Mangels an Beweisen erneut freigelassen.

Am 14.3.1938 wurde er durch die Gestapo verhaftet – just an diesem Tag hatte er seine Verlobte und spätere Frau Hilde Paar heiraten wollen (s. Kaufhold/Kuschey 1995). Vom Mai 1938 bis September 1938 wurde Federn in Dachau, anschließend bis zur Befreiung durch die Amerikaner am 11.4.1945 in Buchenwald festgehalten (s. Kaufhold 1993b, Kaufhold/Kuschey 1995). Während seiner siebenjährigen Inhaftierung unternahmen seine Eltern, die rechtzeitig in die USA emigriert waren, sowie einige weitere Persönlichkeiten,[3] mehrfach den verzweifelten Versuch, sich für Ernst Federns Freilassung einzusetzen. Diese Be-

---

[2] Es handelt sich um folgende Bettelheim-Briefe: 1.7.1946, 21.7.1946 sowie 11.8.1946 an Paul Federn, 16.4.1963 an Ernst Federn.
[3] U. a. das Ehepaar Scholer aus Basel; Frau Scholer war eine Patientin Heinrich Mengs; Meng wiederum war ein Analysand von Paul Federn (s. Plänkers/Federn 1994, S. 177).

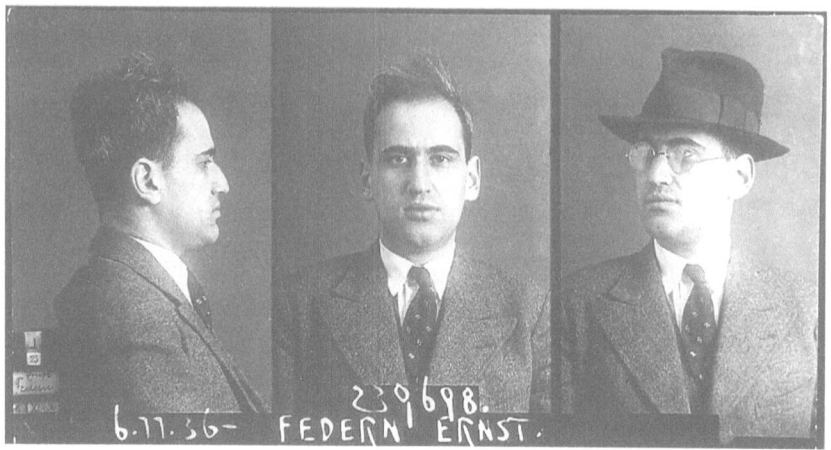

Ernst Federn als Untersuchungshäftling am 6.11.1936. Das Photo wurde im Rahmen einer erkennungsdienstlichen Behandlung von der österreichischen Staatspolizei angefertigt. Quelle: Dokumentationsarchiv des österreichischen Widerstandes, Wipplingerstr. 8, 1010 Wien

mühungen blieben erfolglos: Als Mitglied einer berühmten jüdischen Familie stellte er für die Nationalsozialisten ein Faustpfand dar.

Nach seiner Befreiung erfuhr Federn von einem Brief, in dem Himmler persönlich angeordnet hatte, ihn weiter als Geisel festzuhalten (s. Plänkers/Federn 1994, S. 177, Sutton 1996, S. 220).

Im Herbst 1938 lernten sich Bettelheim und Federn in Buchenwald beim gemeinsamen „Ziegelschupfen" kennen. Diese erste Begegnung erschien Federn so symbolträchtig, daß er sie verschiedentlich geschildert hat.[4]

Drei Jahre nach seiner Freilassung, 1942, hatte Bettelheim seine inzwischen legendäre Studie „Individual and Mass Behavior in Extreme Situations" abgeschlossen; sie wurde jedoch ein gutes Jahr lang von allen psychiatrischen und psychoanalytischen Zeitschriften in den USA abgelehnt, weil man diese Schilderungen für übertrieben hielt. Auch glaubte man, sie der amerikanischen Bevölkerung nicht zumuten zu können (s. Bettelheim 1960/1980, S. 22–24). Gordon Allport veröffentlichte diese Studie des damals völlig unbekannten Bettelheim als Leitartikel im Oktober 1943 im *Journal of Abnormal and Social Psychology*,

---

[4] Siehe Federns Beitrag über Bettelheim in Teil 2 sowie Federn (1990), S. 43; Plänkers, Federn (1994), S. 151

Paul Federn in den 40er Jahren in den USA

und Dwight Mac Donald druckte sie im August 1944 in der auflagenstarken, progressiven Zeitschrift *Politics* in einer gekürzten Fassung nach; 1947 erschien sie im zehnbändigen Supplement der Encyclopaedia Britannica zum Zweiten Weltkrieg.[5] General Eisenhower machte diesen Essay nach Kriegsende für alle Offiziere der US-Militärregierung in Deutschland zur Pflichtlektüre. „Nur", bemerkt Bettelheim hierzu bitter, „daß eben diese Erkenntnisse den Millionen, die in dern Lagern ermordet worden waren, auch nichts mehr half." (Bettelheim 1960/1980, S. 27)

Gordon Allport schrieb entsprechend am 15.6.1945 an Bettelheim:

"You will be interested to know that we received a cablegram signed by Eisenhower asking for permission to translate and reprint your article on „Individual and Mass Behavior in Extreme Situations." The Headquarters had only the mimmographed edition but we authorised the reprinting and hope that your contribution will play an active part in the education of occupation authorities. From returning army men who have seen conditions first hand I judge the psychological direction taken in your article has been wholly validated."[6]

Anmerkungen zu den einzelnen Briefen

In seinem ersten Brief an Ernst Federn vom *11.7.1945*, drei Monate nach der Befreiung Buchenwalds durch die Amerikaner sowie knapp vier Wochen nach dem Erhalt der überraschenden Nachricht von Gordon Allport, erinnert Bettelheim an ihre erste Begegnung in Buchenwald. Er beginnt seine Korrespondenz mit Ernst Federn mit einer ermutigenden Nachricht: Er ist aufgrund seiner Konzentrationslager-Studie vom Richter Robert Jackson, dem amerikanischen Ankläger bei den Nürnberger Kriegsverbrecherprozessen, als Zeuge geladen worden und hat dort Ernst Federn als glaubwürdigen Zeitzeugen für die Kriegsverbrechen in den nationalsozialistischen Konzentrationslagern vorgeschlagen.[7] Bettelheim versucht vorsichtig, an die gemeinsame Gefangenschaft in Buchenwald anzuknüpfen. Er erwähnt in diesem Kontext seine erste Studie zu den Konzentrationslagern als soziale

---

[5] Concentration Camps, German. In: Ten Eventful Years, Chicago: Encyclopedia Britannica, Vol. 2, S. 1–12.
[6] Sutton (1996) hat diesen Brief in der französischsprachigen Originalausgabe (1995) ihrer Bettelheim-Biographie als Dokument abgedruckt.
[7] Sutton (1996, S. 162) hat einige Passagen aus Bettelheims Zeugenaussage vor Richter Robert Jackson wiedergegeben. Die Zeugenaussage ist veröffentlicht in: Nazi Conspiracy and Aggression, U.S. Government Printing Office, Washington 1946, Bd. VII (S. 818–839).

Institution (s.o.; Bettelheim 1960/1980), die in seiner neuen Heimat, den USA, einige Aufmerksamkeit erregt habe. Der an dieser Stelle erwähnte Victor Serge (der in späteren Briefen noch öfter genannt wird, s. u.) ist für Ernst Federn insofern von besonderer Bedeutung, als dieser der Übersetzer der Werke Trotzkis ins Englische[8] war. Ernst Federn war seit der Lektüre der Autobiographie im Alter von 14 Jahren ein überzeugter Anhänger Trotzkis[9] und wurde später ein Begründer der österreichischen Sektion der 4. Internationale. Weiterhin erwähnt Bettelheim in diesem Brief vom *11.7.1945* seinen Kontakt zu Ernst Federns Vater. Dieser war für Bettelheim bereits in Wien eine bedeutsame Persönlichkeit gewesen, worin auch die aus der ersten Begegnung in Buchenwald erwachsene enge Freundschaft (s. Federns Beitrag über Bettelheim in Teil 2 dieses Buches) mit Ernst Federn begründet war.

Abschließend bietet Bettelheim Federn jegliche nur mögliche Hilfe an und deutet auch seinen Wunsch an, zukünftig in einen Austausch über Federns traumatische Erfahrungen, sein Überleben in Buchenwald, zu kommen: „... but I think it will take you some time before you will be willing to talk about." Der Grundstein für eine Erneuerung und Vertiefung ihrer Freundschaft ist gelegt.

Sechs Wochen später, am *21.8.1945*, antwortet Federn. Durch glückliche Umstände ist er von seinen belgischen Mithäftlingen zum belgischen Staatsbürger gemacht worden. In Brüssel werden die überlebenden Häftlinge von der belgischen Regierung unter großer Anteilnahme der Bevölkerung ehrenvoll empfangen. Ernst Federn hatte erneut Glück: In Brüssel spricht ihn Lazaire Liebmann[10] an: Er habe gehört, daß er (Federn) aus einem deutschen Konzentrationslager komme. Einer seiner Söhne sei in Auschwitz ermordet worden. Er wolle ihn gerne bei sich zu Hause aufnehmen. Federn stimmte zu. Ernst Federn hat diese bewegende Szene im Film „Überleben im Terror. Ernst Federns Geschichte" von Wilhelm Rösing und Marita Barthel-Rösing geschildert:[11]

> „In einem Kaffeehaus bin ich mit einem Freund aus Belgien gesessen, und da sind die Leute gekommen und haben geschaut: „Sept ans à Buchenwald, sept ans à Buchenwald." – Und in der Früh erschien in diesem Cafe ein Mann namens Lieb-

---
[8] Victor Serge: Vie et mort de T. (1951).
[9] „Mein Leben. Versuch einer Autobiographie", (1931–1933; dt. 1962, 1990, Dietz Verlag).
[10] Lazaire Liebmann war am 2.2.1947 Trauzeuge bei Ernst und Hilde Federns Heirat, s. u.
[11] Siehe deren Beitrag zu den Filmarbeiten in diesem Buch.

mann, Lazaire Liebmann. Und sagt: „Ich höre, es ist ein Jude aus Buchenwald hier, ich möchte ihn sprechen." Und sagte: „Mein Sohn, mein ältester Sohn ist in Auschwitz umgekommen. Ich nehme Sie als Sohn an."

Nach der siebenjährigen Inhaftierung in Dachau und Buchenwald lebt Federn erst vier Monate in Freiheit. Seine gesammte psychische und physische Energie wird für die Anpassung an die neue, ungewohnte Realität benötigt. Und doch schreibt er bereits eine knapp fünfzigseitige hier dokumentierte Studie „Der Terror als ein System: Das Konzentrationslager". Ernst Federn knüpft unmittelbar an Bettelheims Brief an und erinnert in seinem ersten Schreiben an Bettelheim sogleich an die eindrückliche, symbolhafte Szene ihres Kennenlernens. Federn betont sein sowohl zutiefst persönliches als auch wissenschaftliches Interesse an Bettelheims erster KZ-Studie über Dachau und Buchenwald. Das gemeinsamen Bemühen, die erlittene Inhaftierung zu „verarbeiten", ist nicht zu übersehen. Federn erwähnt seine „politische Broschüre über Buchenwald"[12] sowie seine „Arbeit über seelische Hygiene der Völker und Neuerziehung der Jugend".[13] Die Verknüpfung zwischen Psychoanalyse und Pädagogik, die Ernst Federn von seinem Vater „geerbt" hatte (s. Kaufhold 1993, 1993a, 1994a), hat auch die siebenjährige KZ-Haft nicht zu zerstören vermocht. Das „Urvertrauen" (Erikson),[14] sein psychisches Substrat, verbunden mit seinem gesunden Narzißmus (s. Kaufhold/Kuschey 1995, S. 200–207), erwies sich als unzerstörbar. Selbst die Nazis hatten ihn nicht zum „Untermenschen" machen können.

Bettelheims Angebot, einen Kontakt zum Trotzki-Übersetzer Victor Serge herzustellen, nimmt Federn mit Interesse an. Beeindruckend erscheint mir Federns ungebrochene wissenschaftliche Vitalität. Er

---

[12] Es handelt sich hierbei um seinen im Anhang dokumentierten Beitrag „Der Terror als ein System: Das Konzentrationslager" vom Juli 1945.

[13] Diese Studie erschien 1949 im *Psychiatric Quarterly Supplement* unter dem Titel "Mental hygiene as applied to the prevention of war" und ist in Federns Buch "Witnessing psychoanalysis. From Vienna back to Vienna via Buchenwald and the USA", London 1990, S. 11–29, abgedruckt. Eine Übersetzung dieses Buches ist beim Psychosozial-Verlag in Vorbereitung.

[14] Federn bemerkt hierzu: „Ich hatte natürlich die Erfahrung des unglaublichen Glücks. Das hat mich immer wieder bestätigt. Ich habe ja wirklich die unglaublichsten Glücksfälle gehabt. Damals dachte ich, es gibt überhaupt nichts, was ich nicht kann. Und das hab' ich eigentlich immer schon gehabt. Kurt Eissler meinte, ich hätte als Baby so viel getrunken. Denn ich habe ihm erzählt, daß meine Amme geglaubt hat, ich sterb' an Milch! Und ich war natürlich der Liebling, weil ich der Jüngste war. Deshalb bin ich heute auch geneigt, Positives zu erinnern und Negatives zu vergessen. Erst in Dachau erfuhr diese Zuversicht einen großen Schlag ..." (Plänkers/Federn 1994, S. 155).

greift das progressive „Erbe" seiner Wiener Jugend- und Studentenzeit auf und verknüpft dieses mit der „Verarbeitung" des erlittenen siebenjährigen Terrors. Federn möchte seine erste (einführend in diesem Buch publizierte) Studie zu Buchenwald um die psychologische Dimension erweitern. Der erlittene Terror, dem Federn weitgehend wehrlos ausgeliefert war, schärfte sein Interesse an einer grundlegenden *Studie zur Psychologie des Terrors*. Bereits zehn Monate später, im Juni 1946 – nach dem Wiedergewinn seiner seelischen Widerstandskraft –, sollte er sie abschließen![15]

Trotz der siebenjährigen Inhaftierung[16] ist Ernst Federns Interesse an der wissenschaftlichen Forschung ungebrochen. Er bittet Bettelheim um amerikanische Literatur zum Verhältnis zwischen Freud und Marx, um hierüber ein Buch zu schreiben. 31 Jahre später, 1976, sollte Federn sein Vorhaben realisieren: Seine grundlegende Studie *Marxismus und Psychoanalyse* (Federn 1976) wurde vom ehemaligen österreichischen Bundeskanzler Bruno Kreisky Federn gegenüber als der bedeutendste Beitrag zu diesem Thema bezeichnet.

Die in dem Brief vom *21.8.1945* erwähnten Initialien „L. D." stehen für Leo (Lew) Dawidowitsch, Pseudonym für Leib Bronstein alias Leo Trotzki. Trotzki (der sich von 1907 bis 1914 in Wien aufgehalten hatte) war einer der wenigen führenden marxistischen Theoretiker, die der Psychoanalyse als Erkenntnis- und Behandlungsmethode offen gegenüber standen (sowie auch die gezielte Instrumentalisierung des Antisemitismus offen benannten.)[17] Alfred Adlers Frau Raissa, eine russische Emigrantin, war mit Trotzkis Frau befreundet; Trotzkis Freund, der russische Revolutionär Paul Joffe, zählte zu Adlers Patienten (Reichmayr 1990, S. 23).[18] Reichmayr (1990, S. 217) bemerkt hierzu:

---

[15] Siehe Federns Studie „Versuch einer Psychologie des Terrors" in diesem Buch.
[16] Sowie der vorherigen, insgesamt einjährigen Inhaftierung in verschiedenen Gefängnissen der österreichischen politischen Polizei.
[17] So schrieb der Jude Leo Trotzki 1937, „daß im führenden sozialistischen Land, der Sowjetunion (...) seit Mitte der 30er Jahre die stalinistische Bürokratie im Kampf um die Behauptung ihrer Macht ‚die eingefleischtesten Vorurteile und die dunkelsten Instinkte' ausnutzte und ‚den Unmut der arbeitenden Massen von sich selbst weg auf die Juden' lenkte." (zitiert nach Federn/Peglau 1995, S. 5).
[18] Siehe hierzu auch: H. Dahmer: Surrealismus, Psychoanalyse, Politik. In: Dahmer, H. (1989): Psychoanalyse ohne Grenzen, Freiburg i.Br., S. 87–110; C. Tögel (1988): Lenin und Freud: Zur Frühgeschichte der Psychoanalyse in der Sowjetunion. In: Luzifer-Amor, Heft 2, S. 34–40; E. Federn (1990): On the psychology of mass murders: an exchange of letters between Ernst Federn and Robert Wälder. In: Federn, E. (1990): Witnessing Psychoanalysis, S. 75–122.

Ernst Federn und Hilde Paar/Federn 1934 in Österreich.
In diesem Jahr, nach der Machtergreifung des Austrofaschismus, beginnt der 20jährige Student der Wirtschafts- und Rechtswissenschaft seine Widerstandstätigkeit gegen den Faschismus. Das Kassiber der Mitgliederliste seiner illegalen Widerstandsgruppe versteckt er in Hilde Paars Wohnung.

„Trotzki würdigte in seiner Kopenhagener Rede 1932 Freud und die Psychoanalyse, nimmt keine Notiz von Adler oder der Individualpsychologie. Beim Besuch der „Casa Trotzky" in Cuidad de Mexiko/Coyoacan fanden sich in der Bibliothek folgende Bücher zur Psychoanalyse (mit Lesenotizen und Unterstreichungen): S. Freud, Nouvelles Conférences sur la Psychoanalyse, Paris 1936; F. Wittels, L'homme, la doctrine, l'école, Paris 1925; S. Zweig, Sigmund Freud, Paris 1932."

Federns persönliche Sorge gilt dem Schicksal seiner langjährigen Lebensgefährtin und späteren Ehefrau Hilde Federn (geb. Paar), die ihn während seiner siebenjährigen Gefangenschaft regelmäßig von

Wien aus durch Briefe und Paketsendungen unterstützt hatte und die zu diesem Zeitpunkt noch in dem von Russen befreiten Wien lebte. Er hofft sehnlichst, zu ihr Kontakt herstellen und sie nach Brüssel (sowie später nach Amerika) bringen zu können.

In dieser Angelegenheit bittet er seinen Freund Bettelheim erstmals um Hilfe: Ob es möglich sei, für Hilde – die in Wien u.a. Anna Freud nahegestanden und in psychoanalytisch orientierten Kindergärten gearbeitet hatte (s. Kaufhold/Kuschey 1995, S. 198–200, 205–207, 209, 211) – in den USA eine Stellung zu finden. Das Wiedersehen gelingt erst 15 Monate später: Am 26.11.1946 treffen sie sich am Brüsseler Flughafen, und am 2. Februar 1947 heiratet Ernst Federn seine Verlobte Hilde Paar.[19] Trauzeuge waren: der später international renommierte marxistische Wirtschaftstheoretiker Ernest Mandel, der Ernst Federn kurz

Hochzeitsphoto von Ernst Federn und Hilde Paar vom 2. Februar 1947 mit den Trauzeugen Lazaire Liebmann (l), Ernest Mandel (m) und Maria Hoffmann (r.).

---

[19] Mit dieser Heirat erfüllten sie zugleich eine der Bedingungen zum Erhalt des Affidavit als Voraussetzung für die Einreise in die USA. Ernst Federns Eltern sorgten für einen Bürgen in den USA, der im Falle ihrer Unterhaltslosigkeit oder Krankheit für sie hätte aufkommen müssen, wiederum eine notwendige Voraussetzung für das Affidavit. Nach einem Jahr erhielten die Federns eine Einreisegenehmigung in die USA, und am 1. Januar 1948 fuhren sie mit dem Schiff nach New York, zu Ernst Federns Eltern.

nach dessen Ankunft in Brüssel eine Mitgliedschaft in der IV. Internationale angeboten hatte, was Federn wegen seiner geplanten Übersiedlung nach Amerika jedoch abgelehnt hatte; Lazaire Liebmann (s.o.) sowie Maria Hoffmann, die Ehefrau eines von den Nazis ermordeten Psychoanalytikers.

19 Tage später, am *9.9.1945*, kommt Bettelheims Antwortschreiben. Dieses gibt in ernüchternder, präziser Weise eine „Antwort" auf Federns wissenschaftliches Interesse: Es gibt in den USA keinerlei relevante Literatur zum Verhältnis von Freud und Marx. Einzig der marxistisch-psychoanalytische Aktivist Wilhelm Reich,[20] mit dem sich Bettelheim zeitlebens sehr identifizierte und dessen Charakteranalyse (1933) für Bettelheim die Geburt der modernen psychoanalytischen Theorie und Praxis repräsentierte (s. Fisher 1994, S. 97) „is living and working in Brooklyn, New York. He is the only who is really concerned with marxism, but he is by now so confused that nothing come comes from it." Einzig „your father and a few very old analysts" verstehen etwas vom Verhältnis Psychoanalyse und Marxismus: „They publish all right, but it does not amount to anything."

In der Studie von Plänkers/Federn (1994, insbesondere S. 179–209) hat Federn, seine Erfahrungen mit der Psychoanalyse in Amerika resümierend, sehr offen seine nüchterne, illusionslose Einschätzung zur Rezeption sowie zur Bedeutung der Psychoanalyse in den USA wiedergegeben.[21] Sie trifft sich weitgehend mit Bettelheims frühen Eindrücken.

„Die amerikanischen Analytiker waren damals gar nicht glücklich über die neue Konkurrenz. Vor allem die New Yorker haben sich bemüht, daß die Emigranten so rasch wie möglich weggingen von New York." (S. 199) (...)
„Für die Exilanten, die in die USA kamen, war es eine schreckliche Vorstellung, jetzt Amerikaner werden zu müssen. Der Amerikaner dagegen steht auf dem Standpunkt, daß niemandem ein größeres Glück passieren kann, als Amerikaner zu werden. Sie meinen, wenn einer Amerikaner wird und nicht happy ist, dann ist etwas mit ihm nicht in Ordnung" (S. 207) (...) Die Psychoanalyse „wurde dort zur Neurosentherapie, und die Neurose war Gegenstand der Psychiatrie. Das hängt sehr mit der amerikanischen Mentalität zusammen: man konnte und durfte über

---

[20] Der wegen seines leidenschaftlichen politischen Engagements, wie von verschiedenen Autoren postuliert (u.a. von Bernd Nitschke in mehreren Studien), 1934 aus politischen Gründen sowohl aus der Psychoanalytischen Vereinigung als auch aus der Kommunistischen Partei ausgeschlossen worden sein soll. Ernst Federn hingegen stellt dies energisch in Abrede (Plänkers/Federn 1994, S. 79, S. 123f.).
[21] Siehe Kaufhold 1997a.

Sexualität nur im Sinne einer Krankheit sprechen. Ein normaler Mensch spricht dort nicht über seine Sexualität. Sexuelle Probleme zu haben gilt schon an und für sich als krank. Die Amerikaner sind ja Puritaner, und zwar von der ärgsten Sorte." (Plänkers/Federn, 1994, S. 200 f.)

Horst-Eberhard Richter (1995) sagte diese Einschätzung so sehr zu, daß er sie in seiner bemerkenswerten historisch-kritischen Studie „Bedenken gegen Anpassung. Psychoanalyse und Politik" ausführlich in seine Argumentationsstränge eingearbeitet hat.

Bettelheim bietet erneut seine Hilfe an, insbesondere für Hilde Paar/Federn. Und ihm liegt sehr daran, Ernst Federns Texte über seine Gefangenschaft in Dachau und Buchenwald lesen zu dürfen. Trotz seiner eher gemäßigten, liberalen, gelegentlich konservativen politischen Position[22] bietet er Ernst Federn an, dessen Konzentrationslager-Studien zu übersetzen und diese einer trotzkistischen oder linksradikalen amerikanischen Zeitschrift zur Veröffentlichung anzubieten. Bettelheim selbst ist sehr daran interessiert, von Federn über die sich verändernde Situation in Buchenwald informiert zu werden. Abschließend drückt er seine Dankbarkeit gegenüber seiner neuen ameri-

---

[22] Bettelheims politische Positionen gaben häufig zu Kontroversen Anlaß. Gelegentlich waren sie unerträglich reaktionär. So wandte er sich in unnachgiebiger Weise gegen die aufbegehrenden amerikanischen Studenten und Anti-Vietnamkriegs-Demonstranten (s. Kaufhold 1994, S. 36f.). Sutton (1996, S. 495) bemerkt hierzu treffend: „Auf der politischen Ebene war Bettelheim endgültig ins Lager der Konservativen übergelaufen. Er verteidigte das amerikanische Engagement in Vietnam, empörte sich über die Watergate-Affäre und den Rücktritt Richard Nixons und unterstützte später aktiv die Wahl Ronald Reagans. In fast allen wichtigen politischen Fragen stand Bettelheim also im Gegensatz zu jenen, die von seinen Schriften beeindruckt waren ..." Dies hinderte ihn jedoch nicht, 1973/74 das damalige französische KP-Mitglied Daniel Karlin zu Dreharbeiten in seine „Schule" einzuladen. In Bettelheims letztem Lebensabschnitt gehörten seine engsten Schüler und Kollegen (D.J. Fisher, R. Ekstein, D. Karlin, A. Rosenfeld) ausdrücklich der „Linken" an.
Die Beschäftigung mit Bettelheims gelegentlich irritierenden politischen Positionen, seinem, wie man vielleicht sagen darf, kleinbürgerlichem Ressentiment gegen die linken Anti-Vietnamkriegs-Demonstranten, scheint mir eine eigene Studie wert zu sein. Ich habe das sichere Empfinden, daß sie nur vor dem Hintergrund seiner existentiellen Entwurzelung in den deutschen Konzentrationslagern (s. Fisher 1993, 1994a, 1994b, Kaufhold 1997b, 1997c) zu verstehen ist, seiner Überlebensschuld (s. Kaufhold 1994b, S. 114–120) und seiner existentiellen Verstörung darüber, daß die Welt, die Amerikaner nicht ausgenommen, die Juden damals ihrem Schicksal überlassen, sie im Stich gelassen hat (s. Kaufhold 1997b). Die Gefangenschaft als Jude und Nazi-Gegner hinterließ eine unheilbare Wunde, die Bettelheims Freitod – den er am Ende, da er scheinbar schon „gesiegt" hatte, wählte – zumindest mitbeeinflußt hat.
Sehr lesenswert sind in diesem Kontext auch Bettelheims Äußerungen über die westeuropäische und amerikanische Friedens- und Ökologiebewegung in einem Interview von Hanspeter Gschwend/Jeanne Chevalier (1985): „... wenn man so lebensmüde wird, daß man nur noch leben will ..." Reflexe eines Gesprächs mit Bruno Bettelheim über die Friedens- und Ökologiebewegungen. In: Tagesanzeiger Magazin (Zürich), Nr. 10, März, S. 18–27.

kanischen Heimat – der er sein Überleben verdankte – aus: „... this is a great university and they give me a chance to work and experiment without any interference, that's more than I could have found in Europa."

Einen Monat später, am 12.10.1945, antwortet ihm Federn; eine Kopie des Briefs existiert nicht. Bettelheim schreibt ihm daraufhin am 11.1.1946, diesmal auf deutsch. Es ist zu vermuten, daß dieser Brief nicht von Bettelheim diktiert, sondern von ihm selbst getippt worden ist. Bettelheim erwähnt einführend ein familiäres Ereignis: Der 42jährige hat im November 1945 eine neue Tochter, Naomi, bekommen; nach Ruth sein zweites Kind; später sollte er noch einen Sohn, Eric, bekommen.[23] Bettelheim verdeutlicht erneut sein nachdrückliches Interesse an der Lektüre von Federns Buchenwald-Manuskripten, sowie auch an dessen sehr differenzierter Beurteilung des Lagerlebens. Eben weil ihm an einem wirklichen Verständnis der Lagerrealität liegt – was sich in seinen Schriften, insbesondere in „Erziehung zum Überleben" (Bettelheim 1979/1980) nachlesen läßt –, lehnt er eine nur idealisierende Sicht der Häftlinge als bloße Opfer ab. In diesem Punkt ist er sich mit Ernst Federn sehr einig. Bettelheim entwickelt vielmehr schrittweise, wie Kersten Reich (1993, 1994) überzeugend herausgearbeitet hat, eine systemische Betrachtung von Opfern und Tätern. Nur so vermag man die Totalität des Terrors der Nationalsozialisten angemessen zu verstehen.[24] Erneut äußert Bettelheim sein Interesse an einem persönlichen Austausch über ihre Erfahrungen in Dachau und Buchenwald, er ist jedoch sehr besorgt über die Verletztheit seines Freundes durch dessen entschieden längere Gefangenschaft.[25]

Trotz seiner eigenen, gewiß schwierigen Situation in Brüssel wendet sich Ernst Federn am 19.2.1946 mit der Bitte an Bettelheim, seinem Freund und Förderer Michael Biró, einen bekannten, aus Ungarn stammenden sozialistischen Künstler, zu helfen. Biró war ein Freund der

---

[23] Sutton (1996) ist in ihrer Biographie ausführlich auf Bettelheims familiäres Leben eingegangen, vor allem in Kap. 17 „Trude und die Kinder" (S. 535–600) und in Kap. 13 „Die äußerste Grenze" (S. 377–422).

[24] Siehe hierzu Kaufhold, 1997b sowie den Kinofilm „Überleben im Terror – Ernst Federns Geschichte" (Rösing 1992).

[25] Über die unterschiedliche Verarbeitung sowie Beurteilung ihrer Gefangenschaft in Dachau und Buchenwald s. meine Studie im „Jahrbuch für Psychoanalytische Pädagogik" 6 (Kaufhold 1994b), insbesondere S. 114–120, sowie meine Studie zum Briefwechsel Bettelheims mit Federn und Rudolf Ekstein (Kaufhold 1994a).

Diese Zeichnung des ungarischen Künstlers Michael Biró erhielt Ernst Federn
zu seinem 11. Geburtstag im August 1925

Familie Federn und dort ein häufiger Gast.[26] Federn (1990, S. 243) hat hierzu bemerkt:

> "Michael Biró was also a cartoonist, the artistic director of a fashionable Viennese Magazine Die Bühne (The stage) and also a painter of posters. Michael Biró was a refugee from the Horthy regime in Budapest, where he had become famous for the „Red Man" of the Népszava and for a series of powerful drawing depicting the atrocities of Horthy's police. Biró was a close friend of Isván Hollós, who introduced him to Federn."

---

[26] In dem Buch von Plänkers/Federn (1994) ist auf S. 56 ein Gruppenphoto aus dem Jahre 1927 veröffentlicht, auf dem Michael Birós Frau, Jennie Biró, mit ihrer Tochter Eva abgebildet ist. Das Photo stammt von Paul Federns Sommerhaus in Goisern. Das Haus der Familie Federn stand Bekannten immer offen. Der ebenfalls aus Ungarn stammende Analytiker István Hollós prägte in diesem Zusammenhang einmal die Formulierung, das Federn-Haus sei „die Pension zur aufgelassenen Ich-Grenze".

Ernst Federn hat deshalb einen Artikel über Biró verfaßt, um dem amerikanischen Publikum Birós Bedeutung zu verdeutlichen. Er hofft erneut auf die mögliche Solidarität von Victor Serge bzw. von Diego Rivera, dem berühmten amerikanischen Künstler. Die in dem Brief genannte Therese Schlesinger (1863–1940) – von der Biró ein Porträt gezeichnet hatte –, war eine einflußreiche österreichische sozialistische Politikerin und gehörte zu den ersten sechs Frauen, die 1919 ins österreichische Parlament gewählt wurden. Sie war die Schwester von Emma Eckstein, einer Patienten von Freud und Fliess. Sie wurde ab Ernst Federns sechstem Lebensjahr zu dessen politischer Begleiterin und Lehrerin und machte ihn mit dem marxistischem Denken sowie mit dem Wirken von Leo Trotzki (s.o.) vertraut. Privat hofft Federn immer noch, bereits im Sommer 1946 in die USA einreisen zu können. Er bittet Bettelheim, einer jungen französischen Pädagogin zu helfen, die ihn demnächst aufsuchen wolle.

Am *26.5.1946* antwortet Bettelheim auf einen Brief Federns vom 30.4.1946.[27] Bettelheim, der 1944 die Leitung der legendären Chicagoer „Sonia Shankman Orthogenic School" übernommen hatte (s. Kaufhold/Krumenacker 1993, S. 24–31), gibt ausführlich seine aus heutiger Sicht äußerst interessanten ambivalenten Eindrücke von der Lebenssituation in seiner neuen amerikanischen Heimat wieder: „People do not know how to live or to enjoy anything. (...) They make a lot of money, and they then spend it foolishly." Er ermutigt Federn, seine wissenschaftliche Arbeit über Buchenwald sowie seine geplante Übersiedlung nach Amerika weiter voranzutreiben, ohne zugleich die Situation in Amerika zu beschönigen. Abschließend hebt er die akademischen Freiräume hervor, die insbesondere New York bietet, wo Ernst Federns Eltern seit ihrer Emigration im Jahre 1938 lebten. Obwohl Bettelheim intensiv mit dem Aufbau der „Orthogenic School" beschäftigt ist, träumt er immer noch von einer Lehrtätigkeit in New York: „My dream is finding a job in New York, but unfortunately nobody offers me one."

Bei dem von Bettelheim erwähnten Artikel für die Zeitschrift *Commentary* handelt es sich um einen Aufsatz Federns. *Commentary* ist heute nach Sutton (1996, S. 20) ein „konservative(s) Monatsblatt des

---

[27] Von diesem Brief verfügt Ernst Federn ebenfalls über keine Kopie.

jüdischen Establishments in den Vereinigten Staaten". Die in dem Brief erwähnte Studie von Bettelheim erschien schließlich 1948 in *Commentary* [28] unter dem Titel „The Study of Man – the Victims Image of the Anti-Semite." Im September 1951[29] veröffentlichte *Commentary* eine weitere Studie Bettelheims zu diesem Thema; sie trug den Titel „How Arm Our Children Against Anti-Semitism? A Psychologist's Advice to Jewish Parents." Hierin „berichtet Bruno Bettelheim, wie seine Tochter als kleines Mädchen zweimal von antisemitischen Äußerungen verletzt wurde – und wie es ihm gelang, sie zu trösten und zu verteidigen." (Sutton 1996, S. 380)[30] Diese Studien stehen im Kontext von Bettelheims gemeinsam mit dem renommierten amerikanischen Soziologen Morris Janowitz von 1945 bis ca. 1956 betriebenen Studien zum Antisemitismus sowie zur Vorurteilsforschung.[31]

Am *1.7.1946* sowie am *21.7.1946* dankt Bettelheim Paul Federn für die Zusendung eines Briefes vom 9.6.1946[32] sowie der Kopie von Ernst Federns Manuskript. Es dürfte sich hierbei um die in diesem Buch im Anhang abgedruckte erste Buchenwald-Studie von Federn vom Juli 1945 handeln. Bettelheim empfiehlt einige Korrekturen an diesem drei Monate nach Federns Befreiung abgefaßten Manuskript und hofft zugleich auf eine Publikation dieser Studie. In der Zwischenzeit hat Bettelheim einen weiteren Brief von Ernst Federn erhalten, in dem dieser Bettelheim um sein Urteil zu seiner soeben, im Juni 1946 abgeschlossenen großen Studie „Versuch einer Psychologie des Terrors" bittet.[33] Bettelheim liegt diese jedoch noch nicht vor, und er wünscht sich sehr, sie bald lesen zu dürfen. Bettelheim erwähnt vor dem Hinter-

---

[28] 5/1948, S. 173–179.
[29] Commentary, 12, September 1951, S. 209–218.
[30] Im Dezember 1990 schrieb Ernst Federn übrigens, als Entgegnung auf einen in „Commentary", 90 (4), 1990, S. 26–30, publizierten Angriff von Ronald Angres gegen Bettelheim, einen Leserbrief an Commentary, in dem er den Anschuldigungen energisch entgegentrat.
[31] Bettelheim hat in diesem Zeitraum gemeinsam mit M. Janowitz zahlreiche Studien zur Vorurteilsforschung verfaßt (s. die Werkbibliographie zu Bettelheim in Kaufhold 1994, S. 303–328), u.a. auch das Buch: B. Bettelheim/M. Janowitz (1950): Dynamics of Prejudice; a Psychological and Sociological Study of Veterans. New York. Dies ist übrigens das einzige Werk Bettelheims, das nicht ins Deutsche übersetzt wurde (wenn auch Teile davon in andere übersetzte Studien eingeflossen sind).
[32] Von diesem Brief ist ebenfalls keine Kopie mehr greifbar.
[33] Diese bemerkenswerte Studie ist in diesem Buch in Kapitel 1 als erster Federn-Beitrag abgedruckt. Wie bereits erwähnt war sie unmittelbar danach, in Heft 7 und 8 der französischsprachigen belgischen Zeitschrift *Synthèses* erschienen; ein Kapitel davon über Folter erschien im Winter 1951 auf englisch in *Complex*, 4.

grund seiner eigenen leidvollen Erfahrungen mit seiner ersten Studie „Individuelles und Massenverhalten in Extremsituationen"[34] seine Zweifel, ob *Commentary* Federns erste Studie vom Juli 1945 drucken wird: „It seems to me that the editors are quite carefull, probably for very good reasons, and, unfortunately, the American public is tired of concentration camp topics. Nevertheless I hope Ernst's paper will appear, since it will give him some satisfaction to see it printed in this country." Bettelheim zögert aus guten Gründen, Federns Manuskript einer progressiveren Zeitschrift zuzuschicken, solange dieser noch nicht in den USA angekommen ist: „... I hesitate to suggest this before he is not safely arrived in USA. The emmigration officers have sometimes funny notions."

Am gleichen Tag, am *21.7.1946,* schickt Bettelheim Ernst Federn einen langen, auf deutsch geschriebenen Brief, in dem er ausführlich auf dessen ersten Buchenwald-Artikel vom Juli 1945 eingeht. Bettelheim betont, erneut vor dem Hintergrund seiner eigenen Erfahrungen mit seiner ersten KZ-Studie vom Juni 1942, die Notwendigkeit, auch bzw. gerade bei diesem Thema Distanz zum Gegenstand zu wahren. Er ermutigt Federn nachdrücklich, seine Schilderungen über „die Zersetzung im Lager und die Zersetzung der SS" weiter zu analysieren und dann zu publizieren. Er empfiehlt die Analyse jeweils eines Themas (z.B. Verhalten der Gefangenen oder Entwicklung der Gestapo), um den Leser nicht zu überfordern. Sein Versuch, Federns Engagement für Michael Biró (s. o.) zu unterstützen, ist bisher erfolglos geblieben: „Die Indifferenz hier ist zum Kotzen. Die refugees wie ich haben soviele persönliche Freunde und Verwandten, denen sie helfen müssen, und die Amerikaner sind schon sehr müde, Du weißt ja, man will nicht immer an die menschlichen Verpflichtungen erinnert werden."

Bei dem erwähnten Dwight MacDonald handelt es sich um den Herausgeber der progressiven, vielgelesenen Zeitschrift *Politics,* die Bettelheims zuerst im *Journal of Abnormal and Social Psychology* erschienene Studie „Individuelles und Massenverhalten in Extremsituationen" im August 1944 in gekürzter Fassung nachgedruckt hatte.[35]

---

[34] Vom Juni 1942; sie erschien erst im Oktober 1943 im „Journal of Abnormal and Social Psychology" 38, S. 417–452 (s. Bettelheim 1977a).

[35] B. Bettelheim: Behavior in Extreme Situations. In: Politics, 1, August, S. 199–209.

Dieser Nachdruck machte Bettelheim quasi über Nacht in den USA bekannt.

Am *11.8.1946* dankt Bettelheim Paul Federn sehr bewegt für die Zusendung von Ernst Federns Studie „Versuch einer Psychologie des Terrors". Bettelheim ist tief beeindruckt und wünscht sich sehr eine rasche Publikation dieser bemerkenswerten Analyse: „His ability to objectivy his experience and to analyze it detachedly after the horrible years at the camp is worthy of the greatest praise." Er empfiehlt einzig eine gewisse Umstellung einiger Passagen und betont: „His statements on the disintegration of the Gestapo interested me tremendously and they, the Gestapo, are part of the terror, and therefore should also find a place in this paper ..."

Am *21.5.1948* schreibt Bettelheim, daß er von Ernst und Hilde Federns Ankunft in Amerika erfahren hat. Er hofft auf ein baldiges Treffen und ein persönliches Gespräch.

Beim Briefwechsel besteht nun eine Lücke von 15 Jahren. Ernst Federn hat die weiteren Briefe aus diesem Zeitraum nicht aufbewahrt, oder diese sind verlorengegangen.

Am *16.4.1963* dankt Bettelheim für die Zusendung eines weiteren Manuskriptes von Ernst Federn. Es dürfte sich hierbei um Federns in diesem Buch veröffentlichte Höß-Studie handeln. Bettelheim unterbreitet zahlreiche Vorschläge, das Manuskript umzuschreiben. Er empfiehlt insbesondere eine Trennung zwischen autobiographischen Schilderungen und Analysen zur Geschichte des Lagers. Trotz *Eugen Kogons*[36] sowie seiner eigenen Versuche, die Kenntnisse über die deutschen Konzentrationslager zu verbreiten, bestehe in der amerikanischen Öffentlichkeit kaum ein Interesse an diesen Themen. Die 1946 verfaßte Studie des Österreichers *Benedict Kautsky:* „Teufel und Verdammte"[37] beispielsweise sei noch nicht einmal ins Englische über-

---

[36] Der SS Staat, Frankfurt/M. 1946. 8. Auflage 1991.
[37] Zürich 1946. Sowohl Kogon als auch Kautsky waren in Buchenwald inhaftiert. Federn war mit Kautsky befreundet. Ernst Federn (1990, S. xxi) erwähnt in seinem Vorwort zu „Witnessing Psychoanalysis" sowohl Kogons als auch Kautskys Studien und betont: „The debate over the liberation of Buchenwald may appear unimportant to some readers; truth is, however, not divisible, and the legend about an uprising in Buchenwald has a meaning that goes beyond the scope of this book." Federn deutet hiermit seinen Kampf um die historische Wahrheit über Buchenwald an, in die er durch seine Position als „Trotzkist" gegenüber der mehrheitlich stalinistischen „Häftlingsselbstverwaltung" intensiv involviert war und die bis zu dem Gerichtsprozeß zwischen Carlebach und Schaffranek im Jahre 1994 reichte, bei dem Federn als Zeit-

setzt worden.[38] Bettelheim beendet seine Anregungen erneut mit einer Ermutigung: „I am very grateful to you for having given me the chance to read it. I would like to encourage you most strongly not to give up on this book, although I am afraid it will need quite a bit of more work."

Am 8.1.1969 dankt Bettelheim Federn für dessen Anmerkungen zu einem Manuskript, das er ihm geschickt hatte. Daraufhin entfaltet sich eine sehr bemerkenswerte Diskussion über die Beziehung zwischen der Liebe, dem Bewußtsein über die Endlichkeit des menschlichen Lebens und der Sinnfrage im Leben. Bemerkenswert deshalb, weil Bettelheim sie erst 10 Jahre später in seinem großen Werk über die Konzentrationslager, in Erziehung zum Überleben, literarisch aufgreifen sollte, und zwar bereits in der Einleitung zu seiner Studie. Es ist nach meinem Empfinden offensichtlich, daß diese Diskussion zwischen Bettelheim und Federn von ihrer gemeinsamen verstörenden Konfrontation mit der vollkommenen Destruktivität in den deutschen Konzentrationslagern sowie ihrer unterschiedlichen Verarbeitung dieser Lagererfahrungen geprägt ist (s. Kaufhold 1994a, 1994b, s. Fisher 1993, 1994a, 1994b).

1969 schreibt Bettelheim an Federn:

> "While I fully agree with you that love gives life its meaning, I am also equally convinced that without the awareness of death, what we call love would be a very different thing. If there would be no end to it, and if there would be unlimited time for it, it might very well become so different that we would not recognize it. Life, with it love, is so intricately intervowen with our realization of death, that I still believe that the realization of death gives life its meaning ..."

Seine große Studie zur „Psychologie der Extremsituation" – so lautet auch der Untertitel von *„Erziehung zum Überleben"* (Bettelheim

---

zeuge vor Gericht aussagte (s. Kaufhold 1994b, S. 114f., Kaufhold/Kuschey 1995, S. 200–205, Plänkers/Federn 1995, S. 149–178, Rösing 1992; Frankfurter Rundschau: Historiker darf KZ-Häftling „skrupellosen Apparatschik" nennen. Sprecher der Lagergemeinschaft Buchenwald-Dora unterliegt in einem strittigen Punkt vor Frankfurter Oberlandesgericht, Mittwoch, 6.7.1994, S. 1; die tageszeitung: Das Portrait: Emil Carlebach, Freitag, 22.7.1994); sowie: E. Federn: That German Who „Should Have Been Dead", Harpers Magazin, New York, August 1948; E. Federn: Briefe an und von Robert Wälder sowie an den „Guardian" vom 3.3.1962, 6.3.1962, 7.3.1962 sowie 10.3.1962, in Federn, E. (1990), S. 114–119.

[38] In seinem Beitrag "The Concentration Camp as a Class State", Modern Review, Oktober 1947, S. 628–637, hat Bettelheim u.a. auf Kautskys Buch Bezug genommen (s. Sutton 1996, S. 388f.).

Bruno Bettelheim in seiner Wohnung in Santa Monica, Los Angeles, (1989/1990)

1979/1980) – leitet Bettelheim mit einem Zitat des Philosophen Horaz ein: „Der Tod ist die äußerste Grenze aller Dinge." (S. 11) In seinen einführenden Überlegungen[39] zum Thema schreibt er:

> „Nur der Tod ist absolut, unwiderruflich, endgültig; das gilt zuerst und vor allem für unseren eigenen Tod, aber danach auch für den Tod der anderen. (...) Der Tod, diese äußerste Verneinung des Lebens, wirft ganz akut die Frage nach dem Sinn dieses Lebens auf.
> So eng und dicht sind der Sinn des Lebens und der Tod ineinander verwoben, daß der Selbstmord, wenn das Leben jeglichen Sinn verloren zu haben scheint, sich als unausweichliche Lösung anbietet. Selbstmordversuche erhellen diesen Zusammenhang. (...)
> Der selbstmordgefährdete Mensch lebt in dem Glauben, sein Leben könne nur dadurch wieder einen Sinn erhalten, daß er im tiefsten Grunde fühlt, wie einzigartig wichtig er für die angesprochene Person ist. Dadurch, daß er diese tiefe Bedeutung seines eigenen Lebens in den Augen eines anderen erfährt, kann er dieses Leben wieder als sinnvoll begreifen, und so hört der Tod auf, eine willkommene Alternative für dieses Leben zu sein. Einen *Sinn im Leben zu entdecken* ist also das einzige sichere Gegenmittel gegen das gezielte Aufsuchen des Todes. *Zugleich aber ist es auf eine seltsam dialektische Weise der Tod selbst, der dem Leben seinen tiefsten, seinen einzigsten Sinn verleiht.*
> Wir können uns nicht so recht vorstellen, wie das Leben beschaffen wäre, wenn es kein Ende hätte, wie wir uns in ihm fühlen, wie wir es leben würden, was seinen Sinn ausmachen würde. (...) So ist es also unsere Endlichkeit, die dem Leben seine Einzigartigkeit verleiht und den Wunsch in uns entstehen läßt, jeden Augenblick bis zur Neige auszukosten, auch wenn wir davor zurückscheuen, über diese Endlichkeit und die Angst vor dem Ende nachzudenken." (Bettelheim 1979/1980, S. 12f.)

Seine jahrzehntelange Beschäftigung mit den nationalsozialistischen Konzentrationslagern führte Bettelheim dazu, *Freuds* 1930 in „Das Unbehagen in der Kultur" entworfenem Theorem von der Dualität von Eros und Thanatos eine grundlegende Bedeutung für sein Denken zuzuerkennen. Dies veranlaßte ihn, dem von Freud postuliertem Konflikt zwischen diesen beiden „himmlischen Mächten" *(Freud)*, Eros und Thanatos, eine existentielle Bedeutung zuzuweisen. Diesen Standpunkt teilte er u.a. auch mit seinem Freund Ernst Federn (s. Kaufhold

---

[39] Diese einführenden Überlegungen stellten den Anlaß für dieses Antschwortschreiben Bettelheims dar. Bettelheim hatte 1968 den Artikel „The Ultimate Limit" in Midway, 9 (1), S. 3–25 veröffentlicht. Die ersten drei Seiten dieser Studie, aus denen ich an dieser Stelle zitiere, sind in Bettelheims Buch „Erziehung zum Überleben" eingearbeitet worden, und zwar in dem seine Studie einleitenden Aufsatz „Die äußerste Grenze" (1979/1980, S. 11–27); darüber hinaus sind beide Studien nicht identisch. In „The Ultimate Limit" vergleicht Bettelheim zwei Extremsituationen – Hiroshima nach dem Abwurf der Atombombe sowie das Leben in den Konzentrationslagern – miteinander und definiert erstmals, was mit seinem Begriff der „Extremsituation" gemeint ist (s. Sutton 1996, S. 210f.).

1993a).⁴⁰ Ich habe diese Entwicklungslinien in Bettelheims Denken in meiner Studie „Bewältigungsversuche eines Überwältigten. Eros und Thanatos in der Biographie und im Werk von Bruno Bettelheim"⁴¹ nachgezeichnet. Angelegt war sie jedoch bereits, wie gezeigt, in diesem Briefwechsel aus dem Jahr 1969.

Zu diesem Thema gehört Bettelheims – sowie auch Ernst Federns – ambivalente Einstellung zu ihrer zweiten Heimat, den USA. So sehr Bettelheim den USA für seine Rettung vor den Nationalsozialisten dankbar war, so sehr stieß ihn doch die oberflächliche, „optimistische", übertrieben narzißtische Massenkultur ab:

„Sich vorzustellen, wie viele Amerikaner es tun, die Psychoanalyse ermögliche es, ein befriedigendes Leben allein auf irgendeinen Glauben an den Sexual- oder Lebenstrieb zu gründen, heißt, Freud völlig mißzuverstehen. Ebenso wie eine ausschließliche Beschäftigung mit dem Todestrieb uns deprimieren und krank und kraftlos machen würde, kann eine ausschließliche Beschäftigung mit dem Sexual- oder Lebenstrieb nur zu einem seichten narzißtischen Dasein führen, *weil es der Realität ausweicht und dem Leben das raubt, was jeden Augenblick einzigartig und bedeutsam macht – die Tatsache, daß er unser letzter sein könnte.*" (Bettelheim 1982/1984, S. 124)

In der zweiten Hälfte des Briefes vom *8.1.1969*⁴² antwortet Bettelheim auf Federns Überlegungen über die beschämenden Auswirkungen, die das Sich-Verstecken im Konzentrationslager mit sich bringen konnte. Das Zurückweichen vor dem allgegenwärtigen Terror war einerseits eine Überlebensnotwendigkeit und beinhaltete doch zugleich die Gefahr des Verlustes der eigenen Würde, der Selbstachtung. In diesem Thema ist die Diskussion über die psychische Korruption durch den Totalitarismus, die Amoralität des Totalitarismus, eingeschlossen. Theodor W. Adorno hat die Formulierung geprägt, daß es das Wahre im Falschen nicht geben kann. Konkreter Hintergrund für diese Diskussion zwischen Federn und Bettelheim war die erhebliche Sehbe-

---

⁴⁰ Zur Entstehungsgeschichte und Theorie des Todestriebes siehe auch die in dem Heft „Psychose und Extremtraumatisierung. Teil 1", *psychosozial* Nr. 37 (1989) publizierten Studien von Hans-Jürgen Wirth: Der Mythos vom Todestrieb, S. 83–89, von Aloys Leber: Ein Prototyp der Traumabewältigung? Zu Freuds Dilemma in „Jenseits des Lustprinzips", S. 22–27, sowie von Ernst Federn: Todestrieb und Eros – Zur Geschichte und aktuellen klinischen Relevanz von Freuds „Jenseits des Lustprinzips", S. 18–21.
⁴¹ In: Neue Sammlung 1/1997, S. 95–113.
⁴² Sutton (1997, S. 208–211) ist ebenfalls auf diesen Bettelheim-Brief eingegangen (sowie auch auf die Briefe vom 11.7.1945 (S. 298) sowie vom 9.9.1945 (S. 348)) und verknüpft dies mit einigen kritischen Interpretationen.

Ernst Federn, 1974

hinderung Bettelheims, die offensichtlich dazu geführt hat, daß Bettelheim gelegentlich eine Blindenarmbinde in Buchenwald getragen hat, was überraschenderweise einen gewissen Schutz darstellte.[43]

Am *29.2.1972* schreibt Bettelheim Federn wegen dessen bevorstehender Rückkehr nach Wien – nach 24jährigem Aufenthalt in den USA. Bettelheim wünscht Federn, daß sich die österreichische Psychoanalytische Vereinigung mehr für Ernst Federn und seine Ideen interessiert als die amerikanischen Analytiker. Er bittet Federn, ihm bei Gelegenheit seine Motive für seine Rückkehr nach Österreich ausführlicher

---

[43] Gemäß seinem Führerschein aus dem Jahre 1932 war Bettelheim das Tragen einer Brille mit neun Dioptrien vorgeschrieben (s. Sutton (1996), S. 208f.). (Die Ablichtung dieses Führerscheins ist in der französischsprachigen Originalausgabe von Suttons Studie (1995) dokumentiert.) Nach meiner Erinnerung hat Bettelheim einmal in einem Interview hierzu angemerkt, daß er bereits früh wegen seiner schlechten Augen den Plan habe aufgeben müssen, Architektur zu studieren. In „Witnessing Psychoanalysis" (Federn 1990, S. 4) bemerkt Federn hierzu: „At the time of Bettelheim's stay there, from September 1938 to April 1939, life was very bad indeed, but it was possible to survive, even for a person as unsuited to the practicalities of life as Bettelheim. He owes his survival to the chance of finding work in the stockmending shop, where he could live in relative safety. He could also take advantage of the fact that he wore thick eyeglasses; for reasons I could never find out, the SS guards showed some respect for these."

zu schildern. Wie Bettelheims Briefwechsel mit Rudolf Ekstein (s. Kaufhold 1994a) zeigt, fiel es Bettelheim sehr schwer, seine alte Heimat zu besuchen, aus der ihn die Nazis vertrieben hatten. Die Wunden erwiesen sich letztlich, trotz aller verzweifelten lebenslangen „Bewältigungs"versuche, als unheilbar.

Bettelheim erwähnt in diesem Zusammenhang seinen Plan, in einem Jahr – nach seinem Abschied von der „Orthogenic School" – nach Europa zurückzukehren. In einem anderen Brief aus jenen Jahren hat Bettelheim einmal geschrieben, daß er gemeinsam mit seiner Frau eine Rückkehr in die Schweiz erwäge. Aus Rücksicht auf ihre in den USA geborenen und aufgewachsenen Kinder setzten sie ihren Plan nicht in die Tat um.

Bei dem im Brief genannten Tom, der als Sohn eines Psychoanalytikers ein Theologiestudium aufgenommen hat, handelt es sich um Ernst Federns Sohn.[44] Er arbeitet heute, wie früher sein Vater, als psychoanalytischer Sozialtherapeut in New York.

Der 69jährige Bettelheim erwähnt in diesem Brief erstmals sein Alter. Er hofft, Federn noch einmal treffen zu können und bittet um dessen Wiener Anschrift. In seinem Briefwechsel mit Rudolf Ekstein (s. Kaufhold 1994a) kommen Bettelheims melancholisch geprägten Gefühle aus diesem letzten Lebensabschnitt sehr eindrücklich zur Sprache.

Die letzten, aus den 80er Jahren stammenden Briefe haben einen eher persönlichen Charakter. Am *7.10.1980* dankt Bettelheim in einem handschriftlich verfaßten Brief Ernst Federn für die Zusendung eines Zeitschriftenartikels über seinen Tübinger Vortrag. Das Thema lautete *Erziehung zum Überleben* – Bettelheims große diesbezügliche Studie war ein Jahr zuvor auf Englisch unter dem Titel *Surviving and Other Essays* erschienen, die deutschsprachige Ausgabe erschien erst 1982. Eine Bedingung für diesen Vortrag dürfte auch die 1979 unter großem öffentlichem Interesse ausgestrahlte Fernsehserie *Holocaust* gebildet haben, die in der Bundesrepublik eine heftige Diskussion über den Holocaust ausgelöst hatte.[45] Dem deutschsprachigen Publikum war ein

---

[44] Siehe dessen Aufsatz: „Von den Schwierigkeiten mit der Übertragungsliebe. Ist nicht ‚Heilen durch die Liebe' Helfen?" In: Becker, S. (Hg., 1995).
[45] Siehe hierzu den Briefwechsel zwischen Bettelheim und Ekstein (Kaufhold 1994a), insbesondere S. 281–288 sowie S. 294–299 sowie das von Hans-Jürgen Wirth herausgegebene Heft Nr. 67 (1/1997) von *psychosozial*: „Geschichte ist ein Teil von uns – Geschichtsbewußtsein und politische Identität."

Teil der in *Erziehung zum Überleben* versammelten Aufsätze von Bettelheim jedoch bereits bekannt. So war sein erschütternder Beitrag „Der Holocaust – eine Generation später",[46] den er im Frühjahr 1977 anläßlich eines Symposiums über den Holocaust in San Jose verfaßt hatte, 1978 in der Zeitschrift *Der Monat*[47] publiziert worden.

Bettelheim bedankt sich besonders für die Zusendung eines Artikels aus *Le Monde* über ihn, der ihn mit großem Stolz erfüllt.

Am *4.10.1983* dankt Bettelheim für einen Geburtstagsgruß Federns anläßlich seines 80. Geburtstages. Er erwähnt hierin den Kinofilm *Zelig* von Woody Allen, in dem Bettelheim in einer kurzen Passage sich selbst in der Rolle eines alten Wiener Psychoanalytikers zu spielen hatte. Bettelheim hatte diesen Wunsch Woody Allens zuerst ablehnen wollen, ihm schließlich aber doch entsprochen, weil ihn sein Sohn Eric nachdrücklich darum gebeten hatte. In diesem Brief erwähnt Bettelheim die Verleihung der Goethe-Medaille. Diese war ihm am 22.3.1982 in San Francisco für Verdienste um die deutsche Kultur verliehen worden. Freunden gegenüber erwähnte er in diesem Zusammenhang Sigmund Freuds Genugtuung über für die Verleihung des Goethe-Preises im Jahre 1930 durch die Stadt Frankfurt.[48]

Am *12.1.1986* bedankt sich Bettelheim für Neujahrsgrüße und einen Gedichtband. Er freut sich über den Erfolg seines wohl populärsten Buches *Kinder brauchen Märchen,* das 1975 auf Englisch und zwei Jahre später auch auf Deutsch erschienen war.

Eine seiner beiden Töchter hat ein Enkelkind geboren – ausgerechnet in Wien. Bettelheims Ambivalenz gegenüber seiner Heimatstadt, dem „Wien Sigmund Freuds" (Bettelheim 1990, S. 15), aus dem ihn die Nazis vertrieben hatten, wird erneut erkennbar. Das Alter und seine Einsamkeit nach dem Tode seiner Frau knapp zwei Jahre zuvor bestimmen sein Lebensgefühl. Und doch vermag Bettelheim noch zu arbeiten: Er befindet sich in der Abschlußphase zu *Ein Leben für Kinder,*[49] was mir als sein vielleicht gelungenstes, auf jeden Fall abge-

---

[46] In: Bettelheim (1979/1980), S. 96–118.
[47] Der Holocaust. Überlegungen, ein Menschenalter danach. In: Der Monat, Heft 2, S. 5–24.
[48] Siehe Sutton (1996), S. 559.
[49] Der englischsprachige, von D.W. Winnicott entlehnte Originaltitel "A good enough parents" erscheint mir sehr viel gelungener als der deutschsprachige Titel. Er gibt Bettelheims pädagogische Grundüberzeugung wieder: Eltern sollten nicht „perfekt" sein, sich nicht an letztlich ins Destruktive umschlagenden „Idealen" messen – es genügt vollkommen, wenn sie so „gut" zu ihren Kindern sind, wie es für sie eben möglich ist.

Bettelheim auf einem Märchenkolloquium der Poliklinik
für Kinder- und Jugendpsychotherapie der Universität München im Jahre 1984.

klärtestes, „weisestes" Werk erscheint (s. Kaufhold 1994d). Dieses voluminöse Werk erschien 1987 auf Englisch und noch im gleichen Jahr auf Deutsch. Ich erlaube mir einen Ausblick: Wenn man einmal eine Liste der zehn bedeutendsten, anregendsten pädagogischen Werke dieses Jahrhunderts erstellen sollte, müßte dieses Buch darin enthalten sein.

Am *13.5.1987* dankt Bettelheim noch einmal für die Zusendung eines Buchenwald-Vortrages seines Freundes Ernst Federn. Die fürchterlichen Erinnerungen an die zerstörerischsten Erfahrungen seines Lebens, von denen er sich nie ganz erholen sollte und die doch die Quelle seiner außergewöhnlichen wissenschaftlichen und pädagogisch-psychoanalytischen Produktivität darstellten, werden noch einmal wach. Knapp drei Jahre später, am 13. März 1990, dem 52. Jahrestag des Einmarsches der Nationalsozialisten in Wien, wählte der 86jährige Bruno Bettelheim den Weg aus dem Leben.

Literatur von und zu Bruno Bettelheim*

Bettelheim, B. (1950/ dt. 1971): Liebe allein genügt nicht. Die Erziehung emotional gestörter Kinder. Stuttgart.
- (1954/ dt. 1975): Die Symbolischen Wunden. Pubertätsriten und der Neid des Mannes. München.
- (1955): Individual Autonomy and Mass Controls. In: Adorno, T.W/Dirks, W. (Hg., 1955): Sociologica. Frankfurt/M, S. 245–262.
- (1955a/ dt. 1973/1985): So können sie nicht leben. Die Rehabilitierung emotional gestörter Kinder. München.
- (1962/ dt. 1977/1988): Gespräche mit Müttern. München Zürich.
- (1967/ dt. 1977/1983): Die Geburt des Selbst. The Empty Fortress. Frankfurt/M.
- (1969/ dt. 1971/1973): Die Kinder der Zukunft. Gemeinschaftserziehung als Weg einer neuen Pädagogik. München.
- (1974/ dt. 1975/1989): Der Weg aus dem Labyrinth. Leben lernen als Therapie. Stuttgart.
- (1975/ dt. 1977/1980): Kinder brauchen Märchen. Stuttgart.
- (1976): Autismus und Psychoanalyse. In: Psychologie Heute, 2/1976, S. 12–18.
- (1979/ dt. 1980/1985): Erziehung zum Überleben. Zur Psychologie der Extremsituation. München.
- (1981): Nachwort von Bruno Bettelheim. In: Vegh, C. (1979/ dt. 1981/1983): Ich habe ihnen nicht auf Wiedersehen gesagt. Gespräche mit Kindern von Deportierten. München, S. 141–159.
- (1982/ dt. 1984/1986): Freud und die Seele des Menschen. München.
- (1987/ dt. 1987): Ein Leben für Kinder. Erziehung in unserer Zeit. Stuttgart.
- (1988): Kulturtransfer von Österreich nach Amerika, illustriert am Beispiel der Psychoanalyse. In: Stadler, F. (Hg., 1988): Vertriebene Vernunft II. Emigration und Exil österreichischer Wissenschaft 1930–40. Wien, München, S. 216–229.
- (1990/ dt. 1990): Themen meines Lebens. Über Psychoanalyse, Kindererziehung und das Schicksal der Juden. Stuttgart.
- /Ekstein, R. (1994): Grenzgänge zwischen den Kulturen. Das letzte Gespräch zwischen Bruno Bettelheim und Rudolf Ekstein. In: Kaufhold, R. (Hg., 1994): Annäherung an Bruno Bettelheim. Mainz, S. 49–60.
- /Janowitz, M. (1950): Dynamics of Prejudice: A Psychological and Sociological Study of Veterans. New York.
- /Karlin, D. (1975/ dt. 1983/1984): Liebe als Therapie. Gespräche über das Seelenleben des Kindes. München.

Ekstein, R. (1994): Mein Freund Bruno (1903–1990). Wie ich mich an ihn erinnere. In: Kaufhold, R. (Hg., 1994): Annäherung an Bruno Bettelheim. Mainz, S. 87–94.
- /Fisher, D.J. (1994): Offener Brief an „Newsweek". In: Kaufhold, R. (Hg., 1994): Annäherung an Bruno Bettelheim. Mainz, S. 300–302.

Jurgensen, G. (1973/ dt. 1976/1979): Die Schule der Ungeliebten. Als Kindertherapeutin bei Bruno Bettelheim. München.

Kaufhold, R. (Hg., 1993): Pioniere der Psychoanalytischen Pädagogik, *psychosozial* Nr. 53 (1/93).
- (Hg., 1994): Annäherung an Bruno Bettelheim. Mainz. (Beim Autor für 22,- DM erhältlich).

---

* In der Literaturliste wird zuerst das Erscheinungsdatum der englischsprachigen Originalausgabe sowie anschließend das Erscheinungsdatum der deutschsprachigen Originalausgabe sowie der mir vorliegenden Ausgabe angegeben. Die Ortsangabe erfolgt nach der mir vorliegenden Ausgabe. Zur Vereinfachung habe ich im Text bei Zitationen bzw. Literaturhinweisen die ersten beiden Daten angegeben.

Anhang

Einführende Gedanken zu Ernst Federns Bericht über das Konzentrationslager Buchenwald vom Juli 1945

Wilhelm Rösing

Im Juli 1945 hat Ernst Federn in Brüssel den nachfolgenden Bericht über das Konzentrationslager Buchenwald geschrieben. In unseren zahllosen Gesprächen über seine Zeit im KL Buchenwald hatte Ernst Federn diesen Artikel mehrfach erwähnt. Aber immer war mir unklar geblieben, ob er nicht auffindbar war oder ob Federn seine Veröffentlichung nicht wünschte. Jetzt hat Ernst Federn den Bericht für die Veröffentlichung zur Verfügung gestellt – das erste Zeugnis seiner Zeit in Buchenwald, zwei Monate nach der Befreiung aus siebenjährigem Eingesperrtsein.

Zur Entstehung dieses Erfahrungsberichts sagt Ernst Federn, zunächst sei sein Bedürfnis gewesen, das Erlebte festzuhalten. Er habe es aber auch anderen zugänglich machen wollen, und so habe er eine Kopie an Victor Gollancz geschickt, der als linker Verleger damals in London einen Namen hatte. Wegen der „pro-deutschen" Tendenz des Textes war für Gollanz aber eine Veröffentlichung nicht in Frage gekommen, erinnert Federn dessen Reaktion.

Bald darauf hatte Federn jedoch eine Übersetzung ins Flämische und den Abdruck in der Zeitschrift flämischer Sozialdemokraten erreicht. Von einer Veröffentlichung kann man indessen kaum sprechen, da die Ausgabe mit Federns Bericht – ebenfalls von den Herausgebern als provokativ eingeschätzt – nicht verteilt worden war.

Nach seiner Übersiedlung in die USA wurde der Bericht in *Psychiatric Quaterly Suppl.*, Utica, N.Y. unter dem Titel publiziert: „The terror as a system: the concentration camp". Auf Deutsch erscheint er nun zum ersten Mal.

Federns Artikel vom Juli 1945 gehört zu den frühesten schriftlichen Zeugnissen ehemaliger Konzentrationslagerhäftlinge. Noch ganz unter dem Eindruck des Erlittenen entstanden, stellt Federns Bericht ein um so wichtigeres Zeugnis dar, als die Öffentlichkeit in den letzten Jahren miterleben konnte, wie einige Aspekte in der Darstellung des Lagers Buchenwald sich als Mythos entpuppten.

Es ist Ausdruck der Auseinandersetzung um „die Wahrheit" von Buchenwald, daß schon dieser frühe Bericht von Ernst Federn sich gegen andere Darstellungen absetzt, diese richtig zu stellen sucht. Es hieße indessen den Sachverhalt unterschätzen, wollte man die Differenzen nur als Abweichungen in den Erinnerungen sehen. Sie sind vielmehr auch ein Ausdruck realer Unterschiede, sind Indiz dafür, in welch unterschiedlichen „Welten" die Häftlinge von Buchenwald lebten, mit welch unterschiedlichen Chancen und Strategien sie um ihr Überleben kämpften. Dies konnte auch bedeuten, daß sich der Kampf ums eigene Überleben gegen den Überlebenskampf anderer Häftlinge richtete. Die Offenheit, mit der Federn diesen Überlebenskampf uns darstellt, gehört zu den Stärken seines Berichts.

Der zeitliche Abstand von mehr als fünfzig Jahren läßt jedoch auch eine Schwierigkeit vieler persönlicher Berichte ehemaliger Konzentrationslagerhäftlinge erkennen. Selbst die Verpflichtung zur radikalen Aufrichtigkeit kann dort an eine Grenze kommen, wo aus der eigenen Erfahrung auf die Gesamtheit der Häftlinge geschlossen wird. So wirkt Federns Einteilung der Konzentrationslager und die Kennzeichnung der verschiedenen Phasen irritierend. Denn auch in einer Phase, in der z.B. die Zustände für die Häftlinge des großen Lagers erträglich gewesen sein mögen, konnten die Zustände im kleinen Lager oder etwa für die russischen Kriegsgefangenen unerträglich sein.

Bei der Bewertung der Lebensumstände im KZ darf auch nicht außer acht gelassen werden, daß die Häftlinge unter jahrelangem Terror und oftmaliger Todesdrohung andere Maßstäbe zugrunde legten, wenn sie über „bessere" oder „schlechtere" Zeiten sprachen, die nicht identisch sind mit den Maßstäben von außerhalb. So können Federns Darstellungen über Phasen der Erleichterungen im Lager so verstanden werden, daß seine Situation zu dieser Zeit vergleichsweise besser war – was nicht heißt, daß sie in unserem Sinne gut gewesen wäre. So hielten langjährige Häftlinge den Neuankömmlingen, die noch völlig unter dem Schock der Einlieferung standen, vor, das Lager sei jetzt im Vergleich zu früher geradezu ein „Sanatorium" ...

Zu den Mechanismen der spezifischen Perspektive darf man auch das Verdrängen der ständigen Todesdrohung zählen. So erinnerte mich der Beginn von Federns Bericht an seinen ersten Besuch in der Gedenkstätte Buchenwald im November 1995. Begleitet von seiner Frau Hilde, von Marita Barthel-Rösing und mir wurde Ernst Federn vom Direktor der Gedenkstätte, Volkhard Knigge, geleitet. Mit dem Auto passierten wir die restaurierten Stacheldrahtreihen durch ein seitliches Tor und fuhren im Schrittempo an dem noch vollständig erhaltenen Krematorium vorbei – schweigend. Kurz darauf – wir fuhren weiter durchs Lager – sagte Federn: „Das Krematorium steht ja wohl nicht mehr."

Im Text schlägt sich die vom Schrecken geprägte Einstellung zum Krematorium in einem irritierenden Perspektivwechsel nieder. Zunächst heißt es: „Zweifellos war dieses ein Symbol für den Schrecken, unter dem die Häftlinge lebten. Selbst dem abgehärtesten Häftling war der Anblick des ewig Funken und Rauch speienden Schornsteins eine Mahnung an das jedem drohende Verhängnis." Diese schwer auszuhaltende Todesdrohung wird dann verleugnet, indem das Lager zum ganz normalen Ort des Lebens umstilisiert wird: „Aber sachlich gesprochen, war das Krematorium Buchenwalds gar nichts Schreckliches. Eine Stadt mit 40.000 Einwohnern und einer über dem Durchschnitt großen Sterblichkeit bedurfte einer solchen Einrichtung." Sieht sich der Schreiber zunächst noch dem Schrecken des Lagers im Schatten des Krematoriums ausgesetzt, so wechselt er zu einer sachlich distanzierten Betrachtung – das Unerträgliche zur Normalität umdeutend.

Der Zeitpunkt des Berichts legt nahe, daß Federn ihn in einer Phase des Übergangs geschrieben hat. Der Konzentrationslagerhäftling, der hatte lernen müssen, sich den Bedingungen des Lagers anzupassen, um zu überleben, mußte sich nun – nach sieben Jahren des Eingesperrtseins – im Leben außerhalb des Lagers neu orientieren. So hat Ernst Federn, noch geprägt von den Schrecken und Entbehrungen des Lagers, von ständiger Erniedrigung und Todesgefahr, nach der Befreiung lange noch einen Kanten Brot aus dem Lager mit sich herumgetragen; er konnte ihn nicht wegwerfen – so wenig, wie er seine Erfahrungen loswerden konnte. Der Bericht, so dürfen wir annehmen, ist Ausdruck dieser Übergangsphase, und zugleich ist das Schreiben auch ein Schritt zur Überwindung des Erlittenen.

So können auch Federns Bemerkungen, daß die Propaganda, „ohne etwas Unrichtiges zu behaupten, trotzdem ein völlig ungenügendes

Bild von der Wirklichkeit bietet", als Selbstbehauptung verstanden werden. In dieser Propaganda sind die Überlebenden der Konzentrationslager zunächst einmal Opfer, deren Schicksal instrumentalisiert wird. War das Konzentrationslager der Ort gewesen, wo man den Häftlingen die Menschlichkeit abgesprochen und sie zu Nummern gemacht hatte, so wollte Ernst Federn nach der Befreiung nicht erneut zum Spielball der Interessen anderer werden, sondern selbstbewußt für eine Politik eintreten, für die einzusetzen seine siebenjährige KZ-Haft ein hoher Preis gewesen war!

Der Terror als System:
Das Konzentrationslager (Juli 1945)

Ernst Federn

Vorwort

Es ist nötig, einmal zuerst meine Leser aus den westlichen Demokratien vorzubereiten, daß sie in meiner Arbeit Anschauungen finden werden, die im ersten Augenblick sehr befremdend wirken mögen. Aber ich kämpfe seit meinem 20. Lebensjahr gegen geistige und materielle Unterdrückung, zuerst in der illegalen Bewegung gegen die verlogene und lächerliche Diktatur eines Dollfuss und Schuschnigg, und seit 1938 führte ich einen Kampf auf Leben und Tod gegen das Regime der SS und leider auch gegen die Herrschaft verbohrter Parteimenschen im Lager. Das Erscheinen dieser Arbeit beweist, daß ich bis jetzt nicht unterlag. Ich habe diesen Kampf gewonnen, ohne auch nur einmal eine Konzession gemacht zu haben. Aber ich bin mir auch im klaren darüber, daß nur ganz besonders glückliche Umstände mir das erlaubt haben, und ich bin nicht so verblendet zu glauben, daß es mein Verdienst ist, sieben Jahre Buchenwald überlebt zu haben. Man soll auch niemals jemanden einen Vorwurf daraus machen, daß er Konzessionen gemacht hat, um sein Leben zu retten.

Diese elf Jahre schwersten illegalen Kampfes, von denen ich acht Jahre eingesperrt war, davon ein Jahr in Untersuchungshaft in Wien, ohne, während meiner Zeit, jemals meine politische und wissenschaftliche Tätigkeit einzustellen, haben mich gelehrt, das Leben anders zu sehen als die meisten anderen Menschen, und meine Auffassungen werden daher auch manchen Widerspruch hervorrufen. Auch war ich als Deutscher im Lager, und trotz meines Judenabzeichens, das ich dauernd getragen habe, konnte ich mehr Kontakt mit SS-Angehörigen und Zivilisten finden als meine nichtdeutschen Kameraden. Daher komme ich auch zu so ganz anderen Ergebnissen als viele meiner Genossen aus dem Westen.

Mit voller Sicherheit weiß ich aber heute, daß ich die schwierigsten Aufgaben meines Lebens, und die waren hart genug, nur erfolgreich lösen konnte, weil ich niemals meine Gesinnung und meine Wissenschaft vergessen habe. Und das gilt nicht nur für mich, sondern auch für meine Genossen aus der Zeit des illegalen Kampfes innerhalb und außerhalb des Lagers. Und diese Gesinnung wird getragen von der Lehre des internationalen Sozialismus und von dem unbedingten Glauben an den endgültigen und alleinigen Sieg des Geistes und der wissenschaftlichen Wahrhaftigkeit. So wie Sigmund Freud sagt: „Es gibt nur eine Wahrheit, weil es nur eine Wirklichkeit gibt."

Warum ist es nötig, über Buchenwald falsch zu berichten? Ist die Wahrheit nicht Anklage genug gegen den verbrecherischen Terror des Faschismus? Die Lüge aber versperrt uns nur den Weg zur Überwindung des Elends! Drei Beispiele mögen zeigen, *wie* man lügt, und dann wird der Leser von selbst sehen, *warum* man lügt.

Erstes Beispiel: Router meldet aus London, den 30. Juni 1945: „On annonce que Hermann Pister, ›la bête de Buchenwald‹, a enfin été capturé. Il a été découvert, ainsi que 18 de ses collaborateurs, dans un camp de prisonniers en Bavière, où il se faisait passer pour un officier de la Wehrmacht. Tous étaient munis de faux papiers qu'ils avaient fait établir, de force, par des détenus juifs, peu de jours avant la libération du camp. Pister, qui commanda le camp au cours des dernières 18 mois de la guerre, porte la responsabilité des pires horreurs qui y furent perpétré sous ses ordres, notamment l'injection de poison dans les veines des prisonniers ›inutiles‹. Il succéda au célèbre Koch dont la femme collectionnait les abats-jours de lampe en peau humaine. Quant à ces 18 comparses, leur nom figure en bonne place sur la liste des criminels recherchés pour leur activité à Buchenwald. L'un d'eux est un médecin sadique nommé Schobert et connu au camp sous le sobriquet du ›docteur Ding‹."

Unwahr ist: 1., daß der Kommandant Pister jemals von den Häftlingen so genannt wurde. Wahr ist vielmehr, daß der Kommandant Pister gleich nach seiner Amtsübernahme im Januar, als „guter Kommandant" angesehen wurde, weil er die Korruption im Lager bekämpft hat und die Strafen außerordentlich gemildert hat, und weil er schließlich den Juden gegenüber ein viel leichteres Regime führte als irgendein anderer Kommandant.

Unwahr ist: 2., daß jüdische Mithäftlinge ihm falsche Papiere unter Zwang ausgestellt haben, denn das konnten jüdische Häftlinge nicht, und der Kommandant Pister hatte es auch gar nicht nötig, da er die allerbesten Beziehungen zu den leitenden Häftlingen des Lagers hatte und nur seine Sabotage des von Berlin gegebenen Befehls den Buchenwalder Häftlingen ermöglichte, die Amerikaner zu erwarten. Unwahr ist 3., daß der Kommandant Pister verantwortlich ist für die Vergiftung von „unnützen" Häftlingen, denn diese Vergiftungen wurden in ganz Deutschland auf Befehl der Reichsärzteführung und der Reichsführung SS auch in öffentlichen Spitälern durchgeführt. Außerdem haben sich auch die politischen Häftlinge der Methode des Vergiftens bedient, um Gefangene zu beseitigen, die von der Häftlingsjustiz zum Tode verurteilt waren. Daß selbst die Gefangenen unter sich nicht nach den Grundsätzen eines demokratischen Rechtsstaates vorgehen konnten, sondern nach denen des persönlichen Gutdünkens, wird der Leser nach Lektüre meiner Schrift besser verstehen. Unwahr ist 4., daß Schobert ein sadistischer Mediziner war, sondern wahr ist vielmehr, daß so der erste Lagerführer hieß, der jedem Buchenwalder als primitiver, aber gutmütiger Mensch bekannt war, der nie mehr als seinen Dienst gemacht hat. Er hat auch nie den Spitznahmen „Doktor Ding" geführt, sondern es gab im Lager einen Arzt Doktor Ding, der zuletzt die Flecktyphusstation leitete, in der hauptsächlich Juden als Helfer beschäftigt waren und es sehr gut hatten. Diese Station arbeitete mit Tierversuchen, ihr wissenschaftlicher Leiter war ein Krakauer jüdischer Gelehrter, Professor Doktor Fleck. Die an einer anderen Stelle gemachten gräßlichen Versuche an lebenden Menschen folgten einer Reichsverfügung aus Berlin und sind vielleicht eines der krassesten Beispiele für die Konsequenzen des Faschismus.

Wie kommt es zu so vollkommen unwahren Berichten? Weil die Reporter bei Befreiung der Lager ohne Kritik alles glaubten, was man ihnen erzählte. Im Lager Buchenwald waren es z. B. ausgesprochen unseriöse Häftlinge, die die Führer und Dolmetscher machten, während der Autor dieser Schrift, obgleich er sich dem amerikanischen Nachrichten-Offizier zur Verfügung gestellt hatte, aus mir weiter nicht bekannten Gründen keinerlei Gehör gefunden hat.

Ich bin weit davon entfernt, irgend einen SS-Offizier in Schutz nehmen zu wollen, von einigen ganz wenigen Ausnahmen abgesehen. Im Gegenteil, ich bin der Meinung, und mit mir wohl alle ehemaligen politischen Häftlinge, daß *alle deutschen Offiziere* und alle *leitenden*

Beamten mitverantwortlich sind für die Verbrechen des Regimes. Aber deswegen braucht man nicht Unwahrheiten zu behaupten.

Zweites Beispiel: Jean Fontaine schreibt in seinem Buch „Buchenwald", erschienen im Juni 1945 in Brüssel, auf Seite 39: „En novembre 1944, huit d'entre eux" (politique allemands)* „soupçonnés d'organisation illégale à l'intérieur du camp, furent arrêtés et menés dans les cellules de la Gestapo de Weimar. Pas un d'entre eux ne lâcha un mot: on ne les revit plus, mais nul après eux ne fut inquiété et les organisations clandestines continuèrent à fonctionner." Da die Dichtung, und hier die Wahrheit.

Nach dem Bombardement des Lagers Buchenwald wurde der ehemalige Reichstagsabgeordnete Thälmann heimlich ins Lager gebracht und hier unter großen Vorsichtsmaßregeln von der SS ermordet. Die Häftlinge bekamen aber doch Wind von der Sache, und kommunistische Gefangene veranstalteten eine Trauerkundgebung zu Ehren des Ermordeten. An dieser Kundgebung nahm ein 16jähriger Wiener Junge teil, der unbegreiflicher Weise das Vertrauen der leitenden Häftlinge erworben hatte und im Kommando „Effekten-Kammer" tätig war; hier war die Zentrale der Häftlingsorganisationen, und der Junge erfuhr so mehr als gut war. Er brachte die Feier zur Anzeige bei der SS, die eine Untersuchung anstellte und zuerst die Sache auf sich beruhen ließ. Nun war aber im Sommer 1942 in Auschwitz ein Aufstand unter den Häftlingen ausgebrochen, und die Berliner Leitung war beunruhigt und sandte in das als politisches Lager bekannte Buchenwald einen Offizier des Sicherheitsdienstes, SS-Hauptsturmführer Kampel, der in allen Lagern als besonders bösartig bekannt war. Er veranlaßte die Festnahme der leitenden Lagerfunktionäre, die der Kommandant seinerseits gern geschont hätte, weil unter ihnen die wichtigsten Leiter der größten Kommandos waren. Herr Kampel war Offizier des Sicherheitsdienstes[1] der Weimarer Gestapo, die ihrerseits wieder den Häftlingen zu verstehen gab, daß sie das Verfahren solange hinauszuschieben versuchen werde, bis der Krieg zu Ende sei. Trotzdem mußte man für das Leben der Festgenommenen fürchten, und das

---

*Hinweis: „(politique allemands)" scheint mir tatsächlich eine erklärende Ergänzung des Vf. zu sein; vermutlich ging es um acht deutsche politische Häftlinge. Grammatisch ist die Ergänzung so nicht möglich; d. Hg.

[1] S. D. oder Sicherheitsdienst war eine Organisation zur Überwachung der SS, eine besondere Truppe des Reichsführers und dementsprechend ausgesucht.

ganze politische Leben im Lager erstarb für längere Zeit aus Angst vor weiteren Maßnahmen, die aber nicht erfolgten. Man sieht, die Wahrheit klagt niemanden an, aber sie ist unromatisch und entspricht nicht den Phantasien über revolutionäre Arbeit. Der falsche Bericht aber erweckt Vorstellungen, die vollkommen unrichtig sind. Auch hier folgte der Berichterstatter einer unverläßlichen Quelle.

Drittes Beispiel: Derselbe Autor schreibt in seinem Buch auf Seite 20: „à Buchenwald en 1944 et 1945, ces manifestations de cruauté individuelle cynique furent moins fréquentes, parce qu'étant donné la grandeur du camp les rapports des détenus avec les SS étaient moins directs et moins nombreux." Es ist unbegreiflich, wie ein politisch geschulter Mensch so einen haarsträubenden Unsinn schreiben kann. Daß die Ausländer schwer Kontakt mit der deutschen Bewachungsmannschaft finden konnten, ist selbstverständlich, aber die deutsch sprechenden Häftlinge fanden reichlichen Kontakt. Denn die SS bestand damals bereits zur Mehrzahl aus Reichswehrsoldaten, die selbst die Aussprache mit den Häftlingen suchten und in schärfsten Worten gegen die Nazi-Verbrecher Stellung nahmen und versprachen, im entscheidenden Moment uns mit Waffen zu unterstützen. Mir sagte einmal ein Posten, der mich bei einer Maurerarbeit beaufsichtigte: „Wissen Sie, wer an allem Elend schuld ist?" Ich gab keine Antwort, da ich als Jude vorsichtig sein mußte; darauf sagte er: „Ich werd's Ihnen sagen, nur die Verbrecher von der SS." Und das war die Meinung von Hunderten, die nach dem Attentat im Juli 1944 gezwungen worden waren, die SS-Uniform zu tragen. Wenn ich es nötig hätte, dafür Zeugen anzurufen, so würde ich nur auf die Erklärung des General *Eisenhower* hinweisen, daß diejenigen, die erst im Jahre 1944 zur SS-Truppe kamen, *nicht* als Kriegsverbrecher angesehen werden dürfen. Es befanden sich unter ihnen sehr viele Sozialisten und Kommunisten, demokratisch gesinnte, anständige und brave Männer, die zur SS gepreßt worden waren.

Diese drei Beispiele sprechen für sich, und am Ende der Lektüre meiner Biographie wird der Leser auch wissen, warum manche Menschen über Buchenwald die Unwahrheit erzählen.

Ich bin erzogen in der Tradition der alten marxistischen Arbeiterbewegung, und ich habe als Junge gesungen und gelernt: „Der Feind, den wir am meisten hassen, das ist der Unverstand der Massen." Mit Unaufrichtigkeit aber kann man diesen Unverstand nicht bekämpfen,

und daher muß weiter gekämpft werden gegen jene, die glauben, die Demokratie sei bereits gesichert und es bedürfe keiner Anstrengung mehr, um eine zweite Katastrophe derselben Art, wie wir sie jetzt erlebt haben, zu verhindern. Die aber werden mir folgen und mich verstehen, die wie ich an die Notwendigkeit des internationalen sozialen Gedankens glauben.
PROLETARIER *ALLER* LÄNDER, VEREINIGT EUCH!"

Bruxelles, Juli 1945 *Ernst Federn*

Das Buchenwald-Lied

Text von Löhner-Beda (erschlagen von einem betrunkenen Kapo im Konzentrationslager Auschwitz im Jahre 1943), Textdichter des Komponisten Franz Lehar; Musik von Hermann Leopoldi.

Wenn der Tag erwacht, eh die Sonne lacht,
die Kolonnen ziehn zu des Tages Mühn,
hinein in den grauenden Morgen.
Und der Wald ist schwarz und der Himmel rot
und wir tragen im Brotsack ein Stückchen Brot
und im Herzen, im Herzen die Sorgen.

Refrain: O Buchenwald, ich kann dich nicht vergessen,
weil Du mein Schicksal bist.
Wer Dich verließ, der kann es erst ermessen,
wie wundervoll die Freiheit ist.
O Buchenwald, wir jammern nicht und klagen,
und was auch unsere Zukunft sei:
Wir wollen trotzdem „Ja" zum Leben sagen,
denn einmal kommt der Tag, da sind wir frei!

Und die Nacht ist kurz und der Tag so lang
doch ein Lied erklingt, das die Heimat sang.
Wir lassen den Mut uns nicht rauben.
Halte Schritt Kamerad, und verlier nicht den Mut.
Denn wir tragen den Willen zum Leben im Blut
und im Herzen, im Herzen den Glauben!

Refrain

Und das Blut ist heiß und das Mädel fern,
und der Wind singt leis: O, ich hab sie so gern.
Wenn treu sie, wenn treu sie nur bliebe!
Und die Steine sind hart, aber fest unser Schritt.
Und wir tragen die Pickel und Spaten mit
Und im Herzen, im Herzen die Liebe.

Refrain

Zum ersten Mal wurde dieses Lied an einem Winterabend im Jänner 1939 auf dem Appellplatz vom ganzen Lager mit Musikbegleitung gesungen.

Erster Teil

Durch die nach der Besetzung Deutschlands einsetzende Propaganda wurde in der ganzen Welt von den Verhältnissen in Deutschland ein Eindruck hervorgerufen, der, ohne etwas Unrichtiges zu behaupten, trotzdem ein völlig ungenügendes Bild von der Wirklichkeit bietet.

Ein gutes Beispiel dafür, wie leicht es sich die Propaganda macht, sind die Berichte und Bilder über das Krematorium in Buchenwald. Zweifellos war dieses ein Symbol für den Schrecken, unter dem die Häftlinge lebten. Mehr noch: es war ein Symbol für das Regime des Faschismus überhaupt. Selbst den abgehärtetsten Häftlingen war der Anblick des ewig Funken und Rauch speienden Schornsteins eine Mahnung an das jedem drohende Verhängnis. Aber sachlich gesprochen, war am Krematorium Buchenwald gar nichts Schreckliches. Eine Stadt mit 40.000 Einwohnern und einer über den Durchschnitt großen Sterblichkeit bedurfte einer solchen Einrichtung. Einen großen Haufen von Knochen und Leichen zu zeigen ist billige Propaganda, in Kriegszeiten erst recht. Daß man mit den Toten nicht viele Geschichten gemacht hat, ist sicher ein Zeichen der Verrohung, aber hätte man die Lebendigen wenigstens menschlich behandelt, könnte man über die Pietätlosigkeit den Toten gegenüber eher hinwegsehen.

Trotzdem wird den Leser die Geschichte des Krematoriums von Buchenwald interessieren.

Ursprünglich wurden die Leichen des Lagers mit einem Auto nach Weimar transportiert und dort verbrannt. Aber in den Zeiten sehr großer Sterblichkeit konnten diese Leichentransporte nicht genug verheimlicht werden und man begann in der Stadt von den Schrecken des Lagers zu munkeln, ohne natürlich Genaues zu wissen. In Weimar nannte man den Ettersberg, auf dem das Lager ja bekanntlich errichtet war, „Totenberg". Um weiteres Aufsehen zu vermeiden, wurde daher ein eigenes Krematorium im Lager gebaut. Meiner Erinnerung nach begann man mit dem Bau bereits 1939.

Das Krematorium wurde von Häftlingen bedient, und in seinen Räumen waren auch die Galgen angebracht. Man konnte zwölf Menschen zugleich hinrichten. Aber es wurden an dieser Stelle mehr Zivilisten und SS-Angehörige hingerichtet als Häftlinge. Häftlinge wurden überhaupt nur in den seltensten Fällen durch Erhängen ermordet.

Die Verbrennung einer Leiche brauchte etwa 30 Minuten. Die Asche wurde auf Verlangen an die Angehörigen gesandt, denen die betreffende Ortspolizei ganz trocken den Tod des Gefangenen, manchmal durchs Telefon, mitteilte.

Anfang 1945, als Buchenwald zeitweilig bis 80.000 (achtzigtausend!) Insassen zählte, die bereits zum Teil sterbend oder vom Tode gezeichnet nach Buchenwald kamen, konnte das Krematorium die notwendigen Verbrennungen nicht mehr bewältigen. Dann kam noch dazu, daß kein Koks da war, um das Feuer zu unterhalten. Nur die deutschen Arier, von denen ja nur selten einer starb, hatten den Vorzug, verbrannt zu werden.

Die Reaktion auf die Berichte über alle die furchtbaren Scheußlichkeiten, die tatsächlich begangen wurden, ist entsprechend der falschen Propaganda auch eine ungesunde. Die einen überstürzen sich in Rachegeschrei und verdammen das ganze deutsche Volk zur Ausrottung, und die anderen meinen skeptisch, es wäre eben Vieles auch übertrieben, und die große Zahl der Rückgekehrten zeige ja auch, daß es nicht so schlimm gewesen sein könne. Um eine solche ungesunde Haltung beim Publikum zu vermeiden, darf man eben den Boden der Wahrheit auch für einen guten Zweck nicht verlassen. Denn letzten Endes, das zeigt die Erfahrung immer wieder, rächt sich jede Art von Lüge. Auch bei unserem Thema ist es unbedingt nötig, die Dinge so darzustellen, wie sie waren, wenn dadurch auch manche allzu bequeme Erklärung aufgehoben und manche politische Meinung erschüttert wird. Die vorliegende kleine Arbeit will die wesentlichsten Grundzüge des Naziterrors, wie er durch die Konzentrationslager (KL) ausgeübt wurde, darstellen und zum Teil ihn zu erklären versuchen.

Es gab drei Kategorien von Konzentrationslagern: Kategorie 1 waren Lager, in denen der Hauptzweck auf die Arbeit gelegt wurde und in denen die Häftlinge vom materiellen Gesichtspunkt aus gesehen gut gehalten waren. Auf die Seele wurde allerdings keine Rücksicht genommen. Niemals, mit ganz geringen Ausnahmen, konnte ein Lagerinsasse seine Angehörigen sprechen, selbst Bilder von ihnen durfte er nicht besitzen, nur heimlich konnte er sie sich verschaffen. Nirgends gab es eine Stelle, die in seelischer Not hätte helfen können oder wollen. Schon dadurch war auch das beste KL außerordentlich grausam. Aber, wenn wir vom Seelischen absehen, so ging es einem Häftling der Stufe

1 gut. Es fehlte ihm tatsächlich nur die Freiheit und die Anwesenheit seiner Angehörigen. Nun besteht für seelisch primitive Menschen die Freiheit nur im ungestörten Herumgehen und in der freien Einteilung der Zeit. Beides bestand in vielen Lagern für einen großen Teil der Häftlinge der Kategorie 1. In Buchenwald war der Bereich, in dem man sich frei bewegen konnte, der einer kleinen Stadt. Auch hatte ein nichtjüdischer Häftling in den letzten Jahren nur sehr selten eine Injurie von seiten der SS zu befürchten. Er konnte mit einigem Geschick und mit einiger Lagererfahrung für seine Kleidung sorgen und hatte die Möglichkeit, Kino und Konzerte und sogar ein Bordell zu besuchen. Radio und Zeitungen, ebenso eine ausgezeichnete Bibliothek standen in den meisten großen Lagern der Stufe 1 den Häftlingen zur Verfügung. Hunderte waren sogar von der sehr unangenehmen Pflicht entbunden, sich am Appellplatz zum Zählen aufzustellen, eine gewöhnlich sehr lange Prozedur, die bei jeder Witterung durchgeführt wurde. Dazu kommt, daß während eines Fliegeralarms niemand in ganz Deutschland so sicher war wie ein Schutzhäftling in einem der bekannten Lager. Das Essen war in den Lagern von Stufe 1 bis Dezember 1944 gut und reichlich, so daß viele Häftlinge vom Standpunkt der Ernährung besser als ein deutscher Durchschnittsbürger lebten. Das aber gilt alles nur für Lagerstufe 1. Stufe 2 sah schon ganz anders aus.

Hier lebten nur einige wenige Häftlinge wie in Stufe 1, die entweder Lagerfunktionäre waren wie Kapo (Leiter des Arbeitskommandos), Blockältester (Leiter einer Häftlingsunterkunft) oder sonst ein Aufsichtsorgan, oder Büroangestellte. Die anderen Lagerinsassen wurden so gehalten, daß sie gerade leben konnten, wenn sie gesund und bei der Arbeit geschickt waren. Zu Essen gab es soviel, daß man zwar leben konnte, aber nie ein Hungergefühl los wurde. Das Leben war unendlich bitter: Arbeit, Essen, Schlafen füllten es zur Gänze aus. Nur wenige konnten in der geringen Freizeit die intellektuelle Kraft aufbringen, etwa zu leisten oder sich sonstwie geistig zu beschäftigen. Die Freuden des Lebens waren unendlich klein, und unvorstellbar ist das Durchschnittsleben eines jahrelang eingesperrten Schützhäftlings für den, der es nicht erlebt hat. Es bedarf einer genauen seelischen Analyse, die hier nicht gegeben werden kann, um das schreckliche Schicksal des normalen, zur Zwangsarbeit in einem Lager der Stufe 2 verurteilten Häftlings zu verstehen. Todesgefahr bestand immer, denn von Stufe 2 zu Stufe 3 war nur ein kleiner Schritt, während in Stufe 1 nur der intellektuell geschulte Gefangene und nicht einmal der immer imstande war, die unmittelbar drohende Todesefahr auch wirklich zu erfassen, der übrigens in Deutschland ja jedermann ausgesetzt war.

Stufe 3 aber war die Hölle. „Wer hier eintritt, läßt jede Hoffnung fahren." Es ist sinnlos, die Greuel im einzelnen zu schildern. Die Menschen waren vogelfrei, der Zweck ihres Daseins ausschließlich der, gequält und umgebracht zu werden. Es gibt für die menschliche Grausamkeit keine Grenze nach unten. Alle sadistischen Gelüste, die oft nur dem Facharzt bekannt sind, konnten sich hier ungestraft an den wehrlosen Gefangenen ausleben. Die Verbrechen blieben nicht nur ungestraft, sondern sie wurden sogar von den höchsten Stellen der SS gefordert. „Deine Treue ist Deine Ehre" war der Grundsatz der SS. Das heißt, daß jedes Verbrechen moralisch durch die Treue zum Führer gerechtfertigt wurde. Die Grausamkeiten voriger Jahrhunderte waren wenigstens durch die religiösen Moralforderungen eingeschränkt worden, und Henker und Büttel waren der Verachtung durch die öffentliche Meinung preisgegeben. In Hitler-Deutschland aber war der höchste Moralgrundsatz nicht der einer Religion oder eines menschlichen Ideals, sondern die Treue zu Führer und Volk; daher liefen die Henker und Folterknechte in einer Uniform herum, die sie in den Augen des Volkes zu „Edelmenschen" stempeln sollte. Es ist aber unrichtig zu glauben, daß das ganze deutsche Volk diesem Schwindel aufgesessen wäre. Überall brachten die Arbeiter schon 1938 ihre Sympathien für die Häftlinge und ihren Haß gegen die SS zum Ausdruck. Auch viele Angehörige des Bürgertums und des Kleinbürgertums verhielten sich den Häftlingen gegenüber wohlwollend, soweit die schreckliche Angst vor der Gestapo das zuließ. Aber in den Lagern der Stufe 3 waltete die SS ungehindert und unbeobachtet, frei von jeder moralischen und gesetzlichen Verantwortung, ausschließlich bemüht, zu morden und zu quälen.

Um die Verhältnisse richtig zu verstehen, muß man auch bedenken, daß die Lager verschiedene Perioden durchgemacht haben, daß jedes seine Geschichte, seine guten und seine schlechten Zeiten hatte. So war Buchenwald von seiner Gründung 1937 bis 1939 eines der schlimmsten Lager und von 1942 bis zur völligen Desorganisation 1944–1945 eines der besten. Zwischen den Extremen von Stufe 1 und Stufe 3 mit allen nur denkbaren Übergängen spielt die Geschichte der einzelnen deutschen KL. Wer also Glück hatte und auch das Geschick, dieses Glück zu benutzen, konnte auch jahrelang immer gut durchs Lager kommen. Und sehr vielen ist dies auch gelungen. Es war hier genau wie im Kriege auch. Überall gibt es Druckposten, und es wird immer geschickte Menschen geben, die es verstehen, sich solche Druckposten zu verschaffen. Aber im System des Nazi-Terrors hatten diese Privilegierten eine besondere Funktion. Auch sie standen unter dem ständigen Druck, vernichtet zu werden, denn eine Rechtssicherheit gab es ja im Faschismus nicht. „Recht ist, was dem deutschen Volk nützt", war der Grundsatz des privaten Recht und für das öffentliche Recht hatte Goering postuliert, daß die Gestapo, also die SS, an keinerlei Rechtssatz gebunden sei. Damit war die Grundlage für den unvorstellbaren Terror gelegt, der in Deutschland geherrscht hat und in dem jede Kategorie von Häftlingen eine bestimmte Rolle zugewiesen bekam.

Im Lager hatte der bestgestellte Häftling immer die Angst, nach unten abzugleiten, und außerhalb des KL fürchtete jeder Deutsche bis in die SS selbst hinein, ins Lager gesteckt zu werden. Es wurden auch wiederholt SS-Führer und -Unterführer ins Lager gebracht, und auch der höchstgestellte Deutsche war bekanntlich seines Lebens nicht sicher. Jeder hatte vor jedem Angst, Kinder denunzierten ihre Eltern, Freunde ihre Kameraden, nur aus Angst, denunziert zu werden, wenn sie nicht selbst denunzierten. Jedes unbedachte Wort konnte qualvollen Tod bedeuten. Ja, man kann sogar behaupten, daß der Deutsche unter der Regierung Hitler sich fürchtete, auch nur oppositionell zu denken, so schrecklich war die Angst der erwachsenen Bevölkerung. Es ist ganz falsch zu glauben, daß ein Terrorsystem dann am stärksten ist, wenn es alle Untertanen unter gleichem Druck hält. Dieser würde bald eine Reaktion erzeugen, der die Regierung nicht gewachsen wäre. Daher auch die weitverbreitete falsche Ansicht, man könne auf Bayonnetten nicht sitzen. Das geht, wenn auch nicht für ewig, so doch für sehr lange Zeit ganz ausgezeichnet, man muß es nur verstehen. Und Himmler und Konsorten haben es verstanden, nur das und sonst nichts. Sie haben sehr raffiniert und geradezu teuflisch einen Teil ihrer Opfer privilegiert behandelt und den anderen zum schrecklichsten Schicksal verdammt. Dieses Symptom, das man im Lager genau beobachten konnte, haben auch andere Gewaltherren benutzt, aber noch keiner mit solcher Grausamkeit und Exaktheit in der Durchführung wie der Reichsführer SS. Die Folge war, daß die Privilegierten der Lager in der ständigen Angst lebten, hinab zu stürzen in die Hölle der Stufe 3, und die Ärmsten der untersten Kategorien waren in der ständigen Hoffnung, in eine höhere Stufe aufzusteigen und so dem Tode zu entrinnen. So standen alle Häftlinge unter ständigem Druck.

Gegen dieses System hätten sich nur politisch organisierte Gruppen zur Wehr setzen können. Solche in einem Lager aufzustellen, war aber außerordentlich schwer. Wo es doch gelungen ist, wie z. B. in Buchenwald, konnte dies nur durch Konzessionen an die SS erreicht werden, was natürlich sehr oft mit großen Opfern ideeller Art, aber auch mit der Preisgabe sehr vieler Menschenleben verbunden waren. Solche Organisationen konnten nur aufgebaut werden, wenn die Häftlinge Lagerfunktionen übernahmen und so wider ihren Willen auch zum Werkzeug der SS wurden.

Es ist nun ein schwerer Irrtum zu glauben, daß die Gestapo die Lager eingerichtet hat, um dort die politischen Gegner festzuhalten. Das „Glück", in einem KL der Stufen 1 oder 2 interniert zu werden, hatten nur wenige politische Kämpfer. Denn die meisten aktiven Antifaschisten wurden entweder physisch vernichtet oder moralisch zerbrochen. Die Gestapo gebrauchte den Ausdruck *„den Gegner zu zerstampfen"*. Sie hat das tatsächlich auch physisch und moralisch, mit allen Kenntnissen der modernen Seelenforschung ausgerüstet, durchgeführt.

Die Mehrzahl der Lagerinsassen waren also nicht politisch oder intellektuell geschulte Menschen, sondern einfach Durchschnittsbürger, vielfach aber auch, in dem einen Lager mehr, in anderen weniger, asoziale und kriminelle Elemente. Für Nichts wurden im Dritten Reich Menschen zu lebenslänglicher Haft in einem Lager verurteilt, es genügte oft, daß sie einen Gestapoagenten oder einem Naziparteimitglied unangenehm „aufgefallen" waren. Gerade der Terror gegen jeden im Volk machte seine Wirksamkeit aus. Genau so war es auch im Lager der Stufe 2, der Terror lag auf jedem, weil alles verboten war und jede Übertretung mit den grausamsten Strafen geahndet wurde; erst als die vielen Ausländer die Lager auffüllten, wurde das etwas besser. Sich aber an die Verbote und Gebote zu halten war einem Häftling unmöglich, wenn er leben wollte. So war der oberste Grundsatz, sich nicht erwischen zu lassen, nicht „aufzufallen". Das wurde auch so von der

SS-Lagerführung aufgefaßt: „Daß Ihr Euch ja nicht erwischen laßt, daß mir nur ja keiner auffällt" waren die immer wiederkehrenden Mahnungen aller Vorgesetzten – also eine ausgesprochene Kriminellen-Moral. Als extremes Beispiel führe ich an, daß in Buchenwald wiederholt das Verrichten der Notdurft während der zwölfstündigen Arbeitszeit verboten wurde, eine Grausamkeit und ein Terrormittel, das noch weitgehend unbekannt ist und das doch anschaulich zeigt, was für eine Hölle bereits die Lager der Stufe 2 waren.

Die Lagerinsassen setzten sich also aus allen Schichten der Bevölkerung zusammen und waren in verschiedene Kategorien eingeteilt. Ein rotes Dreieck, Winkel genannt, trugen alle aus politischen Gründen verhafteten Gefangenen, das waren aber deswegen noch keine Politiker. „Meckerei", Querulantentum, jede Art oppositionelle Gesinnung oder der bloße Verdacht einer solchen waren Grund genug, um als politischer Häftling geführt zu werden. Einen schwarzen Winkel trugen die sogenannten Arbeitsscheuen. Damit bezeichnete man alle diejenigen, die irgendwie bei der Arbeit oder durch ihren Beruf „aufgefallen" waren, dann die Bettler und Vagabunden, aber auch Leute, die z.B. keine Alimente zahlen wollten und überhaupt, zum mindesten nach Ansicht der Gestapo, ein liederliches Leben führten, ohne sich der SS zur Verfügung stellen zu wollen. (Es war in Deutschland immer noch das sicherste, Polizeispitzel zu sein oder Mitglied der SS, um einer Verhaftung zu entgehen, wenngleich auch die SS-Uniform keinen 100%igen Schutz bot). Einen grünen Winkel trugen die Häftlinge, die wegen krimineller Vorstrafen inhaftiert wurden. Die Gefangenen, über die Sicherheitsverwahrung durch die Gerichte ausgesprochen war, trugen in dem grünen Dreieck ein S. Der größte Teil von ihnen wurde in den Lagern vernichtet. Unter Verdacht der Homosexualität Stehende hatten einen rosa Winkel, Juden, die mit arischen Frauen verkehrt hatten oder in dem Verdacht standen, es getan zu haben, die sogenannten Rassenschänder, hatten auch ein eigenes Abzeichen, und die Bibelforscher trugen einen violetten Winkel, die Emigranten einen blauen und die Juden noch einen gelben Stern dazu.

Je nach der Weisung des Lagerkommandanten nun wurde die eine oder andere Kategorie bevorzugt behandelt, aber auch jeder einzelne SS-Angehörige hatte seine besondere Vorliebe. So umgab sich der eine mit Bibelforschern, der andere wieder mit politischen Häftlingen und so fort. SS-Lagerarzt Dr. Ding z. B. arbeitete wieder, wie schon erwähnt, am liebsten mit jüdischen Gefangenen. Lager der Stufe 1 standen fast immer unter Führung der politischen, Lagerstufe 2 leiteten schon meistens Kriminelle und Asoziale, aber sie waren durch Weisungen gebunden, und die Sterblichkeitsziffer war von Berlin festgesetzt. Wiederholt hieß es, Berlin habe angefragt, warum so wenige Tote sind, oder umgekehrt, Berlin beanstandet, daß die Sterblichkeit zu hoch sei. Die Vernichtungslager standen ausnahmslos unter der Führung von Schwerverbrechern. Manchmal richtete sich auch der Ausrottungsbefehl nur gegen eine einzelne Kategorie von Häftlingen. Dann geschah es, daß in ein und demselben Lager Tausende umgebracht wurden, während andere Tausende zur gleichen Zeit ein erträgliches Leben führen konnten. In einer solchen Situation waren die verantwortlichen Häftlingsfunktionäre natürlich immer wieder imstande, zur Vernichtung bestimmte Opfer ihrem Schicksal zu entreissen. Das ist auch wiederholt geschehen, und das rechtfertigt auch, meiner Meinung nach, die Konzessionen, die politische Häftlinge der SS gegenüber gemacht haben. Tausende von jungen Menschen konnten so im Laufe der Jahre vor dem Tode gerettet werden.

Der Charakter eines Lagers änderte sich über Nacht, aber immer nur auf Weisung von Berlin. Diese Veränderungen waren meistens verbunden mit einem Wechsel des Lagerkommandanten. So wurde im Jahre 1942 Buchenwald mit der Einsetzung des Kommandanten Pister ein Arbeitslager der Stufe 1, es hätte nämlich dort die V1 erzeugt werden sollen. Allerdings gab es immer wieder Rückschläge, und Grausamkeiten kamen auch in den besten Zeiten vor, denn jede offene Beschwerde bedeutete den Tod und Drangsalierungen, von denen man annehmen konnte, daß sie ohne höheren Befehl durchgeführt wurden; sie wieder abzustellen, bedurfte sehr diplomatisch durchgeführter Schritte.

Das führt uns zu einem weiteren Charakterzug des Lagerterrors. Die SS und KL entwickelten im Laufe der Jahre eine Eigengesetzlichkeit, die zwar von der Reichsführung gewollt und gefördert wurde, aber bald den Händen der Berliner Leitung entglitten war. Das war auch die Ursache der ungeheuren Korruption und der unvorstellbaren Zersetzung innerhalb der SS. Dadurch gab es für die leitenden Häftlinge große Möglichkeiten, den Terror zu mildern, aber auch viele Grausamkeiten und Schreckensstaten laufen auf Rechnung dieser Eigengesetzlichkeit. So wurden im Sommer 1942 in Buchenwald zwölf jüdische Maurer durch die persönliche Initiative des Rapportführers Hofschulte und des Lagerführers Gust ermordet, und erst, als man die Gewißheit hatte, daß es sich nicht um einen Befehl aus Berlin handelte, sondern um eine Privataktion, konnte das Morden eingestellt werden. Gegen Ende des Krieges entstanden auch entsetzlich Greuel dadurch, daß der Lagerkommandant einfach nicht in der Lage war, die ihm zugeschickten Knochenmassen zu verpflegen und unterzubringen; und die Häftlinge konnten auch nicht mehr helfen, wo die staatliche Instanz vollkommen versagte. Das System des Mordes und des Terrors wütete eben auch dort, wo es aus militärischen und politischen Gründen gar nicht gewünscht wurde, wie eben auch im Lager Buchenwald, das den Auftrag hatte, äußerst wichtige Rüstungsbetriebe in Gang zu halten. Aber hier konnten die Häftlingsfunktionäre des Lagers doch vieles bessern, und haben es auch zum Teil getan. Die SS-Lagerführung war ganz zufrieden, wenn die Häftlinge selber für Ruhe und halbwegs erträgliche sanitäre Einrichtungen sorgten, aber zuletzt, seit der Evakuierung der von den alliierten Truppen besetzten Gebieten Deutschlands, verhinderten die Berliner Befehle alle Maßnahmen, die Menschen lebensfähig zu erhalten. Das Chaos überstieg jedes vorstellbare Maß, und dadurch entstanden diese grauenhaften Situationen, die die Amerikaner und Engländer antrafen, die aber nicht das richtige Bild des Lagerlebens und seiner Schrecken in den Jahren 1937 bis 1944 geben.

Um die Erscheinung der deutschen KL richtig zu verstehen, muß man die Vorstellung von der SS-Organisation, die besteht, der Wirklichkeit anpassen. Auch die SS-Formationen haben im Laufe der Jahre verschiedene Entwicklungsstufen durchgemacht. Am Anfang bestanden sie aus lauter ausgesuchten Terroristen, fanatischen Anhängern des Führers. Aber selbst damals gab es bereits zwei Gruppen: im Jahre 1938 teilten sich z.B. die Dachauer Blockführer in zwei Richtungen, die eine war für gute Behandlung der Häftlinge und die andere für die grausame. Daraus ergaben sich große Möglichkeiten für die Gefangenen, aber auch große Gefahren. Es gab auch in der SS sogenannte „bessere Elemente". Aber sie standen unter dem schlimmsten Terror ihrer eigenen Kameraden. So tobte einmal im Lager Dachau ein als

„anständig" bekannter Blockführer in vollkommen ungerechtfertigter Weise mit Schlägen und Gebrüll gegen seine ihm unterstellten Häftlinge, die er sonst immer human behandelt hatte. Wir erfuhren später die Gründe für dieses uns unerklärliche Verhalten: der SS-Lagerführung war bekannt geworden, daß die Häftlinge von dem betreffenden Blockführer in anerkennender Weise sprachen, und aus Angst, ja nur nicht bei seinen Vorgesetzten „aufzufallen", mußte er nun den wilden Mann spielen. Denn der Terror ging bis zur obersten SS-Führung, und, wenn auch monatelang die „anständigen" SS-Angehörigen in Ruhe gelassen wurden, konnte doch jederzeit der Terror auch über sie hereinbrechen. Wirklich sicher war in der SS nur die Bestie und der ehrgeizige Streber, der über die Leichen der Häftlinge sich ein Parasitenleben verschaffte.

Aber im Laufe der Kriegsjahre änderte sich die Zusammensetzung der SS. Die jungen Fanatiker wurden ersetzt durch ältere Männer, und schließlich wurden die SS-Formationen mit Menschen aufgefüllt, die weder SS-Leute noch Nationalsozialisten waren, sondern unter allen möglichen Drohungen und oft unter falschen, betrügerischen Vorspiegelungen eines Postens in Deutschland in die SS-Uniform gesteckt worden waren. Meistens waren es Auslandsdeutsche. So erzählte uns der Bauführer Peters, einer der wenigen wirklich anständigen Menschen in der SS-Uniform, wie er SS-Mann wurde, und die Geschichte ist auch tatsächlich glaubhaft. Er war ein ganz gewöhnlicher deutscher Soldat aus Oberschlesien, nicht einmal Parteimitglied, mit seinen Sympathien sogar mehr auf polnischer als auf deutscher Seite. Er war von Beruf Maurer, Vater von vier Kindern, und bereits mehrfach ausgezeichnet, als er schwer verletzt in ein SS-Lazarett eingeliefert wurde. Aus einer Narkose aufwachend, unter der man ihm das Bein amputiert hatte, gewahrte er einen SS-Angehörigen, der den noch Benommenen aufforderte, der SS beizutreten. In dieser Situation, unter solchen Umständen, ließ eine Weigerung nichts Gutes erwarten. „Und so bin ich SS-Mann geworden." Das ist nur ein Beispiel für viele. Dadurch wurde allerdings die SS in einem unvorstellbaren Maß zersetzt, so daß es tatsächlich vorkommen konnte, daß der Rapportführer Werle beim Aufmarsch zur Arbeit einmal einen Häftling zur Seite nahm und ihn bat, auf den Posten aufzupassen. Nur diese Zersetzungserscheinungen ermöglichten es den Häftlingen von Buchenwald, solange der SS Widerstand zu leisten, bis die amerikanischen Truppen sie befreiten. Freilich waren die SS-Mannschaften nicht in allen Lagern so, und wo Bestien das Kommando hatten, wie in Bergen-Belsen oder anderswo, da lagen die Dinge natürlich nicht so günstig wie in Buchenwald, wo der Kommandant Pister bemüht war, nur Grausamkeiten durchzuführen, die ihm befohlen wurden. Es paßt sicher manchen Propagandisten und Politikern nicht, daß Tausende Häftlinge sterben mußten, weil Häftlinge, leider oft auch politische, ihre menschlichen Pflichten nicht erfüllt haben. Aber diese Tatsachen entsprechen der Wirklichkeit.

Fassen wir alle diese Beobachtungen zusammen, so ergibt sich, daß die Lager aufgebaut waren auf dem Prinzip des Teilens und Herrschens, daß aber andererseits die SS selber uneinheitlich zusammengesetzt war und die Dreiteilung der Häftlingskategorien in Privilegierte, Arbeitssklaven und zur Vernichtung Verdammte die furchtbarsten Grausamkeiten ebenso ermöglichte, wie die Möglichkeit, dem Terror auf manchem Gebiet Opfer zu entziehen.

Das Gesicht des Nazi-Terrors ist nur zu verstehen, wenn wir seine einzelnen Züge betrachten, also dynamisch, dialektisch und nicht vereinfachend, statisch uns zu sehen bemühen; das heißt: wenn wir die Erscheinungen des Dritten Reiches wissenschaftlich betrachten. Dann fällt zuerst als wichtigster Zug dieses Terrorregimes seine Geheimhaltung ins Auge. Das Wort Gestapo heißt: Geheime Staatspolizei. Das Wort geheim sollte dreimal unterstrichen und großgeschrieben werden. Wie die mittelalterliche Feme und der amerikanische Ku-Klux-Klan war auch die SS getarnt. Zum Unterschied von anderen Diktaturen hatten die Nazifaschisten herausgefunden, daß der geheime Terror viel wirkungsvoller ist als der offene. Dieser mag abschrecken, mag Furcht und Angst erzeugen, aber er fordert auch heraus, er erregt auch Gegenkräfte und Abwehr bei den Opfern. Der geheime Terror ist grauenhaft wie eine schleichende Krankheit, wie ein Bazillus, den man nicht sehen kann. Eine lähmende Angst lag über dem deutschen Volk in seiner Gesamtheit, weil es eben nicht wußte, was wirklich in den Lagern vorging. Hier liegt einer der Schlüssel zu dem schwierigen Problem Deutschland. Denn das deutsche Volk, und später ganz Europa, wußte nur, daß ständig Menschen verschwinden, verdammt zu irgendeinem schrecklichen Schicksal, aber zu welchem, wußte man nicht genau. Sicherlich waren auch Zivilisten oft Zeugen von Grausamkeiten und schlechter Behandlung von Häftlingen. Aber erstens wurde von der SS sehr darauf geachtet, daß solche Dinge nicht vor die Öffentlichkeit kamen, und dann wurde in den Zeitungen immer wieder behauptet, daß nur der Auswurf der Menschheit in den Lagern eingesperrt sei, der ja nicht einmal das Essen verdiene, das er bekomme. Auch bei Besichtigungen des Lagers wurde diese Erklärung abgegeben, und neue SS-Angehörige wurden in diesem Sinne belehrt. Es dauerte immer eine geraume Zeit, bis wir neue Bewachungsorgane überzeugen konnten, daß hier durchaus nicht nur kriminelle Elemente sitzen, und wenn die Aufsichtsorgane sich davon einmal überzeugt hatten, änderten die meisten ihr Verhalten gegenüber den Häftlingen. Die Erfahrung lehrt, daß in Demokratien aufgewachsene Menschen die Macht der Lüge und das Ausmaß des moralischen Drucks in einem totalen Regime unterschätzen. Der gegenwärtige Papst hat noch als Nuntius in Berlin erklärt: „Der Nationalsozialismus ist die Fleisch gewordene Lüge." Das ist vollkommen richtig, aber noch viel zu schwach ausgedrückt. Denn die Lüge herrschte überall: im Radio, in den Zeitungen, im privaten Verkehr, überall Lüge, Lüge und noch einmal Lüge. Das Sprichwort sagt zwar, Lügen hätten kurze Beine, aber in der Politik werden diese durch den Propagandaapparat sehr verlängert. Die Durchschnittsbürger glaubten zuerst einfach nicht, daß man so lügen könne, und als er den Schwindel dann doch durchschaut, war es zu spät. Das gilt für alle totalitären Regime, und so wie alle Betrüger mit denselben plumpen Mitteln seit Jahrtausenden ihre Opfer hineinlegen, so sitzen auch die Menschen immer wieder der politischen Propaganda auf. Die Unterschätzung des moralischen und geistigen Terrors in Deutschland ist einer der Gründe für das Mißverstehen der deutschen Verhältnisse. Denn in den besetzten Gebieten war der moralische Terror aus leicht einzusehenden Gründen bedeutend geringer. Daher war auch ein Widerstand von seiten des Volkes leichter.

So viel Laxheit und Schlamperei in der SS auch eingerissen waren, einem Prinzip ist sie immer strikt nachgekommen. Über Grausamkeiten und Morde oder andere Verbrechen zu sprechen bedeutete den Tod für jedermann. Das wurde aufs Schärfste durchgeführt. Auch die Häftlinge sprachen über solche Dinge mit viel größerer Vorsicht als etwa über Politik. Mit einem SS-Mann oder Zivilisten zu politisieren war viel ungefährlicher als irgend jemandem etwas über das Greuel der SS zu erzählen. Vielleicht wird die Welt eher das deutsche Volk verstehen und es mehr bedauern als verdammen, wenn sie erfährt, daß jeder Schutzhäftling auf die Frage, wie es ihm gehe, geantwortet hat, „gut, ich habe über nichts zu klagen". Es wurde auch darauf geachtet, daß nur gut oder halbswegs gut aussehende Häftlinge mit der Zivilbevölkerung in Berührung kamen. Wie groß der Terror auf dem Gebiet der Geheimhaltung war, sollen zwei Beispiele zeigen, die sich in Buchenwald abgespielt haben.

In einem Arbeitskommando von 30 jüdischen Häftlingen wurde der Wiener Filmindustrielle Hamber von dem SS-Oberscharführer Abraham im Sommer 1941 in einem Tümpel ersäuft. Beim Einrücken des Kommandos ins Lager gefragt, woran der Häftling gestorben sei, erzählte sein Bruder den wahren Hergang des Verbrechens. Auf die zweite Frage, ob er Zeugen für seine Behauptungen hätte, antwortete der Bruder: „Alle haben es gesehen." Seine Gefährten gaben allerdings keine Antwort. Der untersuchende Rapportführer sagte nichts weiter. Der Bruder des Ermordeten kam in den Arrest und wurde zwei Tage später ermordet. Im Laufe der folgenden zwei Monate wurden dann sämtliche 30 Häftlinge, die Zeugen des Mordes gewesen waren, vergiftet. Der Täter wurde der Form halber in Untersuchung gezogen und dann befördert. Es war ein sadistisch veranlagter Psychopath.

Und ein zweites Beispiel: Ein jüdischer Häftling sammelte eines abends nach der Arbeit Holz, um es gegen Essen einzutauschen. Zufällig brachte ihn sein Suchen in die Nähe der Hinrichtungsstätte, an der gerade russische Kriegsgefangene füsiliert wurden. Ein patrouillierender SS-Mann traf zufällig den Holz Sammelden, fragte, was er hier wolle, und notierte seine Nummer, obwohl die Harmlosigkeit seines Tuns offensichtlich war und das Sammeln von Holz einem damals höchstens Prügel eintrug. Am nächsten Tag wurde der betreffende Häftling in Arrest durch Injektionen ermordet. Dieser Terror beschränkte sich aber keineswegs auf Juden. So durfte niemand bei unbedingter Todesstrafe etwas über die medizinischen Versuche an Häftlingen erzählen.

Trotz dieses Terrors gelangten aber doch vereinzelt, infolge von Nachlässigkeiten, Nachrichten über die Greuel an die Zivilbevölkerung. Aber die Angst war so groß, daß die Bevölkerung sich nicht einmal getraute zuzuhören, geschweige denn, die Dinge weiterzuerzählen. Wenn man bedenkt, daß die Rauchschwaden der verbrennenden Leichenhaufen tagelang über der Stadt Auschwitz lagen, ist es da zu verwundern, daß ein Volk, das einem solchen Terror ausgesetzt war, von Grauen und lähmender Angst gepackt wurde? Warum hat denn der schwedische Delegierte, der den Schutz des Völkerrechts genoß und Herrn Himmler über die angeblichen Vergasungen in Auschwitz befragt hatte, den Reichsführer SS nicht darauf aufmerksam gemacht, daß es sehr unwahrscheinlich ist, daß die Gasöfen von Auschwitz zu Desinfektionszwecken da sind, wie der größte Verbrecher der Weltgeschichte gewagt hat, zynisch zu behaupten? Auch dieser Diplomat hat es vorgezogen, Herrn Himmler nicht zu widersprechen, und vom Standpunkt seines Lebens aus gesehen hat er nicht einmal so unrichtig gehandelt. Hat doch das Ausland vom Jahre 1933 bis 1939 es vorgezogen, die Berichte des Braunbuches, der „Moorsoldaten" und der anderen Emigrantenliteratur lieber nicht zu glauben. Die Naziführer haben eben richtig gerechnet, daß der geheime Terror, der zynisch Verbrechen unvorstellbarer Art begeht und sie ebenso zynisch ableugnet, wirkungsvoller ist als das offene Vernichten des Gegners. Der kachierte Terror war das ureigenste Produkt Himmlers, und seine Beweggründe können wir nur wissenschaftlich erschließen, denn er hat sie mit ins Grab genommen. Aber allzu schwer kann es nicht sein zu verstehen, warum ein Volk wie das deutsche eines solchen Systems bedurfte, um in den Zustand versetzt zu werden, in dem es sich heute befindet. Denn es ist leicht einzusehen, daß je höher ein Volk in der Kultur steht, um so schrecklichere Mittel des Terrors nötig sind, es in einen so furchtbaren Abgrund zu stürzen.

In diesem Terror-System spielten nun die Juden eine entscheidende Rolle. Kein Volk der Erde hat das erdulden müssen, kein Häftling das Leben geführt, das ein jüdischer Gefangener im Dritten Reich führen mußte.

Auch der Nazi-Terror machte so wie jede andere gesellschaftliche Erscheinung eine Entwicklung durch. Es kann kein Zweifel bestehen, daß das Hitlerregime im Laufe seiner Geschichte an wirklicher innerer Dynamik immer mehr einbüßte, und daher wurde die Notwendigkeit, den Terror zu verschärfen, immer dringender. Andererseits mußte die SS auch wieder alle möglichen Rücksichten nehmen. Vor allem wegen des außerordentlich großen Mangels an Arbeitskräften versuchten schließlich die Militärbehörden und die Wirtschaftsführung, das sinnlose Hinmorden von arbeitsfähigen Menschen zu verhindern, was aber nie ganz gelungen ist, weil eben der maßloße Terror die Voraussetzung für die Aufrechterhaltung der Nazi-Herrschaft überhaupt war. Am Ende des Krieges brachte dann die völlige Desorganisation, hervorgerufen durch das immer weitere Vorrücken der Alliierten-Truppen und der immer furchtbarer sich auswirkenden Bombardierungen, ein solches Chaos hervor, daß Tausende von Häftlingen grauenhaft zugrunde gingen, weil die deutschen Behörden weder Unterbringungsmöglichkeiten hatten noch Lebensmittel, noch Transportmittel, noch Kleidung oder Medikamente. Das war auch die Ursache für die grauenhaften Zustände in Buchenwald, wie sie die Okkupationstruppen angetroffen haben. Der Delegierte des dänischen Roten Kreuzes hat ganz richtig dem Lagerführer von Buchenwald einmal geantwortet, als dieser sich für die schlechte Unterkunft der dänischen Gefangenen mit den Kriegsnöten entschuldigte: „Sie dürfen eben keinen Krieg führen, wenn Sie nicht die Möglichkeit haben, die Menschen ordentlich zu behandeln."

Den Juden nun konnte offiziell niemand helfen, wenn auch private Wehrmachtsstellen und Unternehmen jüdische und Facharbeiter gut behandelt haben. Auch in Buchenwald wurden die jüdischen Maurer und die anderen jüdischen Spezialisten vom Lagerkommandanten korrekt behandelt. Wenn trotzdem anti-jüdische Maßnahmen von Zeit zu Zeit immer wieder durchgeführt wurden, so war deren Ursache, daß die SS bereits zu schwach war, gegen andere Häftlingskategorien vorzugehen: denn in Buchenwald zumindest stand die SS in den letzten Jahren schon stark unter der Kontrolle der Wirtschafts- und Militärbehörden. Aber den Juden gegenüber konnte man sich alles erlauben, denn sie waren in den Augen der offiziellen Behörden die Urheber dieses Krieges, und niemand wagte, zu ihrem Schutze einzutreten. Die Juden in Deutschland waren vogelfrei, schutz- und rechtslos, jedem Verbrecher ausgeliefert, und am unmittelbarsten wirkte der Terror im Lager auf sie. Sicherlich gab es auch andere KL in Deutschland, in denen ausnahmslos gegen alle Völker der gleiche Terror wütete. Aber in den bekannten großen Lagern in Deutschland waren es nur die Juden, die auch in den letzten Jahren hilflos den Nazi-Verbrechen ausgeliefert waren, immer die Drohung vor Augen, „daß kein europäischer Jude diesen Krieg überleben werde", wie sich Göbbels ausgedrückt hat. Mit Hilfe dieses Terrors gegen die Juden bedrohte man aber alle Menschen in Deutschland und schließlich in ganz Europa, und das wurde auch so von den Völkern empfunden. Oft brachten auch privilegierte Häftlinge, denen im Lager nichts angetan wurde, anläßlich irgendeiner der Sondermaßnahmen gegen die Juden den Sachverhalt richtig zum Ausdruck, wenn sie sagten: „Heute Ihr und morgen wir."

Wir verstehen alle die entsetzlichen Verbrechen, die der Nationalsozialismus begangen hat, viel besser, wenn wir in ihnen kalt berechnete Maßnahmen sehen, und in diesen Maßnahmen kommt der antisemitischen Propaganda eine ganz bestimmte Aufgabe zu. Sie wurde zwar von psychischen Momenten stark gefördert und ihre Wirkung sehr verstärkt, aber die letzte Ursache der Judenpolitik Hitlers lag meines Erachtens in seiner Politik begründet, die ausschließlich auf ein raffiniert ausgeklügeltes Terrorsystem aufgebaut war. Leider haben das „Weltjudentum" und auch die europäischen Juden diesen Sachverhalt nicht rechtzeitig erkannt.

Der Terror gegen die Juden dehnte sich ganz allmählich auf immer weitere Kreise aus. Am Beginn der Lagergeschichte richtete er sich vor allem gegen die linksgerichteten Juden. Diese haben sich, die Ausnahmen bestätigen nur die Regel, überall so gehalten, wie man es von politischen Kämpfern erwartet. Aber die meisten und gerade die Besten sind doch im Laufe der Jahre unterlegen, und nur ganz wenige sind durchgekommen. Die nächsten Juden, gegen die sich der Nazi-Terror richtete, waren die mehr oder weniger kriminellen Elemente. Die „Ringvereine" (Deutsche Unterweltorganisationen) wanderten in großer Zahl in die Lager. Diese jüdischen Kriminellen haben sich natürlich nicht anders benommen als andere Kriminelle auch. Man darf allerdings nicht vergessen, daß der schwerste Verbrecher nach den modernen Ansichten der Kriminalogie keine solche Strafe verdient, wie sie eine lebenslängliche Inhaftierung in einem deutschen KL bedeutet. Aber das ändert nichts daran, daß auch jüdische Kriminelle genau so wie die anderer Völker jahrelang als Handlanger der SS ärger gewütet haben als die SS-Bestien selber. Und es ist nun das tragische Schicksal des jüdischen Volkes, daß ihm anders gegenüber gestanden wird als anderen Völkern und die Verbrechen einzelner oft allen Juden zur Last gelegt werden. Diese „kriminellen Elemente" wurden im Laufe der

Jahre von der Häftlingsjustiz zum Tode verurteilt und beseitigt, soweit es nicht die SS selber gemacht hat, die im Laufe des Jahres 1941 den größten Teil der jüdischen Kriminellen in die Gaskammern schickte.

Der Gerechtigkeit halber sei aber hier gesagt, daß natürlich auch unter den „kriminellen Elementen" eine Reihe von Menschen waren, die sich im Lager durchaus sozial und anständig benommen haben, ja oft sogar an Charakter so manchen politischen Häftling übertreffen konnten. Die dritte Kategorie der Juden, die der Nazi-Terror traf, waren die polnischen Staatsbürger, die in Deutschland gelebt hatten. Allerdings haben bereits die Maßnahmen gegen die Juden bei der Besetzung Österreichs und bei den Sanktionen anläßlich des Attentats gegen das Botschaftsmitglied Rath in Paris gezeigt, daß der Nazi-Terror auch vor den „unpolitischen" und „anständigen Juden" keinen Halt macht. Trotzdem wurde das jüdische Bürgertum, Ausländer wie Deutsche, von dem Terror überrascht (allerdings war die Auswanderung aus Deutschland sehr schwer, wenn man den legalen Weg einhalten wollte). Im Lager hat dann ein großer Teil der Juden eine bewundernswerte Zähigkeit und Geschicklichkeit an den Tag gelegt und auch bewiesen, daß man Charakter in der größten Not bewahren kann.

Die furchtbarsten Opfer aber mußten die russischen und polnischen Juden bringen. Die ersteren wurden alle ausnahmslos ermordet – wenn nicht bereits in Rußland, so in den Liquidierungsanstalten der SS. Nur ganz wenige konnten ihr Judentum verbergen und sich dadurch retten. Die Juden aus Polen hatten ein anderes Schicksal. Ein Teil leistete außerordentlichen moralischen und physischen Widerstand und kam vielfach als Facharbeiter in die Lager, wodurch viele, namentlich alle Jungen, sich retten konnten. Ein großer Teil aber machte sich zum Werkzeug der SS, und die Klagen über die furchtbaren Verbrechen und Greuel, die von polnischen jüdischen Häftlingen in den Lagern von Auschwitz und Lublin und anderen begangen wurden, sind leider berechtigt, aber es ist nicht festgestellt, wieviel davon auf Rechnung „krimineller Elemente" geht; und außerdem war die Kollaboration von Häftlingen mit der SS leider unter *allen* Nationen zu beobachten und gehört zu den traurigsten Kapiteln der Lagergeschichte.

Zuletzt traf der Nazi-Terror die westeuropäischen Juden. Im Lager hatten sie noch das leichteste Schicksal von allen Juden zu ertragen, sofern sie nicht gleich ermordet wurden. Aber es war auch ihr Los schwer genug, vor allem hat das Klima und der Mangel an Schuhwerk ihnen hart zugesetzt. Die Witterung war ja überhaupt eine der schlimmster Helfer der SS. Aber was ein deutsches KL wirklich gewesen ist, weiß kein Angehöriger der Westmächte, denn als diese in die deutschen KL kamen, waren in den großen Lagern die schlimmsten Zeiten vorbei. Wer nicht in ein Vernichtungslager kam, sondern in eines der Stufe 1 oder 2, konnte bei einiger Widerstandskraft ganz gut durchkommen. Die grauenhaft sadistischen Exzesse, wie sie in den Jahren 1937 bis 1941 an der Tagesordnung waren, kamen in Arbeitslagern kaum mehr vor, denn für diese Zwecke waren ja die Lager Auschwitz, Nerzweiler und die anderen Vernichtungslager errichtet worden. Daß das Leben grausam war, daß alle Schwachen und Kranken zugrunde gingen, ist richtig; aber wenn man bedenkt, daß man von 1937 bis 1938 im Lager Dachau sich z.B. nur im Laufschritt bewegen durfte, daß die lächerlichsten „Vergehen", wie etwa die Hände in den Hosentaschen zu stecken, die grausamsten Strafen mit sich brachten, daß einfach alles und jedes zur Qual gemacht wurde und jede Arbeit mit Prügel verbunden war, dann müssen die Häftlinge der Westmächte zugeben, daß sie es doch leichter hatten als die deutschen Gefangenen, die bereits im Frieden jahrelang eingesperrt waren und furchtbar hart werden mußten, um am Leben bleiben zu können. Den politischen deutschen Gefangenen ging es nicht immer so gut wie zu den Zeiten, als sie die Vorgesetzten ihrer Kameraden aus dem Westen wurden.

Diese kurze Skizze zeigt schon, wie verschieden die Menschen waren, die diesem unglaublichen psychischen und physischen Terror ausgesetzt wurden. Sie konnten daher auch nicht gleichmäßig reagieren. So gab es unter allen Nationen gleichzeitig Beispiele größten Heldenmuts und bewundernswerter Widerstandskraft neben dem erbärmlichsten und niedrigsten Verhalten.

Den Juden fiel also eine ganz bestimmte Rolle im nationalsozialistischen Terrorsystem zu. Indem nämlich die SS das jüdische Volk massakrierte, wurden die anderen Völker in Schrecken versetzt. Die an den Juden begangenen Greuel terrorisierten auch diejenigen, die sonst den ärgsten Verbrechen nicht preisgegeben waren. Außerdem stellten die Juden gleichsam die Nahrung für die SS-Bestien dar, die das Hitlerregime gebraucht hat, um seine politischen Pläne durchzuführen. Goering hat einmal ganz offen gesagt, ohne KL könnten die Nationalsozialisten nicht regieren. So war es auch im Lager: die jüdischen Häftlinge mußten den Sündenbock abgeben, der bestraft wurde, weil man andere Häftlingskategorien aus Schwäche nicht mehr bestrafen konnte. Der Grundsatz lautete: „Wer ist schuld? Der Jude." Und gerade, weil das so primitiv und so dumm ist, war es in weiten Kreisen des deutschen Kleinbürgertums wirksam. Sicherlich mußten die jüdischen Häftlinge das schlimmste Schicksal von allen erdulden, selbst in dem besten großen deutschen KL, in Buchenwald, wo erst im Jahre 1944 sich das Schicksal der jüdischen Häftlinge gebessert hatte.

Neben dem materiellen Terror war der *moralische*, dem die Juden unterworfen waren, vielleicht noch schlimmer. Ein jüdischer Häftling war die niedrigste Kategorie Mensch, die es in Deutschland überhaupt gab. Jeder „arische" Raubmörder hatte vor ihm den Vortritt in der gesellschaftlichen Stufenleiter. Ja, sogar ein Tier war mehr wert als ein jüdischer Häftling. Die Juden, die man zum Ziehen von Lastwagen verwendete, wurden unvergleichlich schlechter behandelt als etwa die Pferde, die nach dem Jahr 1942 die Häftlinge ersetzten. Denn ein Pferd hatte in den Augen der SS einen Wert, *während ein toter Jude im Sinne des Lagers mehr Wert war als ein lebendiger*.

Der Leser dieser Zeilen wird sich sehr bemühen müssen, um sich in eine solche Situation hineinzuversetzen. Man bedenke einmal, daß ein römischer Sklave wenigstens den Wert hatte, der für ihn bezahlt wurde, oder er war Kriegsgefangener und daher schlimmstenfalls als Barbar verachtet. Aber der Jude war ja in der Propaganda des deutschen Staates der Urheber allen Unglücks und Elends, und jeder einzelne Jude sollte dafür büßen, und die jüdische „Rasse" war wegen ihrer Verworfenheit von Hitler zur Vernichtung verurteilt worden. Einen Juden zu töten und zu quälen war daher immer erlaubt, und, wenn es trotzdem Zeiten gab, in denen die jüdischen Häftlingen ein erträgliches Leben führen konnten, so nur deshalb, weil die Nazi-Propaganda in den letzten Jahren auch auf die SS keinen Eindruck mehr machte. Trotzdem durchbrach immer wieder eine kleinere oder größere Pogromwelle den trügerischen Frieden. Jeder jüdische Häftling, auch wenn es ihm materiell noch so gut ging, war ein rechtloser Paria, war von vornherein zum Tode verurteilt und mußte ständig damit rechnen, ermordet zu werden. Einen solchen psychischen Terror hatte sonst niemand zu tragen. Jeder Häftling lief zwar Gefahr, getötet zu werden, ohne daß der Mörder eine Sanktion zu erwarten hatte, aber nur das jüdische Volk war von der höchsten Regierungsstelle Deutschlands zur Ausrottung bestimmt worden. Es gab eine Zeit, da hatten die polnische Häftlinge sehr böse Drangsalierungen durchzumachen und sie wurden für moralisch minderwertig erklärt, aber das währte nicht lange. Ebenso wurden zwar Tausende russische Kriegsgefangene fusilliert, aber die russischen Juden wurden alle umgebracht.

Und doch haben Tausende von Juden diesem Terror Widerstand geleistet. Hunderte haben sich sogar viele Jahre hindurch durch ihre Arbeitskraft und durch ihre Geschicklichkeit Positionen und Vertrauen verschafft, konnten durch ihr persönliches Verhalten der antisemitischen Propaganda entgegentreten. Die jüdischen Häftlinge haben gemeinsam mit den Märtyrern aller anderen Nationen der Welt gezeigt, was seelische Widerstandskraft vermag und daß wahr bleibt, wie es in einem alten Liede heißt: *„Denn sie töten den Geist nicht, Ihr Brüder."*

Zweiter Teil

Die Hauptwerkzeuge für die Verbrechen der SS waren kriminelle Häftlinge. Die moderne Tiefenpsychologie Freuds hat gezeigt, daß der kriminelle Mensch auf einer primitiven Stufe seiner seelischen Entwicklung stehengeblieben ist und daher leicht wie ein Kind zu jeder Schandtat verleitet werden kann. Seinem Triebleben ist er hilflos ausgeliefert, und das Gefühl für Gut und Böse fehlt; daher war er glänzend geeignet als Handlanger des SS-Terrors. Das haben die jahrelangen Erfahrungen in den deutschen KL, in denen kriminelle Elemente mit der Macht von Potentaten ausgestattet waren, vollauf bestätigt. Die von den Kriminellen begangenen Untaten fallen ausschließlich auf jene zurück, die solche „Elemente" wissentlich mit Macht über Leben und Tod ausgestattet haben. Die gemeinsame Inhaftierung von kriminellen und asozialen „Elementen" einerseits und sozialen und geistig sehr hochstehenden Menschen andererseits gehörte zu den besonderen Schrecken des Naziterrors. Das Wüten von Verbrechern niederster Art, Zuhältern und Mördern, Sexualverbrechern und Säufern, ist eine der Hauptursachen der schrecklichen Greuel in den Lagern Mauthausen, Groß-Rosen, Nerzweiler und in den Lagern in Polen. Meistens überließ die SS die Ausführung der Greueltaten den Berufsverbrechern. Die SS-Angehörigen selbst haben sich an diesen Schreckenstaten im geringerem Maße beteiligt, als man gewöhnlich meint. Wie überhaupt die Zahl der Bestien unter der SS im Vergleich zu ihrer Macht und ihrem Einfluß klein war. Einige wenige sadistische Kreaturen konnten Tausende Häftlinge oder ruhig veranlagte SS-Leute unter Terror halten, weil eben die Bestie von oben gedeckt wurde. Immer wieder führt eine sachliche Betrachtung zum Ergebnis, daß die Schuld an den begangenen Verbrechen mehr bei der deutschen Regierung lag als bei ihren Werkzeugen.

Wo nicht die „Grünen" die Häftlingsverwaltung des Lagers innehatten, waren es die sogenannten politischen Gefangenen, die „Roten", die die Verwaltung der Lager führten. Wie in allen Haftanstalten, so überwachte auch in den Lagern die SS nur die Verwaltung, während deren Durchführung in den Händen der Lagerinsassen lag. Das gab natürlich den Lagerfunktionären eine gewaltige Machtposition. So war z.B. in Buchenwald die Macht der Gefangenen im Lager größer als die der SS, da die leitenden Häftlinge beim Kommandanten und beim Lagerführer oft mehr Vertrauen genossen als die SS-Leute. Daß eine solche Stellung politische Gefangene in eine schwierige Situation bringt, ist verständlich. Eine genaue Analyse der Verhältnisse auf diesem Gebiet ist unerläßlich, wenn man falsche Urteile vermeiden will.

Es wurde schon oben darauf hingewiesen, daß die Meinung auch politische orientierter Kreise, die deutschen KL wären für die politischen Gefangenen geschaffen worden, unrichtig ist. Wohl wurden einige hervorragenden Köpfe der Linken in den Konzentrationslagern ermordet, wie, um die berühmtesten zu nennen: der Dichter Erich Mühsam, der preussische Reichstagspräsident Ernst Heilmann, der ehemalige kommunistische Reichstagabgeordnete Werner Scholem, der Wiener Stadtrat Robert Danneberg, der tschechische Abgeordnete Emil Strauß und noch manche andere, aber die meisten Führer der Linken wurden außerhalb der Lager oder nicht mit den gewöhnlichen Lagermaßnahmen vernichtet, wenn nicht physisch, so moralisch. Im Lager selbst waren diejenigen, die wirklich wegen politischer Tätigkeit eingesperrt waren, immer in der Minderheit, wenn wir von den Häftlingen aus dem Westen absehen, die ja mehr oder weniger alle der

Resistenzbewegung angehört hatten. Diese begannen aber erst 1945 die Lager zu bevölkern, also erst zehn Jahre nach der Schaffung der KL. Von den deutschen politischen Gefangenen waren höchstens 10% führende Funktionäre gewesen. Die hielten sich, mit wenigen Ausnahmen, möglichst von jeder Verantwortung fern und suchten nur im Geheimen innerhalb der Häftlingsorganisationen zu wirken. Die wenigen, die hierin eine Ausnahme machten, übernahmen die Posten als Lagerfunktionäre nur infolge ihrer außerordentlichen fachlichen Qualitäten und hätten ihre politischen Gesinnung – der sie immer treu geblieben waren – beinahe mit dem Tode bezahlen müssen. Die meisten anderen Lagerfunktionen waren nicht in den Händen von Männern, die schon in Freiheit bewiesen hatten, daß sie für eine leitende Stelle qualifiziert waren. Die Aufgabe eines verantwortlichen Lagerfunktionärs aber war außerordentlich schwer. Ein Kapo, der manchmal ein Arbeitskommando von 1500 Häftlingen leiten mußte, und ein Blockältester, der über eine Baracke mit 500, 1000 oder sogar zuletzt mit weit über 1000 Insassen kommandierte, mußte einerseits den Befehlen der SS nachkommen und andererseits seiner Stellung als politischer Gefangene gerecht werden. Dabei waren sie selber jahrelang eingesperrt und standen unter dem gleichen seelischen Druck wie ein anderer Gefangener auch. Freilich waren sie von allen Widrigkeiten des Lagers befreit und konnten sich sogar einen gewissen Luxus erlauben. Aber gerade diese außerordentliche Bevorzugung in materieller Hinsicht hat es natürlich sehr schwer gemacht, auch die moralisch richtige Haltung einzunehmen. Die Aufgabe, die sie übernommen hatten, war auch für die meisten politischen Gefangenen zu schwer, die aber die Vorzugsstellung aus leicht begreiflichen Gründen nicht aufgeben wollten und daher bald in eine unhaltbare moralische Situation hineinschlitterten. Das ist die Ursache für Erscheinungen des Lagerleben, die früher oder später ans Tageslicht kommen werden und die zu beschönigen weder zweckmäßig noch moralisch zu rechtfertigen ist. Aussprechen, was war, ist doch hier das einzig Richtige.

So ist es leider wahr, daß die Mehrzahl der politischen Lagerfunktionäre gegen die Juden ungerechtfertigt feindlich eingestellt waren. Die furchtbare Lage der Juden und ihr so oft heldenhaftes Verhalten wurde viel weniger beachtet als manche ihrer schlechten Eigenschaften. Auch haben beinahe alle Lagerfunktionäre mehr geschlagen als vom Lagerstandpunkt vertretbar war. (An und für sich konnten Prügel in den schlimmen Zeiten des Lagers nicht vollkommen vermieden werden, da manchmal Elemente zur Raison gebracht werden mußten, die ohne Schläge einfach nicht zu regieren waren und alle anderen disziplinierten Häftlinge in Gefahr brachten.)

Daß politische Gefangene den Häftling der eigenen Nation bevorzugten und den Ausländer einfach ablehnten, war ebenfalls eine traurige, aber nicht abzuleugnende Tatsache. Es soll aber auch hier wiederholt werden, daß mit Ausnahme kleiner Kreise die Mehrzahl der politischen Häftlinge sich jeder intellektuellen und geistigen Stellungnahme enthalten hat, obwohl die Möglichkeit eines internen geistigen Lebens zumindest in Buchenwald durchaus gegeben war.

Das politische Leben war vergiftet durch lächerlichen fraktionellen Kampf, der bis zur Vernichtung des politischen Gegners mit Hilfe der SS gegangen ist. Auch waren die persönlichen Beziehungen und die menschliche Haltung der politischen Gefangenen wie aller anderen Häftlingskategorien sehr erschwert durch die ungeheure sexuelle Not, von deren Ausmaß sich ein freilebender Mensch kein richtiges Bild machen kann. Aber die Unehrlichkeit und Gehemmtheit der meisten Menschen in den Dingen des Geschlechtlebens führte auch im Lager zu Erscheinungen übelster Heuchelei und vergiftete die ganze Atmosphäre. Die Einrichtung eines Bordells war ja auch nur ein Mittel der SS-Führung, alle seelischen Regungen in den Dienst des Terrors zu stellen, und das Vorhandensein von wenn auch käuflichen Frauen hat genug seelische Zerstörung unter den Häftlingen angerichtet. Andererseits konnte auch so mancher politische Charakter eines braven deutschen Anti-Faschisten einem hübschen Jungengesicht nicht standhalten, und es hat die Homosexualität ihre Opfer an Charakter und Leben gefordert. So traurig diese Dinge erscheinen und so sehr sie das Bild der KL aus der einfachen Schwarz-Weiß-Malerei herausheben, alle diese Dinge sind doch nur Anklagen gegen den faschistischen Terror und nicht gegen seine Opfer. Das Leben in einem deutschen Konzentrationslager war eben so schwer, daß nur ganz wenige Auserwählte es fehlerlos überstehen konnten. Es mußten nämlich seelische und körperliche Robustheit vereint sein mit großem und wirklich tief fundiertem Charakter, wenn man beinahe ein Jahrzent lang und noch länger immer seiner moralischen Pflicht als politischer Kämpfer hätte nachkommen sollen. Und Menschen mit solchen hervorragenden Eigenschaften konnten sich nur selten der Vernichtung durch die Gestapo entziehen.

Fassen wir also zusammen: So harmonisch und großartig wie es am Tage der Befreiung im Jubel der Freude durch den Rundfunk gesagt wurde, waren die Verhältnisse unter den Gefangenen nicht. Kleinlichster Fraktionskampf, Brotneid, nationale Vorurteile, sexuelle Eifersucht gestalteten das Leben selbst unter den politischen Gefangenen zu einem Kampf aller gegen alle. Wirkliche Kameradschaft und Freundestreue war nur auf kleine Kreise beschränkt. Erst als die Befreiung durch die Amerikaner in greifbare Nähe gerückt war, verschwanden diese schlimmen Erscheinungen mehr und mehr, und die geschickte Leitung des Lagerältesten und seiner Mitarbeiter aus allen Nationen ermöglichte dann die glückliche Befreiung. Allerdings nur dadurch, daß die SS, wie schon im ersten Teil erwähnt, vollkommen durchsetzt war mit anti-nationalsozialistisch eingestellten Elementen und der Lagerkommandant Pister die Befehle aus Berlin sabotierte, indem er sie außerordentlich langsam durchführen ließ. So hatte er auch auf die offene Meuterei der jüdischen Häftlinge am 3. und 4. April 1945 überhaupt nicht reagiert und es dadurch ermöglicht, daß die jüdischen Häftlinge, die diese Situation zu erfassen verstanden, sich bis zur Befreiung im Lager verstecken konnten.

Die Zersetzung innerhalb der SS, die schon 1943 zu beobachten war, ermöglichte es den politischen Häftlingen, unter dem Mantel offizieller Organisationen geheime Vereingungen im größten Umfang zu unterhalten. Es gab eine Lagerpolizei, den sogenannten Lagerschutz, um die Ruhe und Ordnung unter den Häftlingen aufrecht zu erhalten. Daneben war eine tadellos ausgerüstete Feuerwehrgruppe vorhanden, die das Recht hatte, im Umkreis von 20 km außerhalb des Lagers ohne SS-Bewachung Dienst zu tun. Ein Bergungstrupp sollte im Fall eines Fliegerangriffs die Bergungsarbeiten übernehmen, und eine Luftschutzorganisation wurde, wie überall im Reich, auch im Lager eingerichtet. Eine ausgezeichnete Sanitätstruppe machte ebenfalls Dienst. Alle diese Organisationen waren von der SS eingerichtet worden, standen aber vollkommen unter der Aufsicht der Häftlinge. Ursprünglich konnten nur Reichsdeutsche in ihnen tätig sein, später waren alle Nationen entsprechend ihrer Stärke vertreten. Diese Verbände haben sich außerordentlich bewährt, waren ausgezeichnet aufgebaut, und ihnen ist es vor allem zu verdanken, daß so viele Häftlinge von den Amerikanern befreit werden konnten. Eine schematische Darstellung soll es dem Leser erleichtern, sich ein Bild vom organisatorischen Aufbau des Lagers Buchenwald zu machen. Die oberste Spitze war der SS Lagerkommandant. Ihm unterstand die gesamte SS-Truppe in bezug auf die Lagerangelegenheiten. Ihrerseits hatte die Truppe einen eigenen Kommandanten für die Durchführung des Militärdienstes. Die Leitung des Lagers selbst unterstand dem ersten, zweiten und dritten Lagerführer, die aber an die Befehle des Kommandanten gebunden waren. Dem Lagerführer direkt unterstanden die beiden Rapportführer und ihnen wiederum die Blockführer, die die Häftlinge unmittelbar zu beaufsichtigen hatten. Rapportführer hieß der Leitende Feldwebel des Lagers, von dem mehr abhing als vom Lagerführer selbst. Neben diesen Behörden waren dem Lagerkommandanten direkt unterstellt ein Wirtschaftsführer und ein Arbeitseinsatzführer, beides Offiziere, dem wieder zwei Unteroffiziere, die dem sogenannten Arbeitsdienstführer untergeordnet waren. Außerdem hatte jedes Amt und jedes Arbeitskommando einen SS-Führer oder Unterführer als Leiter. (In der SS gab es keine Offiziere oder Unteroffiziere, sondern nur Führer oder Unterführer; das erscheint sehr lächerlich, ist aber in Wirklichkeit eine der konsequent durchgeführten Maßnahmen, die psychologisch das deutsche Volk auf Schritt und Tritt unter einem geistigen Joch halten sollten.) Unabhängigkeit vom Kommandanten, also direkt dem Reichsärzteführer unterstellt, waren der Standortarzt und die ihm untergeordneten Lagerärzte. Daher hatten anständige SS-Ärzte außerordentliche Möglichkeiten, den Häftlingen zu helfen. Es muß gesagt werden, daß die Mehrzahl der SS-Ärzte sich an die Pflichten ihres Berufes gehalten haben. Tausende von Häftlingen aller Nationen verdanken ihr Leben den Ärzten, die oft genug ihre Maßregelung, die den Tod bedeuten konnte, riskiert haben.

Alle diese SS-Stellen überließen nun jede Arbeit den Häftlingen und behielten sich selbst nur die Kontrolle vor, die sie in den letzten Jahren lang genug durchführten. Dadurch waren die Beziehungen zwischen SS und Häftlingen außerordentlich gut und wurden mit der Fortdauer des Krieges immer besser. Ausnahmen gab es allerdings auch hier, und es kam immer wieder vor, daß ein SS-Mann auch einen Häftling schlug, mit dem er sonst gut stand. Aber das wurde immer seltener, je klarer die Niederlage Deutschlands sich abzeichnete. Denn die Mehrzahl der SS-Angehörigen waren feige und zumeist im Leben gescheiterte Existenzen, die nur bösartig waren, wenn sie sich gedeckt fühlten, und die immer zahmer wurden, je offenbarer das Ende ihrer Herrlichkeit nahte. Aber es gab auch einige wirklich anständige „Elemente", die durch irgend eine Schicksalsfügung in die SS gekommen waren und nun von der Organisation nicht mehr los konnten, ohne das Leben zu riskieren. Man konnte auch erleben, daß bösartige SS-Leute nach ihrer Heirat oder nach Erreichung eines angestrebten Postens sich vollkommen veränderten und die besten Vorgesetzten wurden, wie umgekehrt anständige „Elemente" durch irgend einen Schicksalsschlag plötzlich zu Bestien wurden.

In dem Maße, in dem die eigentlichen ausgesuchten SS-Leute an die Front gingen, wurden sie durch harmlose Spießer ersetzt, die nie mehr als ihren unbedingten Dienst machten und bald auch den nicht mehr. Daß die völlige Zersetzung der SS nicht mehr ausgenutzt wurde, war eine Folge des Mangels an intellektuellem und politischem Leben unter den leitenden deutschen Häftlingen. Denn die Gefangenen der Weststaaten konnten zu der SS keinen Kontakt finden, da die nationalen Gegensätze und Vorurteile viel zu groß waren. In Wirklichkeit konnte ein deutscher Jude mit einem SS-Mann viel leichter in Verbindung treten als ein „arischer" Franzose, denn die Rasse ist ein lächerliches Hirngespinst der Naziverbrecher; Sprache und Erziehung allein sind ins Gewicht fallende Faktoren.

Die Mehrzahl der Häftlinge, die nicht aus den demokratisch regierten Staaten kamen, und dieser Unterschied war sehr klar immer zu beobachten, interessierten sich nur für Essen, Kleider, gute Arbeitskommandos und für die Liebe zu beiden Geschlechtern. Es ist natürlich nicht abzuleugnen, daß bei einem stärkeren politischen Leben im Lager der SS-Terror auch stärker geworden wäre und daß gerade die Intellektuellen und die geistig hochstehenden Arbeiter mehr zu leiden hatten als die seelisch mehr primitiv organisierten Häftlinge. Außerdem hielten sich die bedeutenden Köpfe aus begründeter Vorsicht im Hintergrund und die mittelmäßigen und unbedeutenden Häftlinge hatten das Heft in der Hand.

Wie war nun das durchschnittliche Leben eines Buchenwalder Gefangenen in ruhigen Zeiten? In der Frühe wurde so geweckt, daß man mit Sonnenaufgang an der Arbeitsstelle sein konnte, frühestens um 1/2 4 Uhr. In den letzten zwei Kriegsjahren war im Winter die Arbeitszeit des Sommers beibehalten worden, und man mußte über eine Stunde am Arbeitsplatz warten, bis man genügend Licht hatte, um anfangen zu können. Dies wurde so angeordnet, um die notwendigen Arbeitsstunden für die erhöhte Brotration nach Berlin melden zu können. Nach dem Aufstehen war jeder Häftling verpflichtet, sich mit nacktem Oberkörper zu waschen, was aber nicht immer möglich war, weil die Pumpen für das Lager nicht ausreichten und wir oft kein Wasser hatten. Dann empfing man Kaffee, Brot und Beilage. Für die notwendigen Morgenverrichtungen hatte man durchschnittlich eine Stunde Zeit, aber die Überfüllung der Blocks in den letzten Jahren machte jede noch so einfache Verrichtung zu einem Problem. Dann wurde zum Appell angetreten, nachher zur Arbeit ausgerückt. Es gab Arbeiten jeglicher Art, wie in einer Fabrikstadt. Zum Unterschied von der Freiheit aber genoß der unter freiem Himmel Arbeitende keinerlei Schutz gegen Witterung und es war irgendein kleiner Laufbursche in einem Büro bedeutend besser gestellt als ein qualifizierter Handwerker, der im Freien arbeiten mußte. Auf das Wetter wurde keinerlei Rücksicht genommen. Bis zum Jahre 1943 durften die jüdischen Häftlinge auch im strengsten Winter nicht einmal während der Mittagspause sich in einem geschlossenen Raum aufhalten. Im strengen Winter 1939/1940 sind an einem Tage 50 Häftlinge, meistens sogenannte asoziale Elemente mit dem schwarzen Abzeichen, also wahllos aufgegriffene Menschen, erfroren, weil der Kommandant Koch bei 15 Grad C unter Null mit ungenügender Kleidung arbeiten ließ. Im letzten Kriegsjahr hatten die Häftlinge dann furchtbar an dem Mangel von Schuhwerk und Unterwäsche zu leiden. Vor allem den Südländern setzte das rauhe Klima des Thüringer Waldes hart zu. Von 12 bis 1/2 1 war gewöhnlich Mittagspause. Die Arbeitszeit betrug 11 bis 12 Stunden seit 1942, vorher 14 Stunden für die „Arier" und 16 Stunden für die Juden. Das Arbeitstempo war im allgemeinen langsam, einzelne Kommandos aber waren furchtbar schwer. Vor allem manche der sogenannten Judenkommandos verbrauchten Hunderte Häftlinge, die an der Arbeit zugrunde gingen. In solchen Kommandos wüteten Kapos und Vorarbeiter ebenso und oft noch schlimmer als die SS. Es ist meine Pflicht zu erwähnen, daß mancher als Kapo Hervorragendes für die

Häftlinge geleistet hat. Mancher war ein Kamerad und Charakter ohne Fehl und Tadel durch alle Jahre hindurch und ein Schützer aller, auch der jüdischen Häftlinge; es gab Vorbilder an politischem Charakter und menschlicher Haltung; ein Kapo hat es den jüdischen Häfltingen ermöglicht, das Maurerhandwerk zu erlernen. Unter den Blockältesten gab es eine Reihe ausgezeichneter Männer, vor allem die beiden jüdischen Blockältesten August Cohn, der befreit wurde, und der hervorragende Märtyrer der politischen jüdischen Gefangenen, Rudolf Arndt, der einer Lagerkamerilla zum Opfer fiel und Selbstmord beging, um dem Gestapoverhör zu entgehen.

Nach dem Einrücken von der Arbeit wurde Zählappell abgehalten. Seine Dauer hing vom Rapportführer ab. Der kürzeste Appell dauerte 10 Minuten, der längste sechs Stunden. Kranke und Gebrechliche mußten ebenso stehen wie die Gesunden. Bis zum Jahre 1942 mußte peinliche Ordnung und Ruhe auf dem Appellplatz gewahrt werden, und es war Befehl, den ganzen Appell hindurch stramm zu stehen. Gegen Ende des Krieges lockerte sich aber die Disziplin auch in diesen Fragen. Nach dem Abendappell war Freizeit, in der aber alles ausgeführt werden mußte, was zu den dringendsten Notwendigkeiten des Lebens gehört: Essen, Baden, Rasieren, Geld holen, wobei man an der Kasse immer sehr lange warten mußte, die Leibwäsche wechseln, sich zuzügliche Lebensmittel beschaffen und ähnliches mehr. Alles Dinge, die bei einer überfüllten Stube unter lauter nervösen und in jeder Hinsicht überanspruchten Menschen viel mehr Zeit und Kraft benötigen als im normalen Leben. Zeit für sich selbst blieb einem nicht privilegierten Häftling kaum. Allerdings gab es Perioden, vor allem im Winter, wo mehr Freizeit vorhanden war. Vor 1942 mußten die jüdischen Häftlinge aber auch dann arbeiten, wenn die anderen frei hatten: also sonntags, feiertags und abends. Sehr oft waren Häftlinge die Initiatoren dieser Arbeiten, um durch die jüdischen Gefangenen Aufgaben verrichten zu lassen, die andere Häftlingskategorien hätten durchführen sollen. Nach November 1942, als nur mehr jüdische Facharbeiter beschäftigt wurden, hörte das auf.

Die Ernährung war für die „arischen Häftlinge" bis Dezember 1944, von welchem Zeitpunkt an einfach nichts mehr da war ... und selbst die SS gekürzte Rationen bekam, ausreichend und immer vom physiologischen Standpunkt richtig zusammengesetzt; wir bekamen z.B.

regelmäßig zuzügliches rohes Frischgemüse. Als Ende 1940 Lebensmittelpakete erlaubt wurden, hatten viele Lager, so z.B. Buchenwald, Nahrungsüberfluß. Die jüdischen Häftlinge waren auch hierin viel schlechter gestellt als die anderen, weil sie zum großen Teil keine Angehörigen mehr hatten, die sie hätten unterstützen können. Vor allem gab es für sie unter dem Kommandanten Koch, also bis 1942, einmal im Monat einen vollkommenen Fasttag, bei voller Arbeitszeit. Herbst 1939 und Frühjahr 1942 waren furchtbare Hungerperioden für die jüdischen Gefangenen, und Hunderte sind im wahrsten Sinne des Wortes verhungert. Auch die jungen Russen und Polen, die an große Nahrungsmengen von zu Hause aus gewohnt waren, litten oft schwer unter dem Hunger. Die Regel war leider die, daß, wer wenig und unter Dach arbeitete, Überfluß hatte, während derjenige, der im Freien schwer arbeiten mußte, in allen Belangen im Nachteil war. Aber der Geschickte und Lebenstüchtige konnte sich bis Ende 1944 doch immer soviel zum Leben verschaffen wie er unbedingt brauchte, erst im Winter 1944/45 setzte absoluter Mangel ein. Aber auch in der Zeit größter Not gab es immer privilegierte Häftlinge, die im Überfluß lebten.

Die sanitären Verhältnisse waren in den verschiedenen Jahren sehr unterschiedlich: Es gab Zeiten, in denen sie gut waren, und dann waren sie wieder unvorstellbar schlimm. Zuletzt überstiegen das Chaos und der Schmutz, die Krankheiten und die Seuchengefahren jedes vorstellbare und beschreibbare Maß, so daß selbst die vorzüglichsten Lagerfunktionäre machtlos ihren Aufgaben gegenüberstanden. Das Revier (Lazarett) wurde von Häftlingen geführt, die immer bemüht waren, ihr möglichstes zum Wohle ihrer Kameraden zu tun. Ursprünglich hatte die SS verboten, daß Ärzte aus den Reihen der Häftlinge genommen werden, aber bereits 1939 hatte der Lagerarzt Dr. Ding diese Regel durchbrochen. Zuletzt wurde unter Leitung des Kapo Ernst Busse und des Primarius Horn vom Iglauer Krankenhaus das Revier ganz vorzüglich geführt, soweit es eben unter den gegebenen Verhältnissen möglich war. Die dabei beschäftigten Häftlinge verdienen, daß sie der Öffentlichkeit bekannt werden, wie man andere Männer auch bekannt macht, die in Krieg und Frieden Hervorragendes leisten. Mit Ausnahme eines Doktor Eisele, der ein Verbrecher war, benahmen sich in Buchenwald die SS-Ärzte korrekt und sogar sehr menschlich zu jedem

Häftling. Durch seine besondere Hilfsbereitschaft und den Einsatz seiner ganzen Person, ohne Rücksicht auf eigene Gefahren, hat sich der SS-Arzt Dr. Blies aus Offenbach am Main ausgezeichnet.

Die Strafen waren grausam und barbarisch. Das mindeste war stundenlanges Stillstehen, oft verschärft durch das Verschränken der Arme hinter dem Nacken. Eine sehr beliebte Strafe war der Entzug des Essens. So wurden am 9. November 1939 anläßlich des Attentates im Bürgerbräukeller zu München sämtliche jüdischen Häftlinge, nachdem 21 von ihnen auf Befehl des stellvertretenden Lagerkommandanten Hüttich erschossen worden waren, mit vier Tagen Fasten und einer Woche Dunkelarrest bestraft. Eine Woche später wurde dem ganzen Lager durch drei Tage hindurch bei Aufrechterhaltung der Arbeit die Kost vollständig entzogen, weil aus den Beständen der SS ein Schwein gestohlen worden war und der Täter nicht eruiert werden konnte; er war wahrscheinlich bei der SS selbst zu suchen. Unter dem Kommandanten Pister wurde die Strafe des Kostentzugs abgeschafft. Eine schreckliche Strafe war das „Baumhängen", hierbei wurden die Hände am Rücken zusammengebunden, und der Delinquent wurde mit einem Strick oder einer Kette an ihnen hochgezogen und über der Erde schwebend zwischen einer halben und zwei Stunden hängen gelassen. Diese Strafe war furchtbar schmerzhaft und hat oft monatelange Lähmungserscheinungen hervorgerufen. Als schwerste Exekution galt die Verabreichung von 25 Stockhieben auf das Gesäß. Diese Strafe wurde in milderer und schärferer Form gegeben, je nachdem der betreffende Körperteil bekleidet war und womit und wie geschlagen wurde. In der leichtesten Form war die moralische Wirkung schlimmer als der Schmerz, in der schwersten Form ergaben sich schwere Verletzungen, die zu wochenlangem Siechtum bei manchen Opfern geführt hat. Offiziell mußte ein Arzt bei den Exekutionen zugegen sein, aber nur sehr selten hat man sich an diese Vorschrift gehalten. Eine sehr harte Strafe war die Verhängung von zuzüglicher Arbeit während der Freizeit, die sogenannte „Strafarbeit", die dem Häftling auch noch das bißchen Freizeit raubte. Schrecklich konnte das sogenannten „Strafexerzieren" werden, bei dem bis zur völligen Erschöpfung „Sport" getrieben wurde. Diese Sportarten waren: Hinlegen und Aufstehen in rascher Aufeinanderfolge, Hüpfen mit gebeugten Knien, Rollen um die Längsachse des Körpers, Laufen über Haufen groben Schotters und ähnliches mehr. Das wurde manchmal stundenlang bis zur völligen Erschöpfung durchgeführt. Eine Reihe von Häftlingen sind an diesen „Übungen" gestorben. Das schlimmste Schicksal für einen Häftling aber war, einem strengen Verhör durch die Gestapo unterworfen zu werden. Ihren Foltermethoden konnte ein Mensch nicht standhalten; wo das doch der Fall war, haben glückliche Umstände die Beamten gehindert, zu den äußersten Mitteln zu greifen. Wer Schweigen bewahren wollte, mußte rechtzeitig Selbstmord begehen; alle anderen Erzählungen über heldenhaften Widerstand entsprechen nicht den Tatsachen, denn es ist für einen Menschen unmöglich, modernen Foltermethoden auf längere Dauer Widerstand entgegenzusetzen.

Schläge und Fußtritte, vor allem in die Magen- und Leistengegend waren bis ins Jahr 1942 tägliche Münze, von denen man unter Häftlingen gar nicht mehr sprach, so selbstverständlich waren sie. Nicht nur von der SS, sondern auch von jedem übergeordneten Häftling mußte sich ein Untergebener widerspruchslos alles gefallen lassen. Widerstand wurde fast immer als Meuterei ausgelegt und bedeutete den Tod. Einen Juden durfte jedermann schlagen. Vom Jahre 1942 an besserten sich die Verhältnisse auch auf diesem Gebiet aus den schon oben angeführten Gründen mehr und mehr.

Gab es angenehme Dinge im Lager? Für den, der durch die Arbeit nicht zu sehr erschöpft wurde, ja. Eine ausgezeichnet geleitete, sehr reichhaltige wissenschaftliche und literarische Bibliothek stand in Buchenwald jedem Häftling zur Verfügung. Kino, Konzert und manchmal auch Theater und Kabarettvorstellungen gab es in manchen Perioden der vielen Jahre der Lagergeschichte. So haben z.B. Fritz Grünbaum[2] und Paul Morgan und viele andere Künstler und Dilettanten in friedlichen Zeiten, die es ja immer wieder gab, ihre Kunst zum besten gegeben. Eine Lagerkapelle hat sich in Buchenwald unter Leitung eines Prager Konservatoriums-Direktors zu einer bemerkenswerten künstlerischen Höhe entwickelt.

Hatten die Häftlinge noch Zeit für solche Veranstaltungen? Das war in den Jahren unterschiedlich. Es gab Perioden, in denen sonntags ganz frei war, die währten gewöhnlich nicht lange. Meistens war sonntags um ein Uhr Arbeitsschluß (es wurde manchmal allerdings auch

---

[2] Siehe Federns Erinnerungen an Fritz Grünbaum in Teil 2 dieses Buches.

den ganzen Sonntag gearbeitet) und nach dem Appell um 3 Uhr Freizeit. Die ausübenden Künstler aber konnten sich jeder Zeit freimachen, und außerdem gab es eigene Künstlerkommandos: Kapelle, Bildhauerei und Malerei.

Kino wurde zeitweilig jeden Abend gespielt, da seit dem Amtsantritt des Kommandanten Pister spätestens um halb acht Uhr Feierabend war, vorausgesetzt, daß der Appell stimmte. Es gab also gewöhnlich immer noch Zeit für eine Vorstellung. Und im Winter war natürlich mehr Freizeit. Waren die Häftlinge nicht zu müde, wird der Leser einwenden. Ich habe schon früher darauf hingewiesen, daß die Arbeit nicht zu schwer war, von einzelnen Kommandos abgesehen. Im großen und ganzen haben sich immer Tausende Gefangene von jeder schweren Arbeit befreien können. Publikum gab es also immer. Die unterste Schicht der Häftlinge freilich, und das war die Mehrheit, war von den Annehmlichkeiten des Lebens im Lager gewöhnlich ausgeschlossen.

Aber ein greller Mißton in diesen angenehmen Seiten des Lagers soll nicht verheimlicht werden. Der Theater- und Kinosaal diente nämlich gleichzeitig vormittags und nachmittags als Exekutionsort für die Körperstrafen, und außerdem wurden in diesem Saal die Transporte zusammengestellt, die in die Gaskammern oder zu sonstiger Vernichtung bestimmt waren. Ein Häftling konnte also im selben Saal vormittags Stockhiebe empfangen, nachmittags auf Tod und Leben gemustert werden und am Abend einen Film sehen oder ein Konzert hören. Das war eben Buchenwald.

Auch Sportveranstaltungen waren erlaubt, dienten aber nur zur Zerstreuung derjenigen Häftlinge, die den ganzen Tag in den Büros saßen.

Im Sommer 1943 wurde ein Bordell eingerichtet, in dem 15 Mädchen, der Mehrzahl nach Berufsprostituierte, beschäftigt waren. Wie schon früher erwähnt, führte der Bordellbetrieb zu sehr schlimmen Erscheinungen von Heuchelei und Eifersucht, die Homosexualität wurde durch das Bordell interessanterweise nur wenig vermindert. Den Juden war das Betreten des Bordells verboten; hätte man sich nicht an dieses Verbot gehalten, wären sicherlich eine Reihe von jüdischen Häftlingen ermordet worden.

Das ist ein ungeschminkter Bericht über Buchenwald, er ist nicht erschöpfend, aber jedes Wort entspricht den Tatsachen. Der Autor dieser Arbeit steht mit seiner ganzen Person, mit seiner Vergangenheit als politischer Kämpfer und als Träger eines Namens, der in der wissenschaftlichen Welt bekannt und geachtet ist, hinter dem, was hier geschrieben ist.

Diese Schrift soll zeigen, wo die Schrecken lagen, und mithelfen, der Welt zu erklären, daß nur eine kleine Zahl von Verbrechern genügt, um das unbeschreiblichste Elend über ganze Völker zu bringen.

Wer aber hat dieser Verbrecherbande zur Macht verholfen? Wer mit ihnen jahrelang paktiert und zu ihrem Verbrechen geschwiegen? Ist wirklich das deutsche Volk allein schuld, daß die nationalsozialistische Partei an die Macht kam? Diese Fragen mögen die Politiker und Historiker beantworten.

Wäre es aber nicht an der Zeit, angesichts der Weltkatastrophe, die hinter uns liegt, sich an das Bibelwort zu erinnern: *„Und wer sich frei weiß von Schuld, der werfe den ersten Stein."*

Dokumentation des Briefwechsels
Bruno Bettelheim - Ernst Federn

> Bruno Bettelheim
> The Orthogenic School of
> The University of Chicago
> 1365 East 60th Street
> Chicago 37, Ill.
>
> July 11, 1945.
>
> Mr. Ernst Federn
> 3 Rue Ortelius
> Bruxelles
>
> Dear Ernst:
>
> I just returned from a trip East, as a matter of fact from a trip to Washington, where Justice Jackson's office (he is in charge of the persecution of Axis criminals) interviewed me as one of their main wittnesses. While in the East I called your father and received your address.
>
> I do not know whether you still remember me. We spent some time together at Buchenwald. I was much more fortunate than you by being able to leave the camp. It so happened that I published an analysis of the concentration camp as a social institution, a study which received quite some attention (I think undeservedly) by such persons as, for instance, Victor Serge, to mention only one name with which you still might be familiar.
>
> I hardly need to tell you how happy I was to learn from your father (whom I visited immediately after I arrived in New York, and whom I tried to influence to do some things for you which, at this time, seemed indicated) that you were finally liberated.
>
> I know that your parents do everything for you. So it may seem presumtuous if I ask you whether there is anything I can do for you. But if there is anything, please let me know.
>
> I suggested your name to Justice Jackson's assistant as a reliable wittness for what happened in the concentration camps. I do not know whether they will follow this lead. But I thought it may lead to something.
>
> So much time has passed since I saw you last, that I do not know where to start. So please do not mind the awkwardness of this letter. - I am here in Chicago on the faculty of the University and am prinnipal of a school for neurotic and psychotic children. A job which interests me very much.
>
> I am most anxious to learn of your experiences in the concentration camp, but I think it will take you some time before you will be willing to talk about it.
>
> Once again, if there is anything I can do for you, please let me know. And the best of luck to you.
>
> Truly

Bruxelles, 21.VIII. 1945

Lieber Bruno,

Dein Brief vom 11.Juli hat mich ganz ausserordentlich gefreut, von vergessen kann überhaupt keine Rede sein. Ich weiß noch wie heute, es war beim Ziegelschupfen, als ich Dich wegen eines Blödsinns mit"Niemand" beschimpfte und sich daran eine Diskussion und zuletzt Bekanntschaft und wie ich hoffe auch Freundschaft geknüpft hat. Nun freue ich mich sehr daß es Dir gut geht und bin ausserordentlich an Deiner Arbeit über das Konzentrationslager intressiert. Wenn Du sie mir schicken könntest wäre ich Dir sehr dankbar. – Das Manuskript meiner politischen Broschüre über Buchenwald habe ich an meinen Vater geschickt, ich denke sie wird Dich sehr intressieren. Ebebso habe ich eine Arbeit über seelische Hygiene der Völker und Neuerziehung der Jugend geschrieben, die aber noch nicht publiziert werden kann, das Manuskript hat mein Vater und es würde mich sehr freuen, wenn Du es Victor Serge geben würdest, der mich sehr intressiert. Ich arbeite jetzt an einer Psychologie des Terrors und bereite mein Buch über Marx und Freud in mir geistig vor. Dazu brauche ich Litteratur und da kannst Du mir behilflich sein. So möchte ich gerne wissen was wesentliches über dieses Thema in Amerika erschienen ist, über die Europäische Litteratur bin ich unterrichtet. Dann kannst Du vielleicht von Victor Serge, der ja Trotzky übersetzt hat, wenn er sich auch jetzt politisch von seiner Partei getrennt hat, etwas über die Einstellung von L.D. zur Frage Freud und Marx erfahren. Damit würdest Du mir und der Wissenschaft einen großen Dienst erweisen.

Persönlich geht es mir so ausgezeichnet, daß ich keinerlei Hilfe brauche, es sei denn Hilde aus Wien herauszubekommen, was aber ausserordentlich schwer ist. Bis jetzt habe ich noch nicht einmal Nachricht von ihr. Sollte ich aber nach Amerika kommen, das heißt sobald ich nach Amerika komme werde ich aber Deine Stellung mir erlauben auszunützen und Dich bitten, etwas für Hilde zu tun, die eine ganz ausgezeichnete Kindergärtnerin ist und viel Erfahrung mit psychopathischen Kindern hat.

Ich hoffe bald wieder von Dir zu hören, die Post wird ja jetzt schneller gehen.
Herzlichst Dein

Ernst Federn,
3 rue Ortélius Bruxelles

The University of Chicago
The Orthogenic School
1365 EAST SIXTIETH STREET

September 9, 1945.

Dear Ernst:

I was very glad to receive your letter of August 21st. Victor Serge knows of me, but I do not know him personally, since he lives in Mexico City. I am sorry that I cannot help you out with literature on Freud and Marx, for a very simply reason, namely that nothing worth while has been published. A few articles here and there, and I do think that I have read them all, and none was worth while. The psychoanalysts in this country are so busy fighting one another, the Reik group the Horney group, both the Freudian group, and all three together the Melanie Klein group and so on. It is a nice socio-psychological problem, but too diggusting and unimportant for me to spend much time on it. Wilhelm Reich is living and working in Brooklyn, New York. He is the only who is really concerned with marxism, but he is by now so confused that nothing come comes from it. The only somewhat more interesting contributions were made by some of the socioligists, but they again don't understand Freud. You will have to learn that in this here great country there is not a single real Marx scholar, and probably with the esception of your father and a very few old analysts no Freud scholar either. They publish all right, but it does not amount to anything.

I would be very glad to help Hilde and you. If case you need a letter for her I could write on, saying that she could work at my school.

b.w.

I would like very much to ßad your manuscripts, maybe you dould write your father that he may led me read them, I would return them to him immediately. If ypu would like to have them published I would translate what you would like to see published and try to publish them, but in this case you would have to tell me in the paper of which of the various Trotzkyite groups you would like to see them, or if you are satisfied if it appears in a ~~generally~~ magazine of general left-radical tendency? You probably know that in this here country there hardly exists any truly socialistic movement of any importance. On the other hand large circles of the intelligentsia are radical and just waiting for a radical party to come into existence. - I personally would be tremenduously interested in learning how the situation in Buchenwald changed during the war, and with the ups and downs of German successes and defeats. Particularly how you managed to survive. - I am on very friendly terms with Kurt Eissler, Erich Eissler(s brother. He used to live here in Chicago, but now is in the army. If you could let me know any details about his later fate, I would appreciate that.

I hope you don't mind that I write in English, but you might as well get some useful training in this language. I have unfortunately no copy of my article, but there is so much demand for it that'll I have some copies made and send I send you one immediately. I hope to see you soon in this country.

Personally I am doing fine, after all has been said and after all justified criticism has been admitted, this is a great university and they give me a chance to work and experiment without any interference, that's more than I could have found in Europe. Truly you

The University of Chicago
The Orthogenic School
1365 EAST SIXTIETH STREET

January 11, 1946

Lieber Ernst:

Deinen lieben Brief vom 12. Oktober habe ich erst zu Weihnachten erhalten. Da war soviel zu tun, dass ich nicht sofort zum Antworten kam, also bitte enschuldige die Verspaetung. Ich habe auch eine andere gute Entschuldigung: Vorigen Monat ist uns eine andere Tochter geboren worden, und der Familienzuwachs hat uns antuerlich sher in Anspruch genommen. So gut geht es uns. Man schaemt sich fast darueber, wenn man die Berichte aus Europa liest. Andrerseits fuehlt man hier wahrscheinlich noch viel mehr, dass man auf einem Vulkan sitzt.

Ich weiss ja gar nicht, ob Du noch in Bruessel bist, oder inzwischen woanders hingezogen bist. Ich hoffe nur, dass man Dir den Brief nachschicken wird.

Ich hoffe, dass Du inzwischen mit Hilde zusammengekommen bist, und dass alle Dinge so ausfallen, wie Du sie Dir wuenschst. Dein Buchenwald Manuskript wuerde ich gerne lesen. Ich bekomme immer wieder Material ueber das Konzentrationslager gesandt, aber ich bin immer wieder darueber enttaeuscht, wie schwierig es die frueheren Insassen finden objektive zu sein. Immer wieder (ich bekomme scheinbar nur Briefe oder Aufzeichnungen von Juden) wird nur das Schicksal der Juden beklagt und auf die Deutschen Kriminellen gesch mpft, als ob keine deutschen arischen Haeftlinge in den KZ gewesen waeren.

Ausserdem findet man kaum eine Kritik des Verhaltens der Haeftlinge. Dass die SS Schweinehunde waren, das setzt man ja voraus, aber von vielen Haeftlingen haette man etwas anderes erwartet.

Ich moechte gerne wieder von Dir hoeren, was Du von der Situation in Europa haeltst und wie es Dir persoanlich geht. Ich glaube ich habe Dir ja von mir geschrieben, wenn nicht, und wenn es Dich interessiert, frage nur und ich will gerne Deine Fragen beantworten. Aber ich denke immer, dass Du wohl soviele eigene Probleme hast, dass sie Dich vollauf beschaeftigen.

Jedenfalls viel Glueck und meine besten Wuensche fuer Dich und Deine Zukunft.

Herzlichst Dein

Ernst Federn, Brüssel, den 19.Februar 1946.
3,rue Ortelius
Bruxelles IV.

       Lieber Bruno!

Diesmal/Ich komme mit einer Bitte zu Dir. Ich habe einen Artikel über meinen Freund Michael Biro, den sozialistischen Künstler, an den Du Dich ja sicher erinnern wirst, verfasst, um diesen in grösstem Elend lebenden Mann zu helfen. Es wäre nötig, die Mittel aufzutreibe mit denen er einen längeren Kuraufenthalt in der Schweiz nehmen könnte, um seine Arbeitskraft wieder herzustellen. Auch ist es nötig wenigstens einen Teil seiner Werke, die sic verstreut in Privatbesitz befinden mögen, wieder ausfindig zu machen.

    Ich hoffe, dass mein Artikel dazu nützlich sein kann und als Beispiel von Biro's Kunst würde ich zum Artikel das Bild von Therese Schlesinger veröffentlichen. Ich dachte dabei an Viktor Serge und Diego Rivera. Ich bitte Dich nun, den Artikel und das Bild an Viktor Serge zu senden, mit dem Hinweis auf die moralische Pflicht, Biro zu helfen. Solltest Du keine Verbindung mehr mit Viktor Serge haben, sende mir Manuskript und Bild wieder zurück.

    Von mir persönlich gibt es nichts Neues. Ich gebe die Hoffnung noch immer nicht auf, im Sommer in den Vereinigten Staaten zu sein.

    Wahrscheinlich wird Dich in den nächsten Monaten eine junge Belgierin aufsuchen, Mlle. Jeanne Daman, die mir hier in Brüssel ausserordentlich viel geholfen hat und ich bitte Dich, ihr mit Rat zur Seite zu stehen, da sie sich ein wenig in der amerikanischen Pädagogik (sie ist Kindergärtnerin und Lehrerin und ein scharmanter und interessanter Mensch) umsehen will.

    Ich hoffe, dass bei Dir alles in Ordnung ist und
        grüsse Dich auf das Herzlichste

The University of Chicago
CHICAGO 37, ILLINOIS

The Orthogenic School
1365 EAST SIXTIETH STREET

May 26, 1946

Dear Ernst:

I just received your letter of April 30 (pretty fast mailservice now) and if you would know the time pressure under which I labor, you would appreciate how much I enjoyed hearing from you from the fact that I answer immediately. - This problem of time pressure incidentally is indicative for the situation in the USA outside the South and East of the country. Here in the Middlewest everybody is expected to work his head off, particularly if he is a relative newcomer to this country. The East is Eruope, but the Middlewest, lets not talk about it. People do no know how to live or to enjoy anything. Nothing but hard work and making money and getting ahead. It is really disgusting in mostways. I do not say that in order to discourage you, but I want you to know what things are like. If you want to do research and that is what I am interested in, then you can enjoy your work, because there is all the money you can want for it. They make a lot of money, and they then spend it foolishly. But as far as knowing how to live is concerned, no, they don't know that.

I am looking forward to read your article in Commentary, indidentally I wrote an article for this journal, too, It is supposed to appear in the near future.

I hope that your wishes will come true, that you soon will be together with Hilde and will also soon come to this country. You certainly will be able to do here whatever you like. To earn a living is comparatively easy here, they keep yu in bread and butter. To earn more than a living with an intellectual job is more difficult, but I guess that you will be satisfied with earning the necessities. The university facilities, books, libraries, etc, are wonderfull, much better than in Germany. So doN8t worry about that. In New York you will find many intellectuals, interesting and very lovable people. Only outside of the New York area things get pretty barren. And I mean barren. This University is one of the many oasis, but even here it is very difficult to remain in contact with things. My dream is finding a job in New York but unfortunately nobody offers me one.

Well, I guess that's all for today. It was so nice to hear from you. Please be sure to write again and to let me know how things progress with you.

Love

The University of Chicago
CHICAGO 37, ILLINOIS

The Orthogenic School
1365 EAST SIXTIETH STREET

July 1, 1946

Dr. Paul Federn
239 Central Park West
New York 24, New York

Dear Dr. Federn:

Thank you very much for sending me a copy of Ernst's manuscript. I consider it a privilege to be permitted to read it. I think the manuscript still needs some editing, but I think by all means it should be published. By writing the paper Ernst made a real contribution and I think you have every reason to be proud of it.

I hope Ernst will soon come to this country and I hope I shall then have a chance to see him.

Please remember me to Mrs. Federn.

With my very best wishes for a very nice summer for all of you,

Sincerely yours,

Bruno Bettelheim

BB/p

The University of Chicago
CHICAGO 37, ILLINOIS

The Orthogenic School
1365 EAST SIXTIETH STREET

July 21, 1946

Lieber Ernst,

Deine Broschuere habe ich noch nicht erhalten. Dein Vater war so lieb und hat mir eine Kopie Deines Buchenwald artikels geschickt. Ich finde diese Arbeit ausgezeichnet, nur ist sie glaube ich noch nicht druckreit. Ich hoffe, Du wirst es mir nicht uebel nehmen, wenn ich Dir sage dass man es dieser Arbeit ansieht, dass sie zu bald nach der Befreiung geschrieben wurde. Man muss zu diesen Dingen Distanz bekommen. Mich hat ganz besonders interessiert die Zersetzung im Lager, und die Zersetzung der SS. Das musst Du unbedingt noch weiter analysieren und dann drucken lassen. Ich habe keinen Zweifel, dass Du diesen Arbeit auch schon jetzt gedruckt haben kannst, aber ich glaube, dass Du Dir damit die Moeglichkeit verdirbst eine viel bessere Arbeit zu schreiben, sowie Du mehr darueber nachgedacht hast. Die Arbeit wie ich sie gelesen habe, ist zu ungleichmaessig. Neben ausgezeichneten und wichtigen Beobachtungen, die nicht genuegend diskutiert sind, sind Wiederholungen und verhaeltnismaessig nebensaechliche Bemerkungen. Ich glaube Du wolltest zuviel, udn zuviel auf einmal sagen. Fuer mich war die Arbeit ungeheuer interessant, aber cih habe mich ja jahrelang mit dem Problem beschaeftigt. Und das kann man von dem gewoehnlichen Leser nicht voraussetzen. Instatt eine Arbeit zu schreiben, die das ganze Problem behandelt, wuerde ich Dir vorschlagen eine Arbeit erst ueber ein Problem, z.B. nur das Verhalten der Gefangenen, zu schreiben, dann eine andere, nur ueber die Gestapo, und so weiter.

Es tut mir schrecklich leid, dass Du und Hilde diese Schwierigkeiten haben. Hier sind die Dinge auch nicht gerade schoen. Was soll man schon machen.

Die Arbeit ueber Biro habe ich an Dwight MacDonald geschickt und ihn gebeten sie wieter zu leiten. Leider habe ich nichts mehr darueber gehoert. Zuviele Europaeische Kunestler sind ja leider in derselben Lage. Die Indifferenz hier ist zum Kotzen. Die refugees wie ich haben soviele persoenliche Freunde und Verwandten, denen sie helfen muessen, und die Amerikaner sind schon muede, Du weisst ja, man will nicht immer an die menschlichen Verpflichtungen erinnert werden.

Schreib mir wieder mal, ich freue mich immer, von Dir zu hoeren. Alles Gute und hoffentlich wirst Du bald herueber kommen koennen.

Herzlichst

[signature]

The University of Chicago
CHICAGO 37, ILLINOIS

The Orthogenic School
1365 EAST SIXTIETH STREET

July 21, 1946

Dear Dr. Federn:

Thank you very much for your letter of June 9th. I should have answered it long ago, but a series of unforeseen events prevented me from doing so.

In the meantime I received another letter from Ernst, in which he asks me about my reactions to his paper on terror. I would like very much to read it and I rpomise to return to you within two days. The only difficulty is that I shall leave town on the 10th of August and not return till September 1st.

I wonder whether Commentary will accept Ernst's paper. They accepted a paper of mine half a year ago and still have not yet printed it. It seems to me that the editors are quite carefull, probably for very good reasons, and, unfortunately, the American public is tired of concentration camp topics. Nevertheless I hope Ernst's paper will appear, since it will give him some satisfaction to see it printed in this country.

His paper on terror could probably appear in one of the more leftisch political magazines, but I hesitate to suggest this before he is not safely arrived in USA. The emmigration officers have sometimes funny notions.

I can imagine how much you and Mrs. Federn are looking forward to seeing Ernst. Is it not wonderfull how he survived unbroken in mind and body his ordeal. It gives one real courage and hope for a better future.

I hope you and Mrs. Federn enjoy xxx a very restfull summer.

Thanks again for your letter and for keeping me informed on Ernst.

Very truly yours,

The University of Chicago
CHICAGO 37, ILLINOIS

The Orthogenic School
1365 EAST SIXTIETH STREET

August 11, 1946

Dr. Paul Federn
P.O.B. 172 k
WELLFLEET, Mass.

Dear Dr. Federn:

Only the greatest pressure of time forces me to return Ernst's manuscript to you without the detailed comments it deserves. I read it several time and on each reading it gains on importance. I sincerely hope that it will soon be published and gain Ernst the recognition he so well deserves. His ability to objecitivy his experience and to analyze it detachedly after the horrible years at the camp is worthy of the greatest praise.

The only suggestions I have would be on the matter of reorganization. If it is translated it might be preferable to reorganize some of the passages, because at moments a thought is dropped only to be elaborated later. I still feel that Ernst's first and this paper should be combined. His statements on the disintegration of the Gestapo interested me tremendously and they, the Gestapo, are part of the terror, and therefore should also find a place in this paper. Both papers together might form a monograph on the concentration camp, and as such might become basic for the understanding of this phenomenon.

Thank you very much for having me given a chance to read this paper, I consider this a great privilege.

I hope you and your family enjoy a very pleasant vacation.

Truly yours,

Encl.

The University of Chicago
CHICAGO 37, ILLINOIS

The Orthogenic School
1365 EAST SIXTIETH STREET

May 21, 1948

Mr. Ernest Federn
239 Central Park West
New York 24, New York

Dear Ernest:

I have learned of your arrival in this Country which made me very happy. Since I was very busy when I was in New York attending the Orthopsychiatric Conference, and since you did not get in touch with me, I thought that you had your reasons and might prefer not to be bothered; that explains my silence.

I hope to see you and your wife and, of course, your parents sometimes in the future. Please give all of them my very best regards.

There are matters about which I would like very much to talk with you, but writing seems to be a very bad means of communication.

The best of luck to you and yours.

Sincerely yours,

Bruno Bettelheim

BB/p

THE UNIVERSITY OF CHICAGO
CHICAGO 37 · ILLINOIS

THE SONIA SHANKMAN ORTHOGENIC SCHOOL
1365 EAST SIXTIETH STREET

Dr. Ernst Federn						April 16, 1963
2982 Meadowbrook
Cleveland, Ohio

Dear Ernst:

Under separate cover I am returning to you the manuscript of your book. I was fascinated by it and it moved me deeply. But trying to take a detached view, I feel that it will probably be very difficult to publish it in its present form. First, there is too much a mixture of autobiography and camp history. The many references to your family and to Hilde, above and beyond what it meant to a prisoner to have a beloved person waiting for him, seems of little interest to the person who is captivated by the main narrative. Despite mine and Kogon's accounts much too little is known about the concentration camp society. Kautsky's book has to my knowledge never been translated. I definitely feel there is a place for a book such as yours, but only when private life is only incidental to the story.

If you think of re-writing it, my suggestion would be to take anything personal out and put it into a lengthy introduction, so that the reader will know who the person is whose account he is about to read, what formed him, what were his political opinions, etc. After that, I would simply tell the story and add as many more episodes as you can recall. Particularly I would like to see you elaborate on how other prisoners, such as the prominent political ones, saw the camp and their role in it. You describe very well how you survived, but one also wants to know how others managed to survive.

Quite beside my very deep personal interest in you, I found each incident simply captivating. But if they are tied together only by the history of one man they are held together only by the interest in you; and I fear for most readers this is too weak a link.

These are random thoughts and please feel free to disregard them.

I am very grateful to you for having given me the chance to read it. I would like to encourage you most strongly not to give up on this book, although I am afraid it will need quite a bit of more work.

Looking forward very much to seeing you soon again.

Bruno Bettelheim

BB:js

THE UNIVERSITY OF CHICAGO
CHICAGO · ILLINOIS 60637
THE SONIA SHANKMAN ORTHOGENIC SCHOOL
1365 EAST SIXTIETH STREET

MIDWAY 3-4604

Dr. Ernst Federn
2982 Meadowbrook Boulevard
Cleveland Heights, Ohio 44118

January 8, 1969

Dear Ernst:

Thanks very much for your kind remarks on my paper. While I fully agree with you that love gives life its meaning, I am also equally convinced that without the awareness of death, what we call love would be a very different thing. If there would be no end to it, and if there would be unlimited time for it, it might very well become so different that we would not recognize it. Life, with it love, is so intricately interwoven with our realization of death, that I still believe that the realization of death gives life its meaning.

Witness the fact that the small child who has as yet no conception of death is unable to love, though very much in need of it, and also that essentially life is so taken for granted by him that it has no meaning.

Your point about hiding is in a fashion well taken, but hiding to me was not the opposite of courage. It was a temporary defense which often was absolutely necessary, but when it became habitual, it led to destruction. And I have seen that happen. Twice during my time in the camps I hid, which I could do very well because I had the arm sleeve that declared me as blind. In both cases, after less than two weeks, I took it off and came out of hiding, because I found it too self-destructive, and had watched the destruction it wreaked in others. So much for that.

Let me take this occasion to wish you and your family the very best for the New Year.

Sincerely yours,

Bruno Bettelheim

BB:tmj

CENTER FOR ADVANCED STUDY IN THE BEHAVIORAL SCIENCES

202 Junipero Serra Blvd. • Stanford, California 94305 • (415) 321-2052

Feburary 29, 1972

Dear Ernst,

Thank you so much for your letter and the two reprints which I read with great interest and enjoyment. It was forwarded to me from Chicago since we spend this academic year here at this Center. But we will be back in Chicago in July.

So you are moving back to Vienna. I wonder how you will like it. I hope the psychoanalytic society there will be more receptive to you and your ideas. What other reasons have decided your move? If you have time, I would be interested in knowing. Trude and I are thinking about our retirement, a year or so from now, and we are toying with the idea of moving out here because of climate and nature. So what moved you to move back in time and geography?

Tom's study of theology: it is something entirely different today and here in this country from what it used to be. It practically can be what anybody wants to make of it. But for the son of a psyhoanalyst it is a somewhat peculiar choice.

I am getting old and would love to see you before it is too late. Please let me know your Viennese address, once you have one.

Much luck to the great chance, and with my very best to all of you,

as always yours,

[signature]

BRUNO BETTELHEIM
ONE SIERRA LANE
PORTOLA VALLEY, CALIFORNIA 94025
(415) 851-2018

7. Oktober 1980

Lieber Ernst,

Vielen Dank für den Artikel über meinen Tübinger Vortrag. Erziehung zum Überleben gibt es natürlich nicht. Aber die richtige Erziehung, einschlüsslich Psychoanalyse, kann einem schon sehr helfen, sich richtig zu verhalten.

Der Artikel in Le Monde war ausgezeichnet! Vielen Dank, daß Du ihn mir geschickt hast. Es ist ausserordentlich störend besonders da Le Monde die führende intellectuelle Zeitung Frankreich's ist. Beste Wünsche und herzlichste Grüße von mir und Trude an Dich und Hilde!

Dein Bruno

October 4, 1983

Dear Ernst,

How very nice of you to write me and send me your birthday greetings. I appreciate this very much, as I appreciate that you went to the trouble to send me the nespaper notice of my 80th birthday. There were some eulogies in German, and I understand also a French paper. But nothing here - American's do not engage into such sentimentalities, unless the people are media figures.

Incidentally, when the new Woody Allen film ZELIG comes to Vienna, you might want to see it, because I understand it is very good. But I mention it because I have tiny role - less than a minute - in it, playing a Viennese psyhoanalyst! It was filmed nearly a year and a half ago, but came out only now here.

So you were born on the 29th of August! So permit me to send you belatedly my most heartfelt congratulations! I hope you had a lovely birthday!. As you now know I made it on Goethe's birthday, whatever this may mean. But given that the Goethe Prize was the honor Freud cherished most, I may mention that this Spring I received the Goethe Medal. It isn't the Goethe prize, but it was nice to get it. So much for that.

Now that Trude thank God is on the mend, I finally get around to answer my letters, as you see from this one - I even hope that in a little while I will feel strong and free enough to again do some writing. Why I don't know, but it keeps one's mind occupied and prevents one from worrying too much.

I hope all is well with you and Hilde, after all you both are so much youngerl

With my very best to both of you, and thanks fro having remembered me!

I hope to see you on your next visit to your sister! Until then,

12. Januar 1986

Lieber Ernst!

Vielen Dank für Deine liebe Karte und guten Wünsche für 1986 die ich herzlichst erwidere.

Die Gedichte die Dur mir geschickt hast sind ganz erheiterlich, und ich bin natürlich sehr zufrieden, dass mein kleines Buch über die Märchen so viel Anklang gefunden hat.

Ja, das Leben ist voller unerwarteter Ereignisse. Ich hätte nie gedacht, dass mir gerade in Wien ein Enkelkind geboren werden wird. So wenig weiss man, was einem das Leben bringen kann. Wenn alles gut und nach Plan geht, will ich im April auf ein paar Tage nach Wien kommen, um meine dortige Familie zu besuchen, und natürlich auch Dich zu sehen.

Ich hoffe es geht Dir und Deiner lieben Frau sehr gut. Trotzdem Du ja viel jünger als ich bin, gilt es wohl auch für Dich, dass man die Tage die einem noch gegeben sind, gut ausnützen soll.

Die Zeit heilt nicht so tiefe Wunden, als der Tod meiner liebsten Frau mir zugefügt hat, aber es scheint doch, dass sie mit der Zeit vernarbt. Bis vor kurzer Zeit, dachte ich, dass ich nicht allein weiterleben werde können. Aber seit der Jahreswende hat meine tiefe Depression sich doch etwas gelockert, und obwohl mir das Leben wenig bietet, versuche ich doch jetzt irgendwie weiterzuleben. Sicherlich hat der neue Enkel dazu beigetragen.

Ansonsten ist nicht viel von mir zu berichten. Ich schreibe ein wenig, versuche mein Buch über die Erziehung zu beenden, und denke daran vielleicht mit einem Mitarbeiter ein kleines Buch wie man Psychotherapy unterrichten soll zu schreiben. Ob was draus wird, weiss ich nicht. Und woran arbeitest Du?

Nochmals alles Liebe und Gute Dir und den Deinen,

Herzlichst Dein

13. Mai 1987

Lieber Ernst,

Vielen Dank für Deinen Vortrag über die Analyse in Buchenwald,
Es hat mir viele Erinnerungen von lang vergangenen Zeiten
ins Gedächtnis zurückgerufen. Ich fühle mich schrecklich alt
und müde.

Es war sehr lieb von Dir mir zu schreiben. Ich hoffe meine
Gesundheit wird es mir erlauben im Herbst nach Wien
zu kommen, und ich freue mich darauf, und besonders auch
Dich wiederzusehen.

Ich hoffe es geht Dir und den Deinen gut.
Mit besten Grüssen, Herzlichst Dein

Literatur

Ernst Federn hat seit seiner Befreiung aus Buchenwald im Jahre 1945 eine große Anzahl von Publikationen vorgelegt. Diese kreisen um die Psychologie der Gewalt, die Geschichte der Psychoanalyse und Psychoanalytischen Pädagogik sowie die Behandlung von Psychosen und Dissozialen. Eine nahezu *vollständige Literaturliste* über die Schriften Ernst Federns findet sich in:

Kaufhold, R./Kuschey, B. (1995): Das Überwinden der Todesdrohung. Ernst und Hilde Federn zwischen Vernichtung und humanem Engagement. In: Becker, S. (Hg., 1995): Helfen statt Heilen, Gießen, S. 189–219;

Plänkers,T./Federn, E. (1994): Interviews zur Geschichte Ernst Federns und der Psychoanalyse, Tübingen, S. 225–231.

Literatur

Adorno, T.W. (1971): Erziehung zur Mündigkeit. Frankfurt/M.

Amati, S. (1980): Reflexionen über die Folter. In: Dahmer, H. (Hg., 1980): Analytische Sozialpsychologie. Bd. 2, Frankfurt/M.

Améry, J. (1996): Jenseits von Schuld und Sühne, München.

Arendt, H. (1951/1986): Elemente und Ursprünge totaler Herrschaft, München.

Bar-On, D. (1989): Legacy of Silence. Encounters with Children of the Third Reich, Cambridge (Harvard University Press).

Becker, D. (1992): Ohne Haß keine Versöhnung. Das Trauma der Verfolgten, Freiburg i.Br.

Becker, S. (Hg., 1995): Helfen statt Heilen. Beiträge des Vereins für Psychoanalytische Sozialarbeit Berlin und Brandenburg e.V., Gießen.

Bettelheim, B. (1960/ dt. 1980/1989): Aufstand gegen die Masse. Die Chance des Individuums in der modernen Gesellschaft. Frankfurt/M.

– (1989): Erziehung zum Überleben. Zur Psychologie der Extremsituation, München.

– (1990): Themen meines Lebens, Stuttgart.

Dahmer, H. (1989): Psychoanalyse ohne Grenzen, Freiburg i. Br.

– (2006): Ernst Federn und die Erosion der Psychoanalyse. In: Kuschey, B. (Hg., 2006), S. 17–28.

Duras, M. (1986): Der Schmerz, München Wien.

Elrod, N. (1987): Paul Federn, August Aichhorn und Ernst Federn: Vorläufer der Psychoanalyse im Rahmen der Demokratischen Psychiatrie. In: Institut für analytische Psychotherapie Zürich-Kreuzlingen (Hrsg.): Psychoanalyse im Rahmen der Demokratischen Psychiatrie, Bd. II, S. 353–379.

Federn, E. (1948): The Terror as a System: The Concentration Camp. Buchenwald as it was. In: Psychiatric Quarterly Supplement, Vol. 22, Utica New York.

- (1948/1949): Mental Hygiene as applied to the Prevention of War. Psychiatric Quarterly Supplement, Utica New York.
- (1951): The Contribution of Psychoanalysis to Criminology as reflected in recent professional Literature. Unveröffentl. Diplomarbeit an der New York School of Social Work, Columbia University, New York.
- (1960): Die therapeutische Persönlichkeit, erläutert am Beispiel von Paul Federn und August Aichhorn. Schweizerische Zeitschrift für Psychologie und ihre Anwendungen, 19, S. 117–131.
- (1962): Leserbrief an „Manchester Guardian Weekly" vom 7.3.1962, der dort wenig später auch veröffentlicht wurde; nachgedruckt in Federn (1990a), S. 117f.
- (1971): Fünfunddreißig Jahre mit Freud. Zum 100. Geburtstag von Paul Federn am 13. Oktober 1971, Psyche, 25, S. 721–737.
- (1974): Marginalien zur Geschichte der psychoanalytischen Bewegung, Psyche, 28, S. 461–471.
- (1976): Marxismus und Psychoanalyse. In: Die Psychologie des 20. Jahrhunderts, Bd. II: Freud und die Folgen (1), Hg. Dieter Eicke, Zürich, S. 1037–1058.
- (Hg., 1984): Freud im Gespräch mit seinen Mitarbeitern. Aus den Protokollen der Wiener Psychoanalytischen Vereinigung, Frankfurt/M.
- (1985a): Weitere Bemerkungen zum Problemkreis „Psychoanalyse und Politik". In: Psyche 4/1985, S. 367–374.
- (1985b): Psychologie der Gewalt. In: Arbeitsgemeinschaft der Leitenden Strafvollzugsbeamten Österreichs. Gewalt im Gefängnis, S. 7–25.
- (1986): Psychoanalyse und Nationalsozialismus. Beiträge zur Bearbeitung eines unbewältigten Traumas. In: Psyche 4/1985, S. 367–374.
- (1987a): Die Gegenübertragung in der psychoanalytischen Sozialarbeit mit psychotischen Kindern und Jugendlichen. In: psychosozial Nr. 32, S. 63–69.
- (1987b): Psychoanalyse im Strafvollzug innerhalb der Arbeit mit Langzeitinhaftierten. In: Heider/Schwendter/Weiß (Hrsg.): Politik der Seele. Gesundheitstag Kassel 1987. München 1987, S. 389–395.
- (1987c): Psychoanalyse und Politik. Einige historische, theoretische und praktische Überlegungen. In: Kuschey, J. (Hg., 1987), S. 117–131.
- (1988): Die Emigration von Sigmund und Anna Freud. Eine Fallstudie. In: Stadler, F. (Hg.): Vertriebene Vernunft II. Emigration und Exil Österreichischer Wissenschaft 1930–40, Wien-München, S. 247–250.
- (1989): Todestrieb und Eros – Zur Geschichte und aktuellen klinischen Relevanz von Freuds „Jenseits des Lustprinzips". In: psychosozial Nr. 37, S. 18–21.
- (1990a): Witnessing Psychoanalysis. From Vienna back to Vienna via Buchenwald and the USA, London (Karnac Books) (Eine Übersetzung des Buches ist unter dem Titel „Zeitzeuge der Psychoanalyse" beim Psychosozial-Verlag in Vorbereitung).
- (1990b): On the discussions between Bruno Bettelheim, Dr. Brief and Ernst Federn. In: Federn, E. (1990a), S. 3–8.
- (1991): Die Dauer der Behandlung psychotischer Patienten. In: Becker, S. (Hg., 1991): Psychose und Grenze, Tübingen, S. 1–15.
- (1992a): Psychoanalyse und Nationalsozialismus. Bemerkungen eines Zeitzeugen. In: Luzifer-Amor: Hitlerdeutungen, Nr. 9, S. 43–47.
- (1992b): Psychoanalyse und Politik. Ein historischer Überblick, Psychologie und Geschichte 3, Heft 3/4, S. 88–93.
- (1993a): Zur Geschichte der Psychoanalytischen Pädagogik. In: psychosozial Nr. 53 (1/93), S. 70–78.
- (1993b): Psychoanalytische Sozialarbeit. Kulturelle Perspektiven. In: psychosozial Nr. 53 (1/93), S. 103–108.

- (1994): Bruno Bettelheim und das Überleben im Konzentrationslager. In: Kaufhold, R. (Hg., 1994): Annäherung an Bruno Bettelheim, Mainz, S. 125–127.
- (1995): Einige Bemerkungen zur Bedeutung des Helfens. In: Becker, S. (Hg., 1995): Helfen statt Heilen, Gießen, S. 23–26.
- (1997a): Zur Psychoanalyse der Psychotherapien, Tübingen.
- (1997b): Der therapeutische Umgang mit Gewalt. In: Verein für psychoanalytische Sozialarbeit Rottenburg und Tübingen (Hg., 1997): Vom Umgehen mit Aggressivität, Tübingen, S. 115–124.
- (1999): Ein Leben mit der Psychoanalyse. Von Wien über Buchenwald und die USA zurück nach Wien, Gießen.
- (1999a): Von König Laios und Ödipus: Erinnerung an eine Kindheit im Banne Sigmund Freuds. In: Federn, E. (1999), S. 319–329.
- (1999b): Der therapeutische Umgang mit Gewalt. In: Federn, E, (1999), S. 86–97.
- (2003): Die Bedeutung von Bruno Bettelheim. In: Kaufhold, R. et al. (Hg., 2003), S. 5–7.
- /Peglau, A. (1995): Nackt/Wolf unter Wölfen? Interview mit Ernst Federn. In: ich. Die Psychozeitung, 1/1995, S. 3–5.
- /Wittenberger, G. (Hg., 1992): Aus dem Kreis um Sigmund Freud. Frankfurt/M.

Federn, T. (1995): Von den Schwierigkeiten mit der Übertragungsliebe. Ist nicht „Heilen durch die Liebe" Helfen? In: Becker, S. (Hg., 1995), S. 111–132.

Fisher, D.J. (1993): Gespräch zwischen Bruno Bettelheim und David James Fisher. In: psychosozial Nr. 53 (1/93), S. 34–44.
- (1994a): Hommage an Bruno Bettelheim (1903–1990). In: Kaufhold, R. (1994), S. 95–98.
- (1994b): Der Selbstmord eines Überlebenden. Einige private Wahrnehmungen zu Bruno Bettelheims Freitod. In: Kinderanalyser 4/94, S. 447–460.
- (Hg., 2003): Psychoanalytische Kulturkritik und die Seele des Menschen. Essays über Bruno Bettelheim, Gießen.

Freud, S. (1916): Trauer und Melancholie, GW X, S. 427–446.
- (1924): Der Realitätsverlust bei Neurose und Psychose, GW XIII, S. 361–368.

Grubrich-Simitis, I. (1979): Extremtraumatisierung als kumulatives Trauma. Psychoanalytische Studien über seelische Nachwirkungen der Konzentrationslagerhaft bei Überlebenden und ihren Kindern. In.: Lohmann, H.-M. (Hg., 1984), S. 210–236.

Hammerschmidt, T. (1994): Arbeitshilfe zum Film des Monats: Überleben im Terror – Ernst Federns Geschichte. In: medien praktisch 3/94, S. 36–38.

Hegenbarth, H. (1984): Mit Federn leben. Über einen Erben Sigmund Freuds, der selbst Zeitgeschichte wurde, Profil, Nr. 35, 27.8.1984, S. 50f.

Heim, R./König, H.-D. (Hg.): Generation, Unbewußtes und politische Kultur, psychosozial Nr. 68, 2/98.

Hilberg, R. (1994): Unerbetene Erinnerungen. Der Weg eines Holocaust-Forschers, Frankfurt/M.

Höß, R. (1958): Kommandant in Auschwitz. Autobiographische Aufzeichnungen, Stuttgart.

Jacoby, R. (1990): Die Verdrängung der Psychoanalyse oder Der Triumph des Konformismus, Frankfurt/M.

Kaufhold, R. (Hg., 1993): Pioniere der Psychoanalytischen Pädagogik: Bruno Bettelheim, Rudolf Ekstein, Ernst Federn und Siegfried Bernfeld, psychosozial Nr. 53 (1/93).
- (1993a): Zur Geschichte und Aktualität der Psychoanalytischen Pädagogik. Ein Gespräch mit Rudolf Ekstein und Ernst Federn. In: psychosozial Nr. 53 (1/93), S. 9–19.
- (1993b): Ernst Federn: Die Bewältigung des Unfaßbaren. In: psychosozial Nr. 53 (1/93), S. 57–70.

- (1993c): Zeitzeuge der Psychoanalyse. Die späten Schriften des Psychoanalytikers Ernst Federn. In: psychosozial Nr. 53 (1/93), S. 79–82.
- (Hg., 1994): Annäherung an Bruno Bettelheim, Mainz. (Beim Autor für 22,– DM erhältlich).
- (1994a): Zum Briefwechsel zwischen Bruno Bettelheim und Ernst/Paul Federn und zwischen Bettelheim und Ekstein. In: Kaufhold (1994), S. 276–299.
- (1994b): Ernst Federn: Sozialist, Psychoanalytiker, Pädagoge. Eine Annäherung an sein Leben und Werk. In: Datler, W., Finger-Trescher, U., Büttner, C. (Hg., 1994): Jahrbuch für Psychoanalytische Pädagogik 6, Mainz, S. 108–131.
- (1994c): Leben und Sterben von Bruno Bettelheim. In: Kinderanalyse 4/96, S. 428–446.
- (1994d): Ohne Haß keine Versöhnung. Das Trauma der Verfolgten: Die Erfahrungen des deutsch-chilenischen Psychotherapeuten David Becker. In: psychosozial Nr. 58 (4/1994), S. 105–120.
- (1995): Psychoanalytiker, Sozialreformer, Historiker. Zum 80. Geburtstag von Ernst Federn (Wien). In: Behindertenpädagogik 34, 2/1995, S. 157–170.
- (1996a): Ein moralischer Anarchist. Der streitbare Schweizer Psychoanalytiker Paul Parin wird heute 80 Jahre alt. In: Frankfurter Rundschau, 20.9.1996, S. 7.
- (1996b): Rezension zu: Nina Sutton: Bruno Bettelheim. Auf dem Weg zur Seele des Kindes. In: Kinderanalyse 4/96, S. 427–434.
- (1997a): Rezension zu: Plänkers, T./Federn, E. (1994): Vertreibung und Rückkehr. Interviews zur Geschichte Ernst Federns und der Psychoanalyse. In: Psyche 1/97, S. 80–83.
- (1997b): Bewältigungsversuche eines Überwältigten. Eros und Thanatos in der Biographie und im Werk von Bruno Bettelheim. In: Neue Sammlung 1/1997, S. 95–114.
- (1997c): Der rote Rudi. Rudolf Ekstein, ein Pionier der Psychoanalytischen Pädagogik, wird 85. In: psychosozial Nr. 69 (3/97), S. 115–118.
- (1999): Falsche Fabeln vom Guru? "Der Spiegel" und sein Märchen vom bösen Juden Bruno Bettelheim. In: Behindertenpädagogik, 38. Jg., 2/1999, S. 160–187.
- (2005a): Biographische Kontinuität, Emigration und psychoanalytisch-pädagogisches Engagement. Laudatio auf Ernst Federn zu seinem 90. Geburtstag. In: psychosozial Nr. 100 (2/2005), S. 75–83.
- (2005b): Erinnerung an Hilde Federn (26.10.1910–19.01.2005). In: Kinderanalyse, 13. Jg., 2/2005, S. 234–237.
- (2007): Ernst Federn (26.08.1914–24.06.2007). Erinnerung an einen Pionier der psychoanalytischen Pädagogik und Sozialarbeiter. In: psychosozial Nr. 110, 4/2007, S. 127–130.
- (2007a): Traumatisierung überleben und verarbeiten – Leben und Werk des Pioniers der Psychoanalyse Ernst Federn. In: Krisor, M./Wunderlich, K. (Hg., 2007): Gerade in schwierigen Zeiten: Gemeindepsychiatrie verankern – Internationale Beiträge, Berlin, S. 182–199.
- (2008): Documents Pertinent to the History of Psychoanalysis and Psychoanalytic Pedagogy: The Correspondence Between Bruno Bettelheim and Ernst Federn. In: The Psychoanalytic Review, 95, 6/2008, S. 887–928.
- (2009): Von Wien nach New York: Zum Tode der Psychoanalytikerin Else Pappenheim (222.5.1911–11.1.2009). In: psychosozial Nr. 115, 1/2009, S. 85f.
- (2010a): "Keine Spuren mehr im Rauchfang der Lüfte – sprachloser Himmel". Hans Keilson wird 100. In: Kinderanalyse, 17. Jg., 1/2010, S. 94–109.
- (2010b): Ein Lebenskünstler – Ernst Federn, Pionier der kollektiv orientierten Psychoanalyse. haGalil-Themenschwerpunkt: www.hagalil.com/archiv/2010/04/10/federn-einführung/.

- (2011): Ein bewegtes Leben. Josef Shakeds Lebenserinnerungen. buecher.hagalil. com/2013/04/shaked/
- (2012): Der Psychoanalytiker Sammy Speier (2.5.1944–19.6.2003): Ein Leben mit dem Verlust. Oder: "Kehrt erst einmal vor der eigenen Tür!" In: Kaufhold, R./Nitzschke, B. (Hg., 2012), S. 96–112.
- (2014a): "Ein Jahr Untersuchungshaft und sieben Jahre Konzentrationslager gaben mir ein weiteres Verständnis für die Psychologie des Inhaftierten". Biografische Kontinuität, Emigration und psychoanalytisch-pädagogisches Engagement. In: Kaufhold, R./Hristeva, G. (Hg., 2014).
- (2014b): "So wird das Herz in Stücke gerissen … ich glaube, das schmerzt mehr, als geschehe es wirklich mit Messern". Erinnerung an Hilde Federn (26.10.1910–19.01.2005). In: Kaufhold, R./Hristeva, G. (Hg., 2014).
-/Hofner, B. (Hg., 1992): Texte zu Leben und Werk von Ernst Federn, Reader zu den Schriften von Ernst Federn, Nov. 1992, Köln.
-/Hristeva, G. (Hg., 2014): "Gewalttätigkeit verstehen". Zum 100. Geburtstag des Psychoanalytikers und psychoanalytischen Sozialarbeiters Ernst Federn. Themenschwerpunktheft Psychoanalyse. Texte zur Sozialforschung, 16. Jg., 2/2014.
-/Kuschey, B. (1995): Das Überwinden der Todesdrohung. Ernst und Hilde Federn zwischen Vernichtung und humanem Engagement. In: Becker, S. (Hg., 1995), S. 189–219.
-/Nitzschke, B. (Hg., 2012): Jüdische Identitäten nach dem Holocaust in Deutschland. Schwerpunktband Psychoanalyse, Texte zur Sozialforschung 1/2012.
-/Rügemer, W. (1992): Psychoanalyse der Gewalt. In: Sozialistisches Forum Nr. 26, S. 27–30.
- et al. (2003a): Einleitung. In: Fischer, D.J. (Hg., 2003).
Kautsky, B. (1948): Teufel und Verdammte. Erfahrungen und Erkenntnisse aus sieben Jahren in deutschen Konzentrationslagern, Wien.
Keilson, H. (1979/1998): Sequentielle Traumatisierung bei Kindern. Stuttgart (erscheint demnächst als Neuauflage bei Lambertus, Freiburg i.Br.).
Keller, F. (1980): In den Gulag von Ost und West, Frankfurt/M. (ISP-Verlag).
Keller, G. (1991): Die Psychologie der Folter, Frankfurt/M.
Klemperer, V. (1995): Ich will Zeugnis ablegen bis zum letzten. Tagebücher 1942–1945. Berlin (Aufbau).
Kogon, E. (1946/1991): Der SS-Staat. Das System der deutschen Konzentrationslager, München.
Kröger, M. (Hrsg., 1997): Etta Federn. Revolutionär auf ihre Art. Von Angelica Balabanoff bis Madame Roland – 12 Skizzen unkonventioneller Frauen. Mit einem Vorwort von Ernst Federn, Gießen (Psychosozial-Verlag).
Kuschey, B. (Hg., 1987): Linke Spuren. Marxismus seit den 60er Jahren, Wien.
- (1994a): Überlebender des Terrors und Mittler zwischen den Generationen. Zum achtzigsten Geburtstag von Ernst Federn. In: Werkblatt 32 (1994), S. 74–86.
- (1994b): Ernst Federn 80 Jahre. Bibliographisches. In: Mit der Zieharmonika. Zeitschrift für Literatur des Exils und des Widerstands, 11. Jg., Nr. 2, September 1994, S. 10–12.
- (2006): Die Psychoanalyse kritisch nützen und sozial anwenden. Ernst Federn zum 90. Geburtstag, Wien.
Langbein, H. (1986): Dem brutalsten Terror zum Trotz. Widerstand in den nationalsozialistischen Konzentrationslagern 1939 bis 1945. In: Schriftenreihe der Bundeszentrale für politische Bildung (Hg., 1986): Widerstand und Exil 1933–1945, Band 223, Bonn, S. 159–168.
Leber, A./Gerspach, M. (1996): Geschichte der Psychoanalytischen Pädagogik in

Frankfurt am Main. In: Plänkers, T. u. a. (Hg., 1996); Psychoanalyse in Frankfurt am Main, Tübingen, S. 489–547.
Levi, P. (1986): Die Untergegangenen und die Geretteten, München, Wien.
– (1993): Primo Levi im Gespräch mit Ferdinando Camon: „Ich suche nach einer Lösung, aber ich finde sie nicht", München.
Lohmann, H.-M. (Hg., 1984): Psychoanalyse und Nationalsozialismus. Beiträge zur Bearbeitung eines unbewältigten Traumas, Frankfurt/M.
–/Rosenkötter, L. (1983): Nachtrag zu unserem Beitrag „Psychoanalyse in Hitlerdeutschland". In: Lohmann, H.-M. (Hg., 1984), S. 78–85.
Maas, M. (2004): Der Prophet im eigenen Lande ... Ernst Federns langer Weg für die psychoanalytische Sozialarbeit. In: Kinderanalyse, 12. Jg., 3/2004, S. 272–285.
Niethammer, L. (Hg., 1994): Der „gesäuberte" Antifaschismus. Die SED und die roten Kapos von Buchenwald, Berlin.
Nitzschke, B. (1995): "Um Buchenwald sieben Jahre zu überstehen, musste man vor allem Glück haben." www.hagalil.com/archiv/2010/04/10/federn-nitzschke/.
Nunberg, H./Federn, E. (Hg., 1967–1975): Protokolle der Wiener Psychoanalytischen Vereinigung, Bd. I – IV, Frankfurt/M.
Peglau, A. (1995): Nachträge, Zusätze und eine Rezension. In: ich. Die Psychozeitung, 1/1995, S. 9–12.
– (1995): "Nackt unter Wölfen" oder "Wolf unter Wölfen"? www.hagalil.com/archiv/2010/14/10/peglau-federn/.
Perner, A. (2006): Über die zukünftigen Chancen der von Ernst Federn wiederentdeckten und neu begründeten psychoanalytischen Sozialarbeit. In: Kuschey, B. (Hg., 2006), S. 109–117.
Plänkers, T./Federn, E. (1994): Vertreibung und Rückkehr. Interviews zur Geschichte Ernst Federns und der Psychoanalyse, Tübingen.
Prager, R. (1994): Die Trotzkisten in Buchenwald, Inprekorr Nr. 284 (1994), S. 32–35.
Reich, K. (1993): Zur Psychologie extremer Situationen bei Bettelheim und Federn. In: psychosozial Nr. 53 (1/93), S. 83–93.
– (1994): Bettelheims Psychologie der Extremsituation. In: Kaufhold, R. (Hg., 1994): S. 134–155.
Richter, H.-E. (1995): Bedenken gegen Anpassung. Psychoanalyse und Politik, Hamburg (Hoffmann und Campe).
Richter, H.-E. (1996): Der ureigene Platz des Arztes ist stets an der Seite der Hilfsbedürftigen. Horst-Eberhard Richter über die Rolle von Medizinern in der NS-Diktatur, den Umgang mit der Geschichte und die Aufgaben des Berufsstandes. In: Frankfurter Rundschau, Sa., 26.10.1996, S. 14.
Rösing, W. (1992): Überleben im Terror – Ernst Federns Geschichte. Dokumentarfilm 1992, 95 Minuten, Farbe 16 mm. Wilhelm Rösing Film Produktion (Tel.: 0421/6659956).
Rosenthal, G. (Hg., 1997): Der Holocaust im Leben von drei Generationen, Gießen (Psychosozial).
Scheuer, G. (1991): Nur Narren fürchten nichts. Szenen aus dem dreißigjährigen Krieg 1915–1945, Wien (Verlag für Gesellschaftskritik).
Shaked, J. (2011): Ein Leben im Zeichen der Psychoanalyse, Gießen.
Stein, H. (1994): Juden im Konzentrationslager Buchenwald 1938–1942. In: Hoffmann, T./Loewy, H./Stein, H. (Hg.): Progromnacht und Holocaust, Weimar-Köln-Wien, S. 97ff.
Sofsky, M. (1993): Die Ordnung des Terrors. Die Konzentrationslager, Frankfurt/M.
Stoffels, H. (Hg., 1991): Schicksale der Verfolgten. Psychische und somatische Auswirkungen von Terrorherrschaft, Heidelberg/Berlin.
Sutton, N. (1996): Bruno Bettelheim. Auf dem Weg zur Seele des Kindes, Hamburg.

Tömmel, S.E. (2006): Zur Psychologie des Terrors im totalitären System der DDR. In: Kuschey, B. (Hg., 2006), S. 55–64.

Wirth, H.-J. (1997a): Geschichte ist ein Teil von uns – Geschichtsbewußtsein und politische Identität, psychosozial Nr. 67 (1/1997), 20.Jhg.

– (1997b): Von der Unfähigkeit zu trauern zur Wehrmachtsausstellung. Stationen der Auseinandersetzung mit der nationalsozialistischen Vergangenheit. In: Wirth, H.J. (Hg., 1997), S. 7–26.

Wollenberger, J. (1997): Die „roten Kapos" Hitler's unwilling executors? Vom Opfer zum Täter. Eine neue Sicht auf die KZ-Funktionshäftlinge. In: Neue Sammlung 1/1997, S. 71–94.

Die Autorinnen und Autoren

Barthel-Rösing, Marita, geb. 1952, Dipl.-Päd., Gruppenanalytikerin (SGAZ, DAGG). Ko-Autorin von „Überleben im Terror – Ernst Federns Geschichte" (1992). Anschrift: Albrecht Roth Str. 8, 28757 Bremen.

Federn, Ernst, geb. 1914 in Wien, M.S.W., von 1938 bis 1945 wegen seines antifaschistischen Engagements in den Konzentrationslagern Dachau und Buchenwald inhaftiert. 1945 in die USA emigriert und 1972 nach Wien zurückgekehrt. Professor, Studium der Sozial- und Geschichtswissenschaften. Ausbildung zum Psychoanalytischen Sozialarbeiter, Psychoanalytischer Sozialarbeiter der ersten Stunde. Zusammen mit H. Nunberg Herausgeber der vollständigen Protokolle der Wiener Psychoanalytischen Vereinigung, 1906–1918. Langjähriger sozialpsychologischer Konsulent der Österreichischen Regierung im Strafvollzug, Dozent und Supervisor in der psychoanalytischen Erwachsenenbildung weltweit. 2007 verstarb er in Wien. Zahlreiche Publikationen zur Geschichte der Psychoanalyse und zur Psychoanalytischen Sozialarbeit. Neuere Buchpublikationen: Plänkers, T./Federn, E. (1994): Vertreibung und Rückkehr, Tübingen 1994; Zur Psychoanalyse der Psychotherapien, Tübingen 1997; Ein Leben mit der Psychoanalyse, Gießen 1999.

Kaufhold, Roland, Dr. phil., Dipl.-Päd., geboren 1961. Studium der Sonderpädagogik in Köln, seit 1989 Tätigkeit als Sonderschullehrer für Kinder im Grundschulalter. 2000 Promotion über Pioniere der Psychoanalytischen Pädagogik an der Universität Hamburg. Veröffentlichungen u.a.: Pioniere der Psychoanalytischen Pädagogik: Bettelheim, Ekstein, Federn, Bernfeld, psychosozial 53, 1993 (Hg.). Annäherung an Bruno Bettelheim, 1994 (Hg.) (beim Autor für 12 Euro erhältlich). Kaufhold/Liebertz-Groß (Hg.): Deutsch-israelische Begegnungen, psychosozial 83, 2001. Bettelheim, Ekstein, Federn: Impulse für die psychoanalytisch-pädagogische Bewegung, Gießen 2001 (Psychosozial-Verlag). "So können sie nicht leben" – Bruno Bettelheim (1903–1990),

Zeitschrift für Politische Psychologie, 1–3/2003 (Mithg.). Kaufhold/Nietzschke (Hg.): Jüdische Identitäten in Deutschland nach dem Holocaust, Psychoanalyse 28, 1/2012. Kaufhold/Hristeva (Hg.): "Gewalttätigkeit verstehen". Zum 100. Geburtstag des Psychoanalytikers und psychoanalytischen Sozialarbeiters Ernst Federn, Psychoanalyse 33, 2/2014. Anschrift: Jesuitengasse 13i, 50737 Köln; roland.kaufhold@netcologne.de

Kuschey, Bernhard, geb. 1955, Mag. phil., Studium der Geschichte und Leibeserziehung an der Universität Wien. Lehrer an einem Realgymnasium in Wien. Arbeitet zur Zeit an einem lebensgeschichtlichen Forschungsprojekt des Fonds zur Förderung der Wissenschaft und Forschung zu Hilde und Ernst Federn. Buchpublikationen: Linke Spuren. Marxismus seit den 60er Jahren, Wien 1987 (Verlag für Gesellschaftskritik). Die Ausnahme des Überlebens. Ernst und Hilde Federn. Eine biographische Studie und eine Analyse der Binnenstrukturen des Konzentrationslagers. 2 Bände. Gießen, 2003 (Psychosozial-Verlag). Anschrift: Haidgasse 1/18, A-1020 Wien (Österreich).

Rösing, Wilhelm, geb. 1947 in Berlin, Dr. phil. nat, Dokumentarfilmer, Autor und Regisseur. U. a. Produzent einer Filmtrilogie über jüdische Exilanten: Überleben im Terror – Ernst Federns Geschichte (1992), Film des Monats 3/94; Bis zur Umkehrbank – Hans Keilson erinnert sich (1995); Was es heißt, ein Exilant zu sein – Schwierige Begegnungen in Heilbronn (1995). Anschrift: Albrecht Roth Str. 8, 28757 Bremen. Tel.: (0421) 6659956.

„Gewalttätigkeit verstehen".
Zum 100. Geburtstag des Psychoanalytikers und psychoanalytischen Sozialarbeiters Ernst Federn

Schwerpunktheft der Zeitschrift „Psychoanalyse. Texte zur Sozialforschung", Heft 2/2014, 18. Jg., Nr. 33

„Ich habe so lange und so intensiv unter Gewalt gelebt, daß ich ohne ungebührlichen Narzißmus behaupten kann, dass ich etwas von ihr verstehe."
(Ernst Federn: Der therapeutische Umgang mit Gewalt)

Der österreichisch-amerikanische Psychoanalytiker und Shoah-Überlebende Ernst Federn hat wie kaum ein anderer im 20. Jahrhundert die Erforschung der Gewalt vorangetrieben. Zu seinem 100. Geburtstag erinnern ausgewiesene Forscher an Federns außergewöhnlichen Weg „von Wien über Buchenwald und die USA zurück nach Wien", an seine Pionierleistungen bei der Untersuchung der Psychologie des Terrors sowie an seinen herausragenden Beitrag zur Entwicklung der psychoanalytischen Pädagogik, der kollektiv orientierten Psychoanalyse und psychoanalytischen Sozialarbeit, der psychoanalytischen Geschichtsschreibung und der politischen Psychoanalyse.

Vorwort
(Roland Kaufhold & Galina Hristeva)

Biografisch-werktheoretische Zugänge

Roland Kaufhold: „Ein Jahr Untersuchungshaft und sieben Jahre Konzentrationslager gaben mir ein weiteres Verständnis für die Psychologie des Inhaftierten." Biografische Kontinuität, Emigration und psychoanalytisch-pädagogisches Engagement

Bernhard Kuschey: Ernst Federn – Sozialist, Verfolgter, Psychoanalytiker und Sozialarbeiter. Eine Werkbiographie

Roland Kaufhold: „So wird das Herz in Stücke gerissen ... ich glaube, das schmerzt mehr, als geschehe es wirklich mit Messern." Erinnerung an Hilde Federn (26.10.1910 – 19.01.2005)

PABST SCIENCE PUBLISHERS
Eichengrund 28, D-49525 Lengerich, Tel. + + 49 (0) 5484-308, Fax + + 49 (0) 5484-550
pabst.publishers@t-online.de, www.psychologie-aktuell.com, www.pabst-publishers.de

Neu-Beginnen: Ernst Federns Neuanfang in Belgien (1945-1947) im Spiegel seines Briefwechsels

Diana Rosdolsky: Der Briefwechsel zwischen Ernst Federn und seinem Vater Paul zwischen 1945 und 1947

Marianne Kröger: Der Briefwechsel Ernst Federn – Etta Federn

Zur Psychologie des Terrors: Das Wunder von Ernst Federns Überleben

Ernst Federn: Gespräche zwischen Bruno Bettelheim, Dr. Brief und Ernst Federn

David Becker: Trauma und Traumatheorie: Bruno Bettelheim, Ernst Federn und Hans Keilson

Tomas Plänkers: „Und habe geweint, einfach ohne jeden Grund." Ernst Federn in Buchenwald – die Re-Lektüre eines Interviews.

Wilhelm Rösing und Marita Barthel-Rösing: Zum intersubjektiven Prozess der Arbeit am Film mit Ernst Federn und Hilde Federn

Psychoanalytische Sozialarbeit und Pädagogik

Ernst Federn: Der therapeutische Umgang mit Gewalt

Ernst Federn: Was ist psychoanalytische Sozialarbeit und wozu wird sie gebraucht?

Thomas Aichhorn: Zu Ernst Federns Protokollen der ‚Aichhorn Untergruppe'

Karin Maas & Michael Maas: Milieu und Risiko – Die Spuren sind gelegt! Ernst Federns Anstöße für die Milieutherapie in einer „gesprengten" Institution

Ernst Federn als Historiker der Psychoanalyse

Ernst Federn: Die Paul Federn Study-Group

Galina Hristeva: „Eine wahnsinnige Arbeit! Allerdings eine riesig interessante!" Ernst Federn als Herausgeber der Protokolle der Wiener Psychoanalytischen Vereinigung

Psychoanalyse und Politik

Andreas Peglau: Wie funktioniert politische Psychoanalyse?

Psychoanalyse – Texte zur Sozialforschung erscheint viermal im Jahr. Der Preis des Einzelheftes beträgt 12,- €, ein Jahresabonnement kostet 35,- € inkl. Versandkosten (Kündigung zum Jahresende ist jederzeit möglich).
www.psychologie-aktuell.com/pa

PABST SCIENCE PUBLISHERS
Eichengrund 28, D-49525 Lengerich, Tel. + + 49 (0) 5484-308, Fax + + 49 (0) 5484-550
pabst.publishers@t-online.de, www.psychologie-aktuell.com, www.pabst-publishers.de

Reinhard Hesse (Hg.)
»Ich schrieb mich selbst auf Schindlers Liste«
Die Geschichte von Hilde und Rose Berger

2013 · 223 Seiten · Broschur
ISBN 978-3-8379-2273-8

Zwei unwahrscheinliche Lebensgeschichten in faszinierenden Interviews, Dokumenten und Bildern.

Hilde und Rose Berger wurden in der Zeit des Ersten Weltkriegs als Kinder eingewanderter jüdischer Eltern in Berlin geboren. Beide entwickelten schon früh politisches Bewusstsein und engagierten sich in jüdischen Jugendgruppen, später in der kommunistischen und schließlich in der trotzkistischen Bewegung. Kurz vor Ausbruch des Zweiten Weltkriegs musste die Familie Deutschland verlassen. Während Rose nach Frankreich fliehen konnte, gehörte Hilde zu den Juden, die im ukrainischen Boryslaw unter dem Schutz von Berthold Beitz standen. Nach dessen Einzug in den Kriegsdienst wurde Hilde in das KZ Plaszow deportiert. Dort hatte sie als Schreibkraft die Aufgabe, Oskar Schindlers später berühmt gewordene Liste zu tippen – ein Zufall, der ihr das Leben rettete.

Anhand von Interviews und Erzählungen wird in diesem Band die ungewöhnliche Geschichte zweier Holocaust-Überlebender dargestellt. Zahlreiche Dokumente und Bilder veranschaulichen die Überlebensgeschichten der Schwestern und geben einen Einblick in ihr Leben nach dem Krieg.

Marie-Luise Kindler, Luise Krebs, Iris Wachsmuth,
Silke Birgitta Gahleitner (Hg.)
»Das ist einfach unsere Geschichte«
Lebenswege der zweiten Generation
nach dem Nationalsozialismus

2013 · 202 Seiten · Broschur
ISBN 978-3-8379-2225-7

Die Generation der nach 1945 Geborenen kommt langsam ins Rentenalter.

In diesem Lebensabschnitt wird die Auseinandersetzung mit der Vergangenheit verstärkt zum Thema. Damit stellen sich aber auch Fragen wie: Inwiefern verspüren die Angehörigen dieser Generation das Bedürfnis, ihre Geschichte und die ihrer Eltern aufzuarbeiten, zu verstehen? Werden überhaupt Verknüpfungen zur kollektiven Geschichte hergestellt?

Die vorliegende Studie der Alice Salomon Hochschule Berlin gibt einen fundierten Einblick in die komplexe Verkettung der Folgen des Naziregimes und der daraus resultierenden familialen Tradierungen. Gezielt wurden nicht nur die Söhne und Töchter von Opfern und TäterInnen befragt, sondern auch Nachkommen von Eltern, die die Zeit der Naziherrschaft als Angehörige der nationalsozialistischen Mehrheits- und MitläuferInnengesellschaft oder auf andere Weise überlebt und gestaltet haben. Dabei zeigt sich, dass die stets neu variierenden Aspekte des Umgangs unsere Aufmerksamkeit verlangen, um Möglichkeiten der Aufklärung und Auseinandersetzung zu bieten. Zugleich fördern die Ergebnisse der Untersuchung die Einsicht, dass Verstehen niemals lückenlos möglich sein wird.

www.ingramcontent.com/pod-product-compliance
Ingram Content Group UK Ltd.
Pitfield, Milton Keynes, MK11 3LW, UK
UKHW041947230426
12048UKWH00008B/179